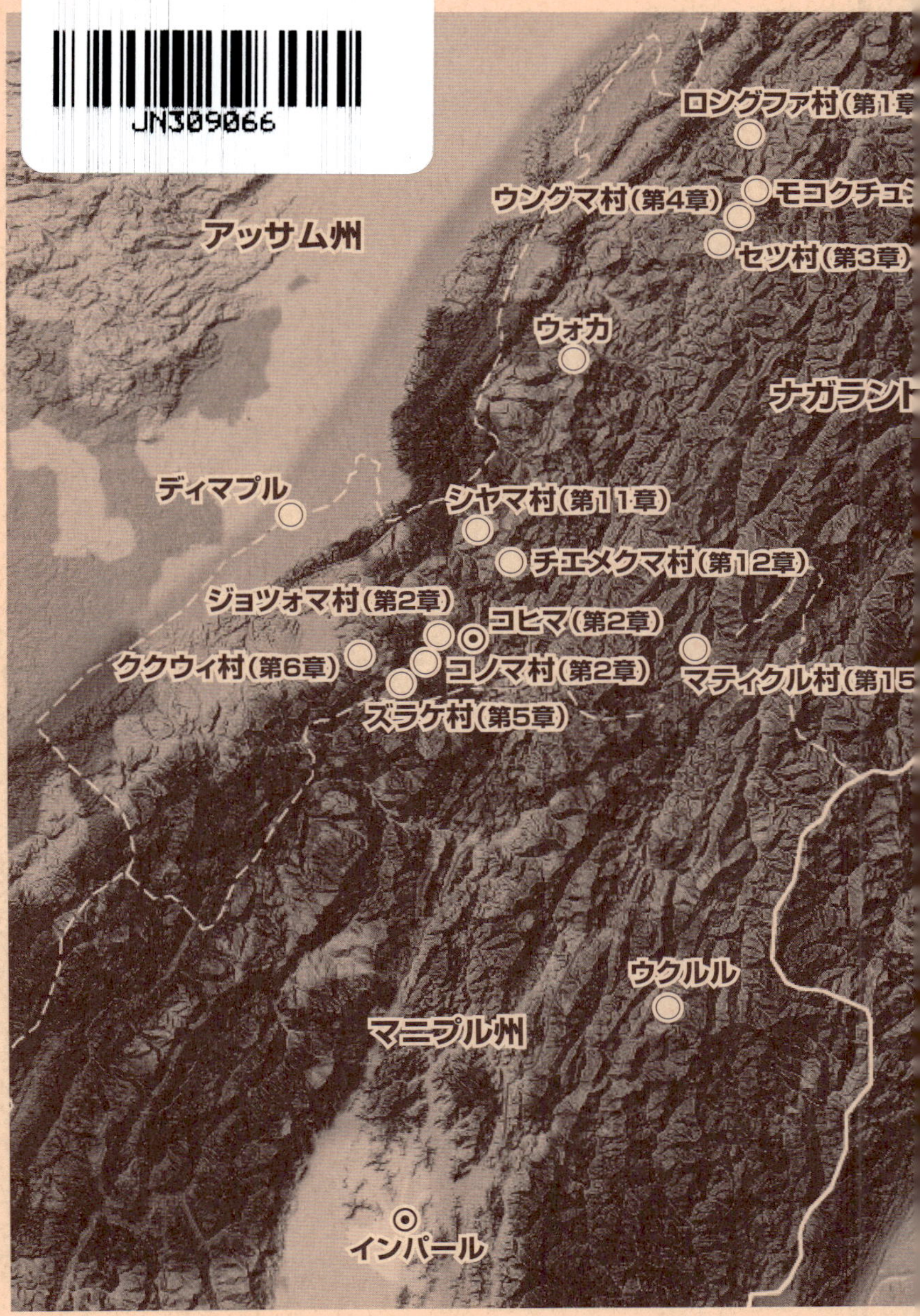

ロングファ村（第1章
モコクチュ
ウングマ村（第4章）
アッサム州
セツ村（第3章）
ウォカ
ナガラント
ディマプル
シヤマ村（第11章）
チエメクマ村（第12章）
ジョツォマ村（第2章）
コヒマ（第2章）
ククウィ村（第6章）
コノマ村（第2章）
マティクル村（第15
ズラケ村（第5章）
ウクルル
マニプル州
インパール

カカ・D・イラル 著　木村 真希子・南風島 渉 訳

血と涙のナガランド

語ることを許されなかった民族の物語

コモンズ

NAGALAND AND INDIA
THE BLOOD AND THE TEARS
Second Edition, 2003
KAKA. D. IRALU

＊訳出にあたって、読者の理解を助けるために、原文にはない見出し、訳注などを加えた。
＊70ページの写真は原著より転載し、144ページの写真はチノセリ・ケヒョ氏より、311ページの写真は著者より提供していただいた。

血と涙のナガランド——語ることを許されなかった民族の物語●目次

日本語版刊行に寄せて

私は、これまでとくに文章を書く訓練を受けたことがないにもかかわらず、政治状況によってやむにやまれずペンを取ることになった作家である。それは、六四年間続くインド、ビルマとの政治紛争による、私たちナガ民族の苦しみを記録するためだった。

この紛争は、私たちの土地だけでなく、私たち自身をもずたずたに引き裂いた。そして、一九四七年から現在にまでいたる、二つの大国とのあまりに不利な闘いへと、私たちを追い込んだ。本書をお読みいただければ、私の言わんとするところをご理解いただけることだろう。

私自身や同世代のナガ人は、この地球上に生を受けてからすでに半世紀以上が経っている。にもかかわらず、「平和」や「政治的安定」といったものを、私たちは誰一人として経験したことがない。他の国々のように、私たちも自前の政府がほしい。自身の文化や知恵に基づいて、国として発展したい——だが、そんな夢や希望は、これほどまでに長い年月の間、否定され続けてきたのだ。

一〇万平方キロ以上におよぶ私たちの土地は、鉱物資源に富み、農業に適した豊穣な大地はさまざまな植生のハーブに覆われている。有史以前から、私たちの祖先は、この土地をありとあらゆる外敵の攻撃や侵略から守り続けてきた。父祖のこうした熾烈な闘いのゆえにこそ、私たちの今日があり、私たちは自身の国家を主張できるのである。

一六～二〇世紀、アフリカや中近東、中南米そしてアジアは、ヨーロッパの強力な帝国主義と植民地主義の手に次々と落ちていく。しかしこの間も、私たちの父祖は強大な大英帝国に対して、勇敢にも一一五年間（一八三二～一九四七年）にわたって抵抗を挑み続けた。マスケット銃や大砲を擁する敵に対して、槍や鉈で戦ったのである。一世紀以上におよぶこの長い戦いの結果、イギリスに支配を許した私たちの土地は、全体のわずか三〇％にすぎない。

ところが、イギリスが南アジアを手放すことになった一九四七年、あらゆる抗議や要請にもかかわらず、私たちの国は二つに分割されてしまった。それは、悲劇としか言いようがない。イギリスは私たちの国の半分をインドへ、残りの半分をビルマへと割譲したのである。

そして、新しく誕生したこの二つの共和国、インドとビルマは、私たちの土地をさらに多くの州や行政区分へ、勝手に分割していく。その結果、現在のナガ民族とナガの土地は、隣国である他人の手によって、恐ろしいまでにバラバラに切り刻まれてしまったのだ。

ある日、私たちには何の通告も情報も与えられないまま、各地に石の境界碑が建てられた。こうして一方的に確定された人為的な領土の境界線は、ときに私たちの家屋をさえ二国に分割する。ある家では「キッチンはビルマ、寝室がインド」になったのである！　またその線は、私たちの社会をも分割し、「父親はインド人、息子はビルマ人」「部族の半分がインド、半分がビルマ」という状況をつくり出した。にわかには信じられないこの現実は、本書の訳者である南風島渉が記録している。

六四年におよぶインド、ビルマとナガの政治紛争。一九四七年から現在にいたるまで、切り刻まれ、冒涜され続ける小さな民族の、絶望的なまでの闘い。私たちが訴え続ける、地政学的な、そして民族としてのアイデンティティ――それが、本書の主要なテーマである。

私たちのこの長きにわたる闘いは、少なくとも同じアジアに暮らすモンゴロイドの友人たちに、もっと注目されてもよいのではないだろうか。日本の読者のみなさんには、本書の一ページ一ページをとおして、この闘いの詳細をご理解いただけるだろう。ただし、これらはあくまで氷山の一角にすぎないこともご承知いただきたい。

私たちナガ民族の物語を世界に伝えるため、私は私なりに著者として苦闘したつもりである。しかし、私は単なる書き手にすぎず、私自身は物語ではない。物語そのものは私以外のナガの人びとの、想像を絶する苦闘をとおして紡がれたものなのだ。

これらの物語が日本の人びとの心を動かし、政治紛争の解決へ向けて、ともに協力してくれるようになることを、切に祈ってやまない。同じアジアに暮らすモンゴロイドの一人として、この祈りを私からの訴えとさせていただきたい。

最後にこの場を借りて、本書の日本語訳と出版を手助けしてくれた日本のすべての友人たちに、感謝の言葉を申し述べたい。

二〇一一年六月二四日

ナガランド・コヒマにて　カカ・D・イラル

訳者まえがき

「日本に帰っても、私たちのことを忘れないでください。そして、私たちの問題を世界の人たちに伝えてください」

ナガランドを訪れるたび、何度となくこの言葉を聞いた。ナガの人びとの間で、「自分たちの問題は国際的に知られていない」「何とかして私たちの願いを外に伝えたい」という思いは、それほど強い。

インド・ビルマ国境の、二〇〇〇メートル級の峰が連なる山岳地帯。標高一五〇〇～二〇〇〇メートルの高地に村や町が点在する。事情を知らない外国人が訪れれば、一見何の問題もない平和で静かな農村風景が広がっている。日本人と変わらない容貌をもつナガの人びとは、東南アジアと南アジアの境目に位置するこの土地で、インド亜大陸の他の地域とは異なる独自の文化や言語を発展させてきた。山間部の焼畑と狩猟・採集生活で育まれた精霊信仰の文化はどこか懐かしく、人びとの温かさは日本人の感覚に馴染む。ナガランドを訪れた多くの日本人が「故郷のよう」「昔の日本を思いだす」という感想をいだく。

一方でこの地は、イギリスによる植民地侵略とナガの人びとの抵抗にはじまり、過去二〇〇年近くにわたって多くの戦いを経験してきた。それは、現在も継続している。アジア太平洋戦争時には日本軍が「インパール作戦」で侵攻し、イギリス軍との戦いや食糧調達による飢餓、そしてナガ人の殺害など、多くの被害をもたらした。「インパール作戦」という言葉を聞いたことのある日本人は多いだろうが、その戦地がどこにあり、どんな民族が住むのかを知る人は少ないだろう。まして、アジア太平洋戦争後もずっと紛争が続いていることを、どれだけの日本人が知っているだろうか。

本書は、インド・ビルマとの六〇年以上に及ぶ闘争の初期の段階で、村人や独立闘争に加わった兵士たちの体験を聞き書きで綴った物語である。同時に、インド軍や治安維持部隊による、村人たちへのいわれのない虐殺や弾圧を告発する試みでもある。

ナガ居住地すべてを含めた「ナガランド」独立への活動は、六〇年以上続いている。だが、近隣諸国はおろか、インド国内の一般市民にもその実情は知られていない。また、「ナガ民族」の存在すら国外にはほとんど伝わっていない。インド政府は、一九五〇年代に軍事的な弾圧を始めて以来、この地域への外国人の入域を制限し、その一部は現在も続いているからである。

インドと聞けば、多くの日本人は、ガンジーによる非暴力の独立運動や、独立後に非同盟主義を掲げた第三世界の旗手、世界最大の民主主義国というイメージを思いうかべるだろう。しかし、インドには、他民族の政治的な要求を弾圧してきた歴史もあった。非暴力主義の運動で独立を勝ち取ったインドが、ナガ民族の独立を軍事的に抑え付けてきたことは、非常に皮肉である(植民地支配から独立した多くのアジア、アフリカ、ラテンアメリカの国々でも、同様なことが起きている)。

アジアでもっとも長く続く紛争によって、ナガランドの普通の人びとの生活がどのように踏みにじられてきたか。なぜ、村人たちが兵士となって戦いに身を投じることになったのか。本書をとおして、その一端を知っていただければ幸いである。また、多くの国々で起きている民族紛争でも、国家による過酷な軍事弾圧の歴史が隠されていることを付け加えておきたい。

世界各地で、いまこの瞬間も、平和で素朴な人びとの暮らしが破壊されている。本書が、この現実を変えるための、そして一人でも多くの人びとが真実を知るためのきっかけとなることを願ってやまない。

二〇一一年七月

木村真希子

*ビルマ(ミャンマー)の国名表記について

一九八九年、ビルマの軍事政権は国名の英語表記を「ミャンマー」へ変更したが、同国の民主化勢力をはじめ、国際社会でもその正当性を問う声は強い。本書の原文では「ビルマ」「ミャンマー」の表記が混在しているが、著者の了承が得られたため、日本語訳ではすべて「ビルマ」と表記する。

〈主要組織解説〉

ナガ民族評議会(NNC＝Naga National Council)

1946年に設立。当初の自治権要求から、「民族運動の父」A・Z・ピゾの参加とともに民族独立運動組織へと発展。1947年に独立宣言を果たし、1975年のシロン協定まで、民族運動の母体として武装闘争を率いた。独自政府としてナガランド連邦政府を樹立。

ナガランド連邦政府(FGN＝Federal Government of Nagaland)

NNCを母体に、ナガランド中央政府(1956年)を経て1959年に樹立された、ナガ民族の独自政府。

インド・ナガランド州政府

ナガ居住地のおよそ3分の1の面積を統治する、インド連邦下の州政府。自治州を要求したナガ人民会議の16カ条合意により、1963年に成立。NNCはこれを「インドの傀儡政権」として批判。

ナガ人民会議(NPC＝Naga People's Convention)

1957年から断続的に開かれた、おもに穏健派といわれる指導者たちの会議。16カ条合意でインド・ナガランド州を成立させた。

ナガランド革命政府(RGN＝Revolutionary Government of Nagaland)

1968年にNNCのナガランド連邦政府から分裂し、おもにセマ族を中心に樹立されたナガの政府。インド政府の支援を受けていたといわれ、1973年にインドに降伏。

ナガランド民族社会主義評議会(NSCN＝National Socialist Council of Nagaland)

シロン協定への不満から、Thムイバ、イサク・チシ・スウ、SSカプランらを中心に1980年に結成され、武力闘争を継続。ナガランド人民共和国政府を独自に樹立。1988年にイサク・ムイバ派とカプラン派に分裂。1997年と2000年に相次いでインド政府と停戦に合意。

カチン独立軍(KIA＝Kachin Independence Army)

ビルマのカチン民族によるカチン独立機構(KIO＝Kachin Independence Organization)の軍事部門。1961年から武装闘争を続けている。2011年にもビルマ国軍と武力衝突。

中国人民解放軍(PLA＝People's Liberation Army)

中国共産党の軍事部門で、実質的には中華人民共和国の国軍。

東パキスタン

現バングラデシュ。1960年代当時は、インドと対立関係にあった現パキスタンの支配下にあったが、1971年の第3次インド・パキスタン戦争を経て独立。

第1章 見せしめの虐殺

――ロングファ村の悪夢

いわれなき銃弾

一九五六年五月二三日。その日の午後、ロングファ村へインド軍が近づいていた。スレン・シン少佐指揮下の、第五グルカ連隊。一〇〇人以上の兵士が麓から登って来るのを見て、村人たちは不安と恐怖に駆られていた。一列に並んで行進する兵士たちは、まるで曲がりくねって近づく蛇のようだった。

「インド軍が村へ着く前に、早く逃げよう」

何人かの村人が主張する。しかし、一部の村人、とくに長老たちの意見は違った。

これまで、インド軍の焼き討ちに遭った多くの村々は、決まって民族組織であるナガ民族評議会(NNC)[1]の活動がとても活発だった。だが、この村では、ナガ民族評議会の活動はほとんどない。

「インド兵たちをもてなせば、自分たちは助けてもらえるのではないか」

そう言って、長老たちは逃げようとする村人たちをなだめた。

インド軍が到着すると、指揮を執る少佐の命令で、村人たちはすぐに村はずれの空き地へ集められ、周囲を取り囲まれる。村には二人、片言ながらヒンディー語[2]が話せる村人がいたが、恐怖のため、わからないふりをしていた。その一人はモコクサンバという男で、インド軍のアッサム連隊に所属していたが[3]、休暇で村へ帰って来ていた。

モコクサンバと弟ヌクシリバは、村の中で銃を隠そうとしていて捕まった。荒っぽく連行される最中、モコクサンバは一人の将校がヒンディー語で命令を下すのを聞く。

「こいつらを撃ち殺してしまえ」

モコクサンバは、弟に叫んだ。

「命がけで逃げろ！　やつらは俺たちを撃ち殺すつもりだぞ！」

二人は兵士を振り切り、必死で険しい斜面を駆け下りた。何百発もの弾丸が、彼らの疾走を追う。モコクサンバは幸運にも密林へ逃げ込んだ。しかし、ヌクシリバは転倒して断崖を転げ落ちていく。後に彼は、遺体となって見つかった。

この出来事に逆上したインド軍兵士たちは、手当たりしだいに村人たちを殴り始めた。少佐の命令で、教会が最初に焼き払われる。そして叫び声と悲鳴のなか、村全体に火が放たれた。インド兵の監視下に集められた村人たちは、どうすることもできない。自分たちの財産が炎に包まれ、穀物倉までもが灰と化すのを見て、ただ嘆き悲しむしかなかった。

次に、一五人の村人が無作為に集められ、広場の端に連行される。彼らは柱に縛り付けられ、一〇〇人近くの村人たちの目の前で、ひどく殴打された。その後、一〇人は解放されたが、残りの五人は後ろ手に縛られ、並べられる。

1　ナガ民族評議会（NNC）　一九四六年の結成以来、独立運動を主導し続けた民族組織。

2　ヒンディー語　インドの公用語。一九五〇年代のナガランドでは、ほとんど通用しなかった。

3　イギリス植民地時代以来、英領インド軍などに職を求めるナガ人もいた。

射殺されるのだ――六五歳の牧師補佐イムティレプデンは気づき、懇願した。

「死ぬ前に、最後の祈りを唱えさせてください」

しかし、インド軍将校は言葉すら返さなかった。

何の罪もない五人の村人たち。ソロモン、ツクメンテムジェン、イムティレプデン、イムシャングバ、そしてラヌカバは、射撃部隊の前に立たされてもなお、自分たちが射殺されるということを信じられなかっただろう。彼らは素朴な農民であり、いかなる罪も犯していない。尋問を受けたわけでもなければ、名前さえ質されもしなかった。彼らは単に、一五人の中からでたらめに選び出されて並べられ、そして撃たれるのだ。不安と恐怖をナガの村人たちの心の中に刻みつける、というただそれだけの目的のために――そう推測する以外、この虐殺のいかなる理由も思い浮かばないと、村人たちはいまも語る。

五人が祈りを捧げているそのさなかに、インド軍将校はかざした右腕を振り下ろして叫んだ。

「撃て！」

その瞬間、数発の銃声が鳴り響いた。父親、母親、息子、娘たちの目に、たちまち地面に倒れ込む愛する者たちの姿が映る。そして続く、泣き叫ぶ声。あたかも、村全体がどっと泣き叫び始めたかのように。村人の一部は見るに耐えず、恐怖に震えて顔を背けた。

二度殺された犠牲者

ほとんどの銃弾は、犠牲者たちの頭を貫いた。四人はその場で動かなかったが、しかしツクメンテムジェンだけはまだ生きていた。銃弾が腹部を貫いたにもかかわらず、膝で立とうとしながら、はみ出した腸を必死で腹に押し戻している。そのうめき声は、まるで傷ついた獣のようだった。

「射殺しろ」

うめき、よろめく彼の姿を見て、インド軍将校が兵士の一人に命じる。

兵士は震えながらツクメンテムジェンに近づき、ステン短機関銃[4]の弾倉が空になるまで、銃弾を放った。だが、震えのためだろう。弾丸はすべて目標をそれていた。ツクメンテムジェンはその間中、獣のようにうめきながら、前後に揺れ動いていた。再び命令が下され、別のライフルが頭を撃ち砕く。ついに、彼は地面に倒れて動かなくなった。

「共同の墓穴を掘って、遺体をすぐに埋めろ」

将校が、村人全員に命令を下す。

「棺桶に入れて、一人ひとり埋葬させてください」

しかし、将校は村人の懇願を却下し、冷たく言い放った。

「三〇分以内に穴を掘って、埋めるんだ」

4　ステン短機関銃　第二次世界大戦当時にイギリスが開発し、連合国軍などに配備された銃。

村人たちは、愛する五人のために共同の墓穴を掘りながら、声を押し殺して涙を流した。墓穴を掘り終えて遺体を運びに行った彼らは、そこで目を疑った。なんとイムシャングバがまだ生きていたのだ。銃弾が下腹部を貫き、膀胱《ぼうこう》は破れている。にもかかわらず、村人たちが担ぎ上げると、彼は意識を取り戻した。

「助けてくれ」

村人たちは、墓穴のそばに立っていた将校のもとにイムシャングバを運んで懇願する。

「どうか彼を見逃してください」

しかし、将校は荒々しく命令した。

「そいつを他の死体と一緒に墓穴に入れて、さっさと埋めてしまえ!」

将校が新たな命令をがなりたて、ライフルがガチャリと射撃位置にセットされる。その音を聞いて、村人たちはそれ以上の申し立てが恐ろしくなった。イムシャングバの体が、共同墓穴に投げ込まれる。そして村人たちは震える手で、他の遺体と一緒に、彼を生き埋めにした。この恐ろしい記憶は、すべての村人たちを生涯苛《さいな》み続けている。

モコクサンバの苦悩

モコクサンバは、弟のヌクシリバが撃たれて転がり落ちるのを見て、怒りで逆上していた。彼はまた、五人の村人がまるで動物のように撃ち殺されるのも目撃した。アッサム連隊の兵士である彼は、戦争をまったく知らないわけではない。しかし、これは戦争などではなく、凶悪で無法な殺人にほかならない。密林に隠した先込め式銃[5]を持ち出して、彼は弟の仇を討とうとした。

銃を手にしたモコクサンバを見て、村人たちは口々に訴える。

「インド兵たちを撃たないでくれ。そんなことをしたら、村全体が虐殺されてしまう」

だが、モコクサンバは理性を失っていた。弟と仲間の仇を討てるなら、死んでもいい――彼は山中の近道をたどって先回りし、インド軍兵士が行進してくる道の上に陣取った。そこでようやく、彼は徐々に落ち着きを取り戻す。そして、自身の個人的な復讐が村人たちに招くであろう、むごたらしい結末について思いをめぐらせたのだ。

先頭のインド軍兵士が姿を見せても、モコクサンバは銃の引き金を引くことができなかった。ひどく震えて汗をかき、一方で復讐を望み、他方で結末を案じる。葛藤に引き裂かれた彼は、兵士たちが通り過ぎた後も長い間そこに横たわり、弟の仇を討てなかったことを悔いて、むせび泣いた。

ナガの文化では、家族や親戚を殺されたことに対する復讐の失敗は、もっとも恥ずべきこととされる。今日に至るまでモコクサンバは、伝統的な義務と村人の生命に対する配慮の間で、板挟みになっている。

5　先込め式銃　銃口側から火薬と銃弾を装填する、旧式の銃。

ロングファ村の悪夢は、まだ始まりにすぎなかった。続いてロンジャン村が強制移住させられ、三〇人が飢えと病気で亡くなった。こうした残虐行為の結果、ロングファ村とロンジャン村からは何百人もが民族闘争に参加し、村と村人への冒涜に対する復讐を誓うことになる。彼らの多くは、五〇年が経ったいまも、闘争に参加し続けている。

四二年後の一九九八年五月二三日。筆者はこの物語を書くために、ロングファ村の村人たちをインタビューした。そのなかに、運命の日に生き埋めにされたイムシャングバの妻ノクシカラがいた。

「私をとおして、何か世界に伝えたいことはありますか?」

筆者が尋ねると、彼女は長い間、目を閉じて立っていた。遠い昔の悪夢を思い出しているようだ。そして最後に目を開けて、こう言った。

「私に何が言えるでしょうか? 私は三歳の娘と一緒に立ちすくんでいました。娘は恐怖のあまり私の手にしがみつき、父親が撃たれるのを見て、金切り声を上げました。当時、私のお腹には七カ月の子どももいました。子どもたちを手放して夫を助けに行くか、それとも夫をあきらめて子どもたちのために生きるか。しかしそれを決める前に、彼らは夫を埋めてしまったのです」

第2章 反攻の戦士たち——コヒマ攻防戦

ナガ戦士の反攻

アッサム警察[1]とアッサム・ライフル[2]は一九五四年、ナガ市民への拷問と殺害を公然と開始した。さらに翌年、インド軍がチュエンサン地区[3]へ侵入すると、残虐行為の件数は一〇倍にも跳ね上がる。五六年二月二七日には、コヒマ[4]の街頭に、テプチャ、プリレとルピズの虐殺遺体がさらされ、警告文が添えられた。

「ナガランドの独立を支持する者たちは、同じ運命をたどることになる」

このむごたらしい見せ物は三月一八～二一日にも繰り返され、ニングリエやザキエンヌなど、祖国ナガランドを愛する者たちの遺体が次々に街頭にさらされる。そして、インドの警官や兵士たちは、遺体をあざけり笑いながら口々に言った。

「死んで転がり、動くこともできなくて、いったいどうやって独立するというんだ？」

こうした見せしめと同時に、軍の輸送車列が占領したコヒマを西へ東へと行き来しながら人びとを挑発し、ジャングルに向けてやみくもに発砲して威嚇していた。

こうした状況下で、ナガの防衛隊[5]は、インド軍占領下のコヒマを攻撃して奪回する計画を決定する。インド軍による残虐行為や挑発への、ふさわしい返礼である。しかし当時、ナガの防衛隊には、統制された指揮体系はないに等しかった。その結果は、この物語が進むにつれて明らかになる。

伝統的な戦いの衣装を身につけた何千人ものナガ戦士たちが、コヒマ攻撃のために集まった。チャン族やイムチュンガー族、コニャク族[6]の者たちは、体半分もの長さがあるダオ[7]を背中のさやに吊るし、斧や矢、盾などを装備している。セマ族やレングマ族、ロタ族、アンガミ族[8]などは、きらめくダオと槍を携え、伝統的な巻きスカートを着こなしていた。上半身は裸で、首と腰にはショールを巻きつけている。年齢も幅広く、一四～一五歳の若者から七〇歳以上の老人までが集まった。

ナガの歴史のなかで、これだけ多くの部族がひとつの目的のために集まったことは、かつてない。彼らの指導者であるザプ・ピゾ[9]が示した全部族共通のビジョンと目的[10]が、奇跡とも呼べる状況を引き起こしていたのだ。

1　アッサム警察　当時のナガランドは、インドの行政区分上、一部を除いてアッサム州に含まれていた。
2　アッサム・ライフル　英植民地時代に編成され、インドに引き継がれた準軍組織。
3　チュエンサン地区　インド側ナガランド東部の、ビルマ国境に近い地域。
4　コヒマ　ナガ民族が伝統的に暮らす丘陵地で最大の街で、現在はインド・ナガランド州の州都。
5　防衛隊　一九五六年結成。六四年にナガ軍となり、現在にいたる。
6　ナガ民族は三〇以上の部族によって構成され、それぞれ独自の文化と言語をもつ。
7　ダオ　日常生活から戦闘まで、あらゆる用途で使用される、刃渡りのある山刀。
8　アンガミ族　ナガの一部族で、初期の民族運動指導者を多く輩出した。筆者が属する部族でもある。
9　アンガミ・ザプ・ピゾ（一九〇三～九〇）　初期の民族運動を主導したナガの英雄。
10　村や部族ごとの帰属意識が強固だったナガに対し、ピゾは自身の足で村々を回り、民族としての団結の重要さや独立国家建設の必要性を訴えた。

これらの部族は、かつては敵同士であり、互いに激しい戦いを繰り広げてきた。だが、いまや彼らは同志となり、ライフルや機関銃で武装した敵を相手に、槍やダオで反撃しようとしていた。

集合地点のジョツォマ村、キクルマ村では、毎日六～七頭の牛や豚が屠《ほふ》られ、戦士たちに振る舞われた。司令部のルクロマでは、三〇〇〇人に食べさせるため、二〇頭もの牛が屠殺された。女たちはみな米を搗《つ》き、水を汲み、肉を料理し、戦仕度《いくさじたく》で鬼気迫る容貌の戦士たちに食事を出すために、忙しく働いた。

攻撃予定は、一九五六年六月一一日。その二日前には、多くの戦士たちが各自の配置に就いた。

開戦と膠着

最初の銃弾は、ミッション・コンパウンド地区の北方面隊によって早朝に発射された。攻撃対象は、ニュー・マーケット地区、刑務所コロニー、州知事公邸、病院地区のアッサム警察大隊、インド軍ビハール連隊の駐屯地である。

ナガ戦士たちの武器は、古い先込め式銃、第二次世界大戦時の日本軍のライフル、イギリス製の三・三口径ライフルなどだ。近代的な銃は、西方面隊に四丁のステン短機関銃、南方面隊に一丁のブレン軽機関銃[11]と数丁のステン短機関銃。もっとも装備が充実していた北方面隊でも、寄せ集めた武器のほか、アッサム警察のサタカ駐屯地から奪った銃七八丁があるだけだった。手榴弾は各地区に二～三個ずつ。ナガの戦士たちは、総じて三分の一しか武装していなかった。また弾薬はとても少なく、一人に平均わずか九〜一〇発だけである。

インド軍駐屯地に数発の手榴弾が投げ込まれ、ナガ戦士たちの正面攻撃が始まった。しかし、駐屯地の塹壕からの反撃は激しく、彼らはすぐに後退を強いられる。早くも死傷者が続出したのだ。残された唯一の攻撃方法は、眺望がきく山岳地からの銃撃である。この狙撃でインド軍も多くの死傷者を出したが、インド兵はすぐに警戒してみな塹壕に隠れたため、ナガ側も二度目の突撃を試みることはできなかった。

戦闘はまる一日続き、夜になるとナガ戦士たちはそれぞれの本営に戻った。彼らにとってこの日ただ一つの小さな勝利は、ジョツォマ村近くで、九台の輸送トラックへの奇襲に成功したことである。トラックは大きな損傷を受け、数人のインド軍兵士が命を落とした。

攻撃は翌日の早朝に再開された。インド兵たちは外に出て危険を冒すことはせず、駐屯地で守備を固めている。それでも、ナガ側の執拗な狙撃で次々に命を落としていった。ナガの狙撃手が四六時中狙っているため、インド兵は駐屯地内でさえ自由に動けない。移動は、重傷を負うか死を意味する。嘆き、悲しむ叫び声が、駐屯地内に響き渡っていた。

ただし、インド兵たちは優れた装備をもち、弾薬も無限に蓄えているようだった。少しでも姿を見せれば必ず反撃を受けるため、ナガ側も二度目の全面攻撃には慎重にならざるを得なかった。ナガ戦

11　ブレン軽機関銃　一九三〇年代なかばからイギリスなどで製造され、八〇年代まで使われ続けた銃。

士たちは攻め込むことができず、インド兵たちは駐屯地を出られない。日が経つにつれ、戦闘は膠着状態に陥っていく。

弾薬不足と投石

戦いは、コヒマの市街地だけではない。インパール[12]やウォカ、ディマプルから押し寄せるインドの援軍に対しても、ナガ戦士は待ち伏せ攻撃を仕掛けた。南方面隊は、インド軍のトラック九台を捕獲し、輸送のために使用。全方面でインドの輸送車は破壊され、徒歩でコヒマをめざすインド兵たちにもまた、待ち伏せ攻撃が加えられる。もっとも、援軍に対する待ち伏せ攻撃に力を注ぐほど、コヒマへの攻撃が手薄になるというジレンマもかかえていた。

仮にナガの戦士たちが迫撃砲や大砲を持っていたら、包囲した駐屯地はたやすく制圧できただろう。だが、ここで行われる砲撃とは、武装していない志願兵たちによる投石だけなのである。無数の石が投げられ、銃撃音に混じって、いつも「カラン、カラン」というブリキ製の屋根を転がる石の音が鳴り響いていた。それでも、駐屯地の屋根は投石によってほとんど壊された。また、駐屯地への給水が長い間断たれたため、閉じ込められたインド兵たちは、自分たちの尿を飲んでしのいだという。

ナガ側に迫撃砲がなかったのは、この攻撃の前に立てられた計画が失敗したからである。三カ月前の一九五六年三月、リヴィリエ准将と二人の仲間は秘密裏にシロン[13]へ赴き、当時インド軍のアッサム連隊に所属していたナガ人兵士たちと話し合いをもった。そして、九〇〇人ほどの兵士のうち約五〇

○人が、リヴィリエ准将に確約したのだ。
「蜂起の日程に合わせてインド軍を脱走し、持てるだけの武器や弾薬とともに、馳せ参じよう」

その計画に含まれていたのは、迫撃砲や軽機関銃、ステン短機関銃など、運び得るすべてである。これらの武器をトラックでアッサム州のシルチャルへ運び、そこから徒歩でナガランドへ合流することになっていた。

ところが、蜂起の日程が決まったとき、リヴィリエ准将は西方面隊の指揮を任されていて身動きが取れず、結局連絡に失敗してしまったのだ。もしこの計画が成功していれば、多くの武器とともにコヒマはたやすく攻略でき、より多くの武器と弾薬がナガ側の手に入っていたことだろう。

ナガ戦士たちは、ほとんどの弾薬を使い果たし、代わりに釘や針金などを銃弾として発射していた。敵を包囲してはいたものの、攻撃続行にはより良い武器と弾薬が必要だ。六月一六日午後、戦略会議が開かれる。ここで新たに、コノマ村とメゾマ村にあるアッサム警察駐屯地の攻撃が決まった。これらを制圧して武器を奪いさえすれば、コヒマのインド軍も陥落させられる――攻撃を担当する両村出身の戦士たちは、自信満々だった。

その日の午後七時、コノマ村の駐屯地への攻撃が開始される。二日後の一八日午後四時半、メゾマ

12 インパール　ナガランドの南に位置し、現在のインド・マニプル州の州都。第二次世界大戦時、日本軍が攻略をめざした作戦で知られる。
13 シロン　現在のインド・メガラヤ州の州都。植民地時代から一九七二年まではアッサム州の州都だった。

村の駐屯地への攻撃も始まった。しかし、アッサム警察の守備部隊も果敢に戦い、強力に抵抗。コノマ村とメゾマ村の戦士たちの過大な自信は、誤りだったことが判明する。この話の詳細は、コヒマやジョツォマ村の戦いの後に記そう。

一方、インド軍の技師たちは、コヒマで包囲された仲間を救助するため、破壊された道路や橋の修復に二四時間努めていた。修復が進むにつれ、インド軍の軽装甲戦車が道路沿いのナガの村々に砲弾を発射し始める。

六月一六日の夕方、インド軍の最初の援軍がコヒマへ到着。ナガ戦士たちは、撤退を余儀なくされる。大規模な援軍は四方に攻撃を加えながらコヒマに入り、駐屯地で包囲されていたインド兵を救助した。ナガ側はそれぞれの本営へ退却し、拠点をできるだけ長く防衛する方針を決定する。

ベルプルの奇妙な傘

新たなインド軍部隊が南部から進軍してくる——そう知ったチャケサン族の兵士ベルプルは、心に決めていた。

「敵兵の群れに向かって、最後の一撃を加えてやろう」

彼は、鉄パイプで作った手製の巨大な大砲を手にしていた。パイプの中には大量の火薬と、たくさんの釘、金属片や針金を丸めた砲弾。一度も発射したことのないこの大砲を試す瞬間を、ベルプルは待ちわびていたのだ。やがて、数百人のインド兵が彼の目の前に現れた。

金属の強度や火薬の爆発力について詳しい仲間の多くは、発射を思いとどまらせようとした。実験すらしていないその大砲は、砲手にとっても危険である。しかし、ベルプルは大胆で、自分の作った大砲と自分自身に自信があった。アラドゥラ峰の近くの岩陰に陣取った彼は、インド兵の列が二〜三メートルに近づくまで待ち構える。そして、ベルプルは大砲を発射した。

インド軍兵士の多くは倒れたものの、ベルプルもまた発射の衝撃で一メートルほど後方に吹き飛ばされ、気を失った。彼の大砲は、まるで布のない傘のように捻じ曲がり、転がっている。遠くから不安げに一部始終を見ていた仲間たちは、インド兵が爆発の衝撃から立ち直る前に、気絶したベルプルを抱えて逃げた。彼は命を取りとめたが、顔には生涯傷跡が残ることになった。

やがてマニプルとコヒマの両方向からインドの援軍が到着し、ナガ戦士たちは撤退を余儀なくされる。二方向から進軍してくるインド軍に攻撃を加えてから、彼らは密かにその場を去った。撤退後しばらくして、インド軍同士が互いに発砲する、銃撃戦の音が響き渡る。双方のインド軍は、敵を挟み撃ちにしていると勘違いしていたのである。

だが、さらに大量のインドの援軍がコヒマに近づいていた。北方面隊では、多くのナガ志願兵たちが家族をジャングルへ避難させた後、コヒマ村[14]を守るために集結した。彼らはその後数日間、ビハー

14　コヒマ村　コヒマ市街地の中核をなす、アンガミ族の村。

ル連隊やパンジャブ連隊[15]との戦いを繰り広げることになる。

援軍を得たインド兵たちは自信に満ち、自信過剰なまでにコヒマ村の斜面を次々と駆け上がってきた。そして、村の頂上に隠れた塹壕からの銃撃で、多くが命を落とす。数日間の執拗な戦いの後、ナガ兵たちはゲリラ戦を続けるため、ジャングルへ後退していった。

死のかくれんぼ

西方面のナガの部隊は、ジョツォマ村に後退。そこでの防衛戦は、六月一八日から七月四日未明まで続いた。当時コヒマの県長官だったカルヴァルホが後に明かしたところによると、この攻撃に動員されたインド兵は三〇〇〇人にものぼったという。

ジョツォマ村に向かって進軍するインド軍兵士は一八日朝、現在のサイエンス・カレッジ[16]周辺に到着する。巨躯のパンジャブ兵からなる第九シク連隊と、同行する他の連隊の分遣隊だ。小高い山の塹壕で守備にあたるナガ戦士たちの目にも、その兵力の膨大さは明らかである。一方の彼らは、すでにコヒマ攻撃でほとんどの弾薬を使い果たしていた。それでも彼らには、自信があった。

「倒した敵兵の銃と弾薬さえ奪えれば、敵を撃退できる」

とはいえ、ナガ兵のなかで訓練された将校は、リヴィリエ准将以外はアッサム連隊の士官候補生数人にすぎない。休暇中だった彼らは、ここで同僚のインド兵たちと戦うことになったのである。

ナガ側からの最初の一斉射撃で倒れたインド兵は、前線の数人だけだった。彼らが身を伏せて反撃を開始したため、大混乱が起こる。ブレン軽機関銃、ステン短機関銃、ライフルなど、あらゆる銃が絶え間なく発射され、数分間は銃声で耳が聞こえなくなるほどだった。インド兵には、弾薬が尽きる心配など無用だったのだ。

その後、戦闘はあちこちでの小競り合いになり、一日中、どちらが有利になるともなく続いた。ナガ戦士たちは個々の判断で小高い山や渓谷に散り、敵を見つけては撃ち返す。村の女たちもまた、夫や戦士たちに料理を運ぶため、前線に出ていた。そのうち何人かは、負傷した男たちを救助するときに、迫撃砲弾の破片で傷を負った。

翌一九日は、インド兵たちが前進して来ない代わりに、迫撃砲弾が猛烈に降り注いだ。塹壕には囲いがなかったため、ナガ兵たちはやむなく守備位置を放棄して後退。道端の巨木や岩の間に隠れた。ナガ兵を村へ追いやったと思い込んだインド兵は、斜面を騒がしく駆け下りてきて、待ち伏せたナガ兵の一斉射撃を受ける。この日も戦闘は一日中繰り広げられ、死をかけたかくれんぼが続いた。しかしこの日、ナガ兵たちは思っていた。

15　ビハール連隊　パンジャブ連隊　イギリス植民地時代にそれぞれインド・ビハール地方、パンジャブ地方出身者で構成された軍組織。パンジャブ連隊はとくに勇猛で知られたシク教徒が多く、第二次世界大戦や印パ戦争などにも投入された。

16　サイエンス・カレッジ　一九五六年当時は小学校。現在はインド政府系の理系の大学。

「明日は、ジャングルの中では戦えない」

なぜなら、インド兵が迫撃砲を装備しているからだ。ナガ兵たちは、村はずれの岩がたくさんある場所を新たな防御位置に決めた。

そこには三カ所の防御拠点が設定された。一カ所目はルソズ・チェクウェ。二カ所目は五〇メートルほど後ろの、小高い場所に位置するツォロ・チェクウェ。最後は一カ所目より下に位置し、病院コロニー[17]からの道路を防衛する位置。第一拠点と第三拠点が、東側からジョツォマ村に通じる二つの主要道路を効果的にカバーする。第二拠点は三方向すべての道路に銃撃できたため、ここには射程距離の長い日本製ライフルやリー・エンフィールド・ライフルが配備された。先込め式銃と一二口径銃、四丁のステン短機関銃は、接近戦が行われそうな方面を固めた。

三つの防御拠点の前には、一〇〇メートルほどの広場が広がっている。敵がジョツォマ村を攻略するためには、この広場を突破しなければならない。それぞれの拠点には深い塹壕が掘られ、石や木製の米搗《つ》き臼をはじめ、あらゆる種類の木や金属で強化された。一部の臼は巨大で、一〇人が横になって眠れるほどだった。[18]

血塗られたジャングル

午前九時、数千人ものインド軍兵士が、四列になって近づいてくる。ジョツォマ村のナガ兵たちは、緊張と不安でそれを見つめていた。捨てられた弾丸を拾ってはいたものの、せいぜい二〇〇〜三〇〇発なので、むやみに撃つわけにはいかない。一発たりとも、無駄にはできないのだ。

インド兵が物陰から飛び出して、突撃を開始。一五〇丁の銃が、その大群に向かって同時に火を吹いた。雷のような一斉射撃が、インド軍の前進を押しとどめる。

「お母さん、お父さん(Ama, Baba)!」

インド兵の多くは倒れて絶命し、また傷を負って叫ぶたくさんの声が聞こえた。

迫撃砲やブレン軽機関銃の雨のような反撃のなか、ナガ兵たちは塹壕で素早く弾を詰め替える。敵の第二波攻撃を待ち構えるためである。

インド軍の弾幕は、すさまじかった。石で作った防御壁は何千もの破片となって飛び散り、さらにその衝撃でほこりが大きな雲のように浮かぶ。石灰岩の防御壁は銃弾に削られ、薄い灰色からまたたくまに白へと変貌した。

ブレン軽機関銃の全自動発射は、必ず空中に一筋の煙を残す。経験でそれを知っていたヴィレゾ中尉は、ステン短機関銃を日本製ライフルに持ち替え、高い位置へと這って行った。そこからは射手こそ見えないものの、深い森から立ち上るブレン軽機関銃の煙をはっきりと見ることができる。煙の下に狙いをつけて、彼は何度も銃撃を加えた。敵の射手は、銃撃をあきらめるか、位置を変えることを

17　病院コロニー　市民病院周辺の居住地で、植民地時代の代表的なイギリス人居住地の一つ。

18　アンガミ族などナガの多くは、日本の縦臼とは異なり、横に平たく、いくつもの穴があいた横臼を使う。

強いられた。

インド軍による第二の総攻撃はなかったが、戦闘はまたしても死をかけたかくれんぼになっていく。多くの敵兵が広場の斜面を迂回し、防御地点のすぐ近くまで這って来た。ナガ兵は塹壕の中に立ち、石で頭を隠して待ち構える。敵兵が頭を上げて銃を撃とうとする瞬間を狙って、銃撃を加えることは容易だった。

戦闘は一日中続いたが、ナガの戦士たちはついに防御拠点を守り抜いた。女たちは一日中、前線へ食糧と水を供給し、武器を持たない多くの者たちも防御拠点を這い回って塹壕を掘り、新たな攻撃拠点をつくり出した。

夕方にはインド兵は南東のペズへと戻っていったが、ジョツォマ村のナガの守備隊は、敵の夜間攻撃に備えて落ち着かない一夜を過ごした。夜明けとともに、前日のインド兵たちの攻撃位置を確認するため、数名が広場の向こうまで這って行く。そこには血塗られたジャングルが広がり、村の犬たちが何かをあさって群がっていた。

一六日間のジョツォマ村の戦いで、この血なまぐさい光景は何度も繰り返された。ナガ人にとって、犬の肉は特別な御馳走である。にもかかわらず、ジョツォマ村の多くの戦士たちは、二度と犬の肉を食べる気がしなくなったという。

突撃はラムの香り

インド軍が放棄した弾薬を拾い集めて、早朝から敵襲に備えていたナガの防衛陣を襲ったのは、頭上に降り注ぐ迫撃砲弾と、ライフル発射の手榴弾だった。この弾幕砲撃は数時間にわたって続き、二人のナガ兵が負傷した。

突然、迫撃砲弾の雨がやむ。それはすなわち、すぐにインド軍の総突撃が行われることを意味した。ナガ兵たちは全員、各自の位置に這って戻る。午後二時、突撃が始まった。

敵の突撃前に必ず漂ってくる、ラム酒の香り。このころにはすでに、ナガ兵たちはその前兆に慣れていた。インド兵たちは突撃を仕掛ける前に、必ず大量に酒を飲んでいるらしいのだ。この日も、ラム酒の瓶を開ける音に続いて刺激的な匂いが、風下のナガ兵たちのもとへ漂ってくる。これが、銃の安全装置を解除する合図なのだ。

やがてターバンを巻いた荒々しいパンジャブ兵たちが広場に攻め込み、理解不可能な雄叫びを上げ始めた。なかば酔っ払った彼らの凶暴な突撃に、ステン短機関銃の一斉射撃が浴びせられる。拾い集めた銃弾が容赦なく放たれ、インド軍は大きな損害を出して引き上げていった。

多くの遺体とともに広場に転がる、放棄されたライフルと数千発もの弾薬。第一防衛拠点にいたリヴィリエ准将は、撤退するインド軍を追撃しつつ、それらを回収しようとしていた。そのとき、二人のパンジャブ兵が山と積まれた薪の陰に隠れているのに気づく。一人がこちらを振り向いたとき、リヴィリエは一二口径の二連銃を至近距離からその顔めがけて発射した。一人が後ろに倒れると同時に、もう一人が銃剣を構えて突進してくる。

リヴィリエは二メートルほどの距離から、二発目を相手の腹部へと放つと、すぐにひざまずき、二連銃の弾を装填しようとした。だが、銃の薬室には空の薬莢が引っ掛かっている。雨中の戦闘で、水に濡れた薬莢が銃身に固く詰まっていたのだ。

リヴィリエが歯で必死に薬莢を取り出そうとしているとき、別の薪の山の背後から、ステン短機関銃の銃身がこちらを狙っているのが見えた。伏せる直前に、その銃身は火を吹き、彼は後ろに吹き飛ばされる。幸運なことに、そのインド兵はリヴィリエの生死を確かめず、すぐに逃げて行った。呼吸すら困難になりながら、彼は小さな溝まで自分の体を引きずり、怪我の程度を調べた。銃創は右腹部で、三本の指が簡単に入るほどの大きな穴が開いていた。

仲間たちがようやくリヴィリエを見つけ、戦場から運び出す。治療のため、すぐに前線から呼び戻されたのは、軍医であるコルリエ大尉だ。

インドとナガの戦争が勃発する前、コルリエはコヒマの市民病院で水運びをしていた。手術室に配属されていた彼は、そこで医者たちがどのように治療をするのか、注意深く観察する。傷の縫い方、ペニシリンや破傷風対策のトキソイドの投与、注射の用量や回数……。そして戦争が始まったある晩、彼は病院から失踪する。民族のために、必要に応じて医療行為を実践するために。

病院を出るコルリエの手には、ありったけのペニシリンやトキソイド、注射針、糸、ヨードチンキがあった。ジョツォマ村の戦いのころにはすでに、彼は仲間から医者として受け入れられ、大尉の階級さえ授けられていた。

この「自前の医者」によるすばらしい手当のおかげで、リヴィリエは命を取りとめ、一九九八年まで長生きする。彼はその後、何度かの投獄生活で、インド人軍医の診察を受けた。あるインド人軍医は治癒した傷口に感銘を受け、こう語ったという。

「このすばらしい治療を施したナガの医者に、ぜひとも会ってみたいものだ」

石の村の防衛戦

六月二二日と二三日、インド軍はペズの山頂からジョツォマ村の防衛拠点へ、迫撃砲の弾幕砲撃を断続的に浴びせてきた。そのうちの二発が、ナガの女たちの調理場に着弾する。だが、一発は水が入ったドラム缶に落ち、水が爆発の衝撃を吸収したため、誰も怪我をしなかった。もう一発は女たちの真ん中に落ちたが、なぜか爆発しなかった。もしも爆発していたら、少なくとも二〇人が死傷していただろう。

六月二四日、迫撃砲による弾幕砲撃に続いて、インド兵が再び突撃を仕掛けてくる。瓶を開けるいつもの音。漂うラムの匂い。この日は、より多くの兵力による、いっそう獰猛な突撃だった。第一波で、ナガの第一防衛拠点はほとんど一掃される寸前となる。インド兵は、拠点からわずか数メートルにまで迫っていた。

「C隊、突撃！ D隊、突撃！」

インド軍は波状攻撃を繰り返した。この日、仕掛けられた突撃は計四回。この間、ナガ兵たちは何度も思ったという。

「今度の突撃には、もちこたえられないかもしれない」

それでも、彼らは固い決意とともに、夕方まで攻撃に耐え続けた。

ナガ兵たちはまた、銃弾や食糧、水を絶えず供給し続ける女たちの勇気にも励まされていた。一部の女たちはこう言ったという。

「もしも、あんたたち男が防衛拠点を放棄して逃げるなら、銃を置いていってちょうだい。私たちが代わりに戦うから」

一方でナガの戦士たちは、敵であるインド軍兵士たちの勇気にも畏敬の念を抱いていた。立ち上がれば銃弾が飛んでくるとわかっていながら、何度も何度も繰り返される突撃。一部の兵は旗を掲げ、ライフルを肩に突撃してきた。負傷者や遺体は、危険を冒して引きずり戻す。その跡には、髪の太い束が残されていた。遺体や負傷者の髪をつかんで引きずるからである。[19]死傷者を救出する兵に対しては、ナガ側も発砲しなかった。

夕暮れが近づくと、すべてのインド兵はペズへ引き揚げる。戦場を探し回ったナガ兵たちは、ブレン軽機関銃の銃身と数千発の弾薬を回収した。一帯のジャングルは完全に血にまみれ、突撃が仕掛けられた水路は血で濁っている。血の臭いがひどく、吐き気を催すほどだった。

この日の戦いで、ナガ側は五人が銃弾と手榴弾で負傷。うち二人は女性だった。負傷したナガ兵三人は医療基地に運ばれ、命を取りとめる。一方、インド軍の死傷者はコヒマに搬送されたが、負傷者たちからはこんな声がもれ聞かれたという。

「ジョツォマ村とその村人たちは、石でできているにちがいない」

灰と化した故郷

その後の九日間、インド軍はジョツォマ村に突撃こそして来ないものの、迫撃砲の弾幕砲撃はずっと続いていた。「毎日配給される迫撃砲弾」とナガ兵たちが呼んだ砲撃は、一日に六〇〜七〇発。砲撃が途絶えるたびに、彼らは塹壕を木や土で強化しなければならなかった。

すでに一六日間、ジョツォマ村の防衛隊は塹壕の中に閉じ込められていた。入浴はおろか、ひげさえ剃っておらず、体には土の臭いが染みついている。この臭いは、彼らがジョツォマ村を放棄してからも、数日間は体から落ちなかったという。

七月三日の午後四時ちょうど。迫撃砲に代わって、さらなる援軍の大砲部隊による最初の砲弾が、ジョツォマ村に着弾する。初めに低い砲声が聞こえ、直後に巨大な爆発。みなが一斉にコヒマの病院のほうを振り向いた。大砲は、コヒマの公立高校グラウンドに陣取っている。ジョツォマ村からの直

19　パンジャブ兵の多くはシク教徒で、宗教上の理由から男性も髪を長く伸ばし、ターバンで巻きつけていることが多い。

線距離は五～六キロで、村全体が砲手に丸見えである。

第一弾を合図に、多くの砲弾が音を立てて谷間を越え、あちこちで爆発し始めた。一斉砲撃の爆発音は、耳が聞こえなくなるほどだ。ナガ兵たちは恐怖に駆られ、われ先に一番深い塹壕へ逃げ込む。弾幕砲撃は激しさを増して続いた。大木が真っ二つに割れ、巨石が空高く飛び、家財と埃が塹壕の屋根にまで飛んでくる。ナガ兵たちは、必死で防衛拠点にかじりついた。

夜が近づくと、発射される大砲の赤い閃光が見えるようになる。絶え間ない砲撃はしばしば塹壕の屋根を直撃し、埃と土が雨あられと降り注いだ。午後一一時ごろには、いくつかの塹壕の厚い覆いがほとんど吹き飛ばされ、放棄せざるを得なくなる。そのうち二カ所は、中にいたナガ兵たちが避難した直後に砲弾が直撃し、跡形もなく消え去った。

深夜一二時、戦術会議が開かれる。いつもの迫撃砲のように二～三時間だろうと思われた大砲の砲撃は、すでに八時間も続いていた。しかも敵は、直接撃ち返すことのできない、五～六キロも彼方である。崩壊寸前の塹壕にこれ以上とどまり続ければ、遠方の見えない敵によって殺されるだけなのは明らかだった。

「塹壕から塹壕へ移動しつつ、防衛拠点を放棄。プリエ・バゼ方面のジャングルに逃げ込め！」

小川や小峡谷を抜け、ナガの防衛隊はついに防衛拠点から脱出。彼らにとってジョツォマ村の戦いは、一九五六年七月四日の午前〇時半に終わった。

夜通し続いた砲撃は、午前四時を過ぎてようやく静まる。プリエ・バゼの麓に潜んでいたジョツォマ村の人びとは、朝の光に照らされた自分たちの村を見て、涙した。彼らが先祖代々受け継いできたジョツォマ村は、わずかに残骸が残っているだけだった。埃と煙の厚い雲が、まるで白い巨大なパラシュートのように、村全体に覆い被さっている。反対側のジャングルに隠れていたセツマ村のある女性は、こう叫んだという。

「人間だけじゃない。ジョツォマ村は、ネズミやゴキブリさえも消されてしまった！」

さらに翌日、ズザの方向からもインド兵がやって来て火を放ち、ジョツォマ村は完全に灰と化す。村人たちの多くは愛する村を振り返り、いつか復讐を果たすことを固く誓った。

彼らはその誓いを守り、半世紀後のいまも、ナガ軍に在籍し続けている。

しかし砲撃を生き延びた彼らもまた、その後の絶え間ない戦争の困難と危険のなかで、多くが命を落とした。母国ナガランドをインドの侵略から解放するための戦いで、多くの息子たちと娘たちの遺体が、ビルマや東パキスタン、中国のジャングルに横たわることになったのである。

またインド軍側も、このジョツォマ村の戦いで二〇〇～三〇〇人が犠牲になったとみられている。なかでも第九シク連隊は、あまりに兵員数が減ったため、最終的に解散したとも噂された。

イギリスに挑んだ村

六月一六日、コノマ村でもアッサム警察駐屯地に対するナガの攻撃が始まっていた。駐屯地があるのは、コノマ村全体を見渡せる先の尖った小さな山の上である。

コノマ村の誇り高い戦士たちは、かつて何度もイギリス軍と戦ったことで知られている。一八四五〜八〇年の三五年間、イギリス軍はこの山頂の村を断続的に何度も攻撃し、占領した。

一八七九年一〇月一四日には、コノマ村の人びとは、ナガ丘陵最初のイギリス人行政官G・H・ダマンを五〇人の部下とともに殺害。その二日後、コヒマのイギリス軍本部にも攻撃を仕掛ける。触発された近隣の村人たちも参加したこの攻撃は、イギリス軍の駐屯地を一二日以上包囲し、壊滅寸前にまで追い込んだ。その報復としてイギリス軍は、山砲[20]で武装した三二〇〇人以上の部隊でコノマ村を攻撃する。「もっとも激しい山岳戦のひとつ」と呼ばれるこの攻撃で、コノマ村の戦士たちは村の砦を放棄。チャカ山の砦に後退し、さらに五カ月近くも戦い続けた。コノマ村の死傷者も非常に多かったが、イギリス軍も五〇〇人以上の死者を出したという。


それから七七年後のこのとき、もう一つの大きな戦いがメルマ・クダ(メルマ・ケル[21]の砦)で始まろうとしていた。コノマ村の山頂には、かつて殺害されたイギリス人行政官G・H・ダマンの記念碑がある。そのすぐ下に広がる縦五四メートル、横三六メートルの平らな広場が、メルマ・クダだった。周囲には、一〇メートルほどの高さまで石垣が積み上げられている。

防御に最適な砦があるとすれば、メルマ・クダはまさにそれである。理想的な場所に位置し、大砲を使うか空爆でもしないかぎり、攻略は不可能に近い。

ただし今回、そこを占拠しているのはナガではなく、アッサム警察である。攻撃を仕掛けようとしているコノマ村の戦士たちの武器は、二個の手榴弾、四丁のステン短機関銃、二〇丁ほどの日本製ライフル、三・三口径のリー・エンフィールド・ライフルなどで、残りは旧式の先込め式銃と、二～三丁の一二口径銃。五人はナガ防衛隊のオリーブ・グリーンの制服を着ていたが、残りの約四〇人は伝統的なキルトか半ズボンで、腰から上は多くが裸だった。そのほか、ダオ(山刀)と槍を持った数名の志願兵たちもいた。

一方のアッサム警察駐屯地には、数丁のブレン軽機関銃、ステン短機関銃、ライフル、二インチ迫撃砲などで武装した、五〇人ほどの部隊が立てこもっていた。また、駐屯地の周辺には、インド政府と運命をともにすることを決めた一〇〇人ほどのナガの村人も野営していた。

難攻不落の砦

六月一六日夕方、攻撃の指揮をとるザキエヴィリエ中尉は、駐屯地の向かい側の斜面に数人の部下を配置。自ら砦の麓まで這って行き、駐屯地に二個の手榴弾を投げ込んだ。爆発に続き、大きなうめき声や泣き声が聞こえてくる。だが、すぐに駐屯地の歩哨から一斉射撃が返ってきた。それはまるで

20　山砲　分解して運べるように軽量化された大砲の一種。

21　メルマ・ケル　ケル(Khel)は氏族の集まりで、血縁集団の単位。村内の意志決定に重要な役割を果たす。メルマはコノマ村を構成する三大ケルのひとつ。

蜂の巣を棒でつついたときのように激しく、ナガ兵たちをひるませるには十分だった。それでも、彼らは巨岩の陰に身を隠し、駐屯地内の銃の閃光をめがけて撃ち返す。斜面に陣取ったナガ兵たちも、銃身の長い日本製やイギリス製のライフルで、砦に向かって銃撃を加えた。

夜になると、ナガ兵たちは、駐屯地を取り巻くパンジー（尖った竹の柵）を取り払って、内部へ侵入しようと何度も試みる。しかし、内部からの射撃に加えて、空に向けて発射されるヴェリー信号弾[22]の光のため、危険すぎて成功しなかった。

「正面からの攻撃は、不可能だ」

その晩の作戦会議で、全員の意見が一致する。そこで彼らは、砦の反対側の斜面の高い位置に陣取ることにした。まず、射程距離の長いライフルで敵の注意を引きつける。その間に、別の部隊が先込め式銃や一二口径銃で砦の近くまで密かに近づき、塹壕と石の防御壁をつくって、敵の至近距離に攻撃拠点を設営するという計画だ。

翌日、計画は順調に進み、午後には敵の近くに多くの拠点を築くことに成功した。石の隙間から銃撃でき、相手から撃ち返されても安全な拠点である。

駐屯地内のアッサム警察は、反撃しようと頭を出した瞬間に、あるいはライフルを突き出した瞬間に、撃たれた。砦の中に閉じ込められた彼らは、罠にかかったようなものである。ナガの狙撃兵が高い斜面から常に狙っているので、駐屯地の中ですら自由に動けない。優秀な狙撃手であるザキエヴィリエらは四六時中狙撃を続け、駐屯地の中で動く者を確実に、即死させるか重傷を負わせた。

終わりなき包囲戦

六月二〇日、インド軍の援軍の長い列がメゾマ村からズナ川を渡り、曲がりくねった山道を登って来た。メゾマ村の大半を灰にした後、包囲された仲間を助けるために、コノマ村へ進軍してきたのだ。

コノマ村の戦士たちは、すでに五日間、四方からの銃撃でアッサム警察駐屯地のインド兵を絶えず苦しめていた。二四時間の監視で、敵は夜中でも逃げられず、井戸や小川へ水を汲みに行くことすらできない。インド兵が渇きでなかば狂いそうになっているのは明らかだった。

コノマ村の一族でありながら、インドと運命をともにすることを決めた女たちが、水を汲むために何度か砦から降りてきた。彼女たちは、自身が水を飲むことは許されたが、水筒は没収された。インド兵たちに水を与える恐れがあるためだ。一部の女たちは必死でショールを水に浸し、戻って子どもたちに絞り与えたという。駐屯地内の渇水は絶望的で、子どもを含む多くの者が、自らの尿を飲み始めていた。

だが、メゾマ村から迫る一〇〇〇人以上のインドの援軍が到着すれば、形勢は逆転してしまう。ナガ兵たちは、残された弾薬で援軍に対する待ち伏せ攻撃を仕掛けることを決めた。

しかしすべての準備が整ったとき、残念なことが判明する。インド軍の人夫として使われていたのが、占領されたメゾマ村の村人たちだったのだ。ナガ兵たちは待ち伏せ攻撃を断念して、駐屯地に敵

22　ヴェリー信号弾　ピストルから打ち出す色彩閃光弾。

の援軍が入るのを見送るしかなかった。防衛拠点に這い戻り、包囲を再開したものの、彼らはいまや約四〇人のアッサム警察のセポイ[23]に加えて、一〇〇人以上の第九シク連隊の兵士たちとも戦わねばならなくなったのである。

援軍が駐屯地に入るとすぐ、反撃の銃声は激増した。ナガ兵が高い斜面から狙い撃つと、ブレン軽機関銃の弾倉全弾もの反撃が、周囲に埃と砂を巻き上げる。援軍はアッサム警察より大胆だった。もっとも、軽率な者も多く、彼らは頭を上げた瞬間に、すぐ下の塹壕から至近距離で撃たれた。

援軍到着後二日目には、駐屯地内の渇水の深刻化が再び明らかになる。インド兵たちは夜陰にまぎれて駐屯地を抜け出そうと、必死に試みた。しかし、すべての小道は警戒するナガ兵によって油断なく見張られている。試みは失敗し、多くのインド兵が命を落とすことになった。

戦闘は再び膠着状態に陥る。守備を固めるインド側は駐屯地を出られず、攻撃を仕掛けるナガ側は攻め入ることができなかった。

化かしあいの戦場

コノマ村とジョツォマ村の戦闘は、まさに正反対だった。コノマ村の村人たちが攻撃していたのは、最適の位置で堅く防備され、装備もよく、弾薬に不自由しないインド軍である。ナガ側は攻撃のために上り坂を越えねばならない。突撃を仕掛ければ、防御壁の穴から発射されるブレン軽機関銃でたやすく掃討されただろう。一方のジョツォマ村では、ナガの堅固な防衛拠点に対して、インド軍が下り坂で何度も突撃を仕掛けて多くの人命を犠牲にしていた。二つの村では互いの戦闘の音が聞こえていたが、どちらも助け合う余裕はなかった。

ジョツォマ村では、撤退するインド軍部隊が多くの弾薬を残していったため、ナガ側も弾薬に不足することはなかった。一方、コノマ村の弾薬不足は危機的だった。加えて、敵の賢く巧妙な方法にしばしば完全に振り回され、戦士たちは多くの弾薬を浪費していた。

砦の麓の塹壕に身を隠しているナガ戦士たちは、防御壁の小さな穴から、かすかに敵の姿を見ることができる。インド軍のヘルメットが見えると、彼らは盛んに銃撃を加え、仲間同士で成果を競い合いさえしていた。だが、やがて、彼らは驚くべきことに気づく。インド軍は、棒でヘルメットを高く持ち上げて、動かしていたのである。ナガ戦士たちはずっと、ヘルメットを撃ち抜くごとに敵兵を一人倒したと思い込んでいた。しかし実際には、中身のないヘルメットを相手に、貴重な弾薬を無駄に費やしていたのである。

ある者は自らのあまりの愚かさに座り込んで笑い、またある者はそれを叱りつけていた。すると、ニツラウ・ズヌがこんな一言を残して塹壕から這い出して行く。

「俺も、敵に同じことを仕返してやる」

23　セポイ　もともとはイギリス植民地時代のインド人傭兵を指す。ここでは武装したインド人警官や兵士一般を指す俗称。

砦の壁の近くに、多くのナガ兵が襲撃を試みて登った竹の茂みがある。この茂みからの攻撃は、ブレン軽機関銃の集中射撃によって何度も阻まれていた。敵のブレン軽機関銃は、とくにこの茂みに狙いを定めている。ニツラウはそう考え、これを逆手に取ろうとした。

彼は長いロープを手に、慎重に茂みへ登り、太い竹にロープを縛り付ける。そして、安全な位置まで戻るとロープを強く引っ張り、あたかもナガ兵が茂みから飛び出すかのように、動かして見せた。すると思惑どおり、何丁かのブレン軽機関銃が、揺れる茂みをめがけて弾倉を空にし始めたのだ。弾倉をいくつか空にした後、ようやくインド兵たちも銃撃をやめた。こうして、「中身のないヘルメット」は、「人のいない竹の茂み」によって痛み分けとなったのである。

手作りの武器・弾薬

戦闘が一週間を過ぎたころ、コノマ村の村人たちが野営するジャングルの隠れ家に、三・三口径弾と日本製ライフル弾の空薬莢や不発弾が送り届けられた。前線での絶望的なまでの弾薬不足を示す、SOS信号である。ナガ兵たちの弾薬の多くは第二次世界大戦当時のもので、洞窟や岩の割れ目などで風雨にさらされ、大半は使い物にならなかったのだ。

ジャングルの洞窟の中、働ける村人全員で弾丸の修理作業が始まった。不発のパーカッション・キャップ[24]はマッチ棒やおもちゃのピストルのキャップと交換。着火しなかった火薬はダイナマイトなどと取り換えられた。これらの一部も、第二次世界大戦で爆弾に使われていたものである。

また鍛冶師たちは、三・三口径弾を発射するには口径が大きくなってしまった日本製ライフルの銃身を再調整した。さらに、ステン短機関銃の銃弾を撃てるように、三・三口径ライフルの穴を開け直した。こうした調整作業に使われたのは、先込め式銃の銃身に付いている棒など、強化した鋼鉄である。この手作業はとても困難で、痛みを伴う。多くの鍛冶師たちは、手のひらや指に裂傷を負いながら、苦労して銃身の口径を調整した。

こうした重労働の結果、前線に新たな銃と弾薬が届けられた。無骨だが新しい、鉛弾頭のライフル弾。再調整された日本製ライフルや、改造された三・三口径ライフル。これらはすべて、コノマ村の山奥の洞窟や峡谷で手作業によって製造されたのである。前線の戦士たちは感謝の印に、放棄された村の牛や豚の肉を鍛冶師たちに送り届けた。

しかし、改造日本製ライフルで三・三口径弾を発射すると、その衝撃に耐えられず、ライフルの遊底が射手の顔を直撃するという悲劇が、ときどき起きた。遊底は、ちょうど両目の間、鼻梁の付け根にぶつかるため、おびただしい量の出血を伴う。この事故のため、コノマ村の戦士の中には、鼻梁の始まりが額ではなく、目の下になってしまった者もいた。

24　パーカッション・キャップ　銃弾の火薬に着火するための起爆用部品。雷管。

パラシュート争奪戦

戦闘の一三日目。ダコタ軍用輸送機[25]が近づく音にギョッとしたコノマ村の戦士たちは、爆撃が始まると思い、身を伏せた。しかし、輸送機は低空飛行し、パラシュートをいくつか落としていく。砦の中のインド兵たちが飢えと乾きに苦しみ、無線で必死に要求したにちがいない。包囲されたインド軍兵士のために、水と食糧を落としていったのである。

ところが、駐屯地の面積は狭かったため、狙いどおりに着地したパラシュートは一つか二つだけで、残りはナガ側にゆっくりと落ちてきた。輸送機が去ると、駐屯地近くの木や竹にぶら下がったパラシュートを回収するために、包囲されたインド兵が一斉に出てくる。ここで激しい戦闘が起こり、数名のインド兵が命を落とした。

「何てむずかしい作戦なんだ!」

駐屯地からはそんな声が漏れ聞こえたという。

ナガ戦士たちがパラシュートの小包を開けてみると、水、ラム酒、小麦粉、油などが入っていた。彼らはそれを大喜びで平らげ、ある者はこう冗談さえ飛ばした。

「インド軍は、いまや俺たちにまで食糧を供給してくれるのだ」

ただし、彼らがもっとも欲しがっていた銃弾だけは、いくら探しても見つからなかった。

軍用輸送機による食糧供給は、二〇日間におよぶコノマ村の包囲戦で、少なくとも四~五回は行われた。包囲されたインド兵はナガ側に落ちたパラシュートを必死で回収しようとし、ナガ兵たちはそれを防ごうとする。互いに、かぎ針を付けた長い竹の棒を使っての争奪戦を繰り広げた。またコノマ村の村人の多くは、ジャングルに隠れ住んだ数年間、このパラシュートの布を利用して服を縫った。

膠着状態の戦闘では、砦の壁をよじ登って攻撃を試みた数人のナガ戦士が死傷した。チャベゾ・セイエは肺を撃ち抜かれて亡くなり、クリエトは迫撃砲で背中の大部分を吹き飛ばされ、命を落とした。さらに、何人もが手榴弾や榴散弾[26]で負傷した。迫撃砲弾がすぐ近くで爆発したプロビが、足首の負傷だけで命を取りとめたのは幸運だったといえる。

インド兵たちの銃撃で、コノマ村のすべてのブリキ屋根は弾痕で穴だらけになる。ナガ戦士たちは、文字どおり銃弾の中を歩いて生活していた。第九シク連隊の援軍が駐屯地に到着して以来、食糧と水がどれだけ不足しようとも、インド軍が銃弾に不足することはなかったのである。

崩された均衡

包囲戦一八日目の七月三日、コノマ村のナガ戦士たちは、ジョツォマ村での大きな砲撃音を聞いた。彼らの位置からジョツォマ村は見えない。しかし、地平線は一晩中、爆発で明るく染まり、爆発音が鳴り響いていた。コノマ村の戦士の多くは、第二次世界大戦時に道案内や諜報員としてイギリス軍と

25　ダコタ軍用輸送機　プロペラ双発のC47輸送機。ナガランドでは輸送のほか、爆撃にも使われた。
26　榴散弾　空中で爆発して、内蔵する破片弾を飛び散らせる砲弾。

戦った経験がある。その彼らでさえ、この砲撃の激しさには驚いたという。

「当時もっとも苛烈だったコヒマの戦いでも、これほど集中的で激しい砲撃は見たことがない」

ジョツォマ村の陥落を確信した彼らは翌日、ジョツォマ村方面の小さな橋を落とし、インド軍がコノマ村へ転戦してくる進路を断った。

ところが、ジョツォマ村方面を防衛していたナガ兵たちの視界に七月五日、新たなインド軍が現れる。部隊はケヤ・バギの急な曲がり角を通り、コノマ村へと迫っていた。包囲された駐屯地のインド軍兵士も、その姿を見たにちがいない。照明弾を上空に撃ち上げ、自分たちがまだ生きていることをアピールする。三列に並んで迫る数千のインド兵たちは、遠くから見ると、まるで蟻の軍隊のようだった。

ナガ戦士たちはコノマ村の門の直前で待ち伏せ、進んでくる敵の援軍に攻撃を試みた。だが、大軍勢を完全に食い止めることが不可能なのは明らかである。

「後退して、メシクウェズとクク川で再集合する」

命令が下り、ナガ兵が後退し始めると、駐屯地でインド軍兵士の歓声と叫び声が響き渡った。

このときラゾリエとアリウは、まだ塹壕の中で見張りを続けていた。彼らには、後退の命令がなぜか届いていなかったのである。

「駐屯地のインド兵は、なぜ叫び声を上げているのだろうか?」

不思議に思った彼らは、後方での大きな騒ぎを聞いて振り返り、驚いた。ジョツォマ村方面からの大部隊が、すでに目前に迫っていたのだ。

「こうなったら、せめて敵一人だけでも倒してから逃げよう」

そう決めた彼らは部隊の先頭に狙いを定め、先込め式銃の引き金を引く。すぐに逃げ出した彼らを、迫撃砲の一斉砲撃がしつこく追い続けた。

夜戦に舞う火の粉

インドの援軍は大部隊で、狭い駐屯地に入りきらず、コノマ村のテヴォマ地区に駐屯。その夜にメルマ地区とセモマ地区を焼き払い始める。

自分たちの家々が焼かれる光景を目の当たりにして、コノマ村の戦士たちは怒り狂った。彼らは野営地を飛び出し、すぐに反撃を開始する。夜の闇に、焼かれる村から立ち上る炎。そこに、動き回るインド軍兵士の姿がくっきりとシルエットになって浮かび上がる。闇に紛れて至近距離まで近づき、銃撃を加えるには、格好の標的である。

ヴィレゾ・チャセは、火のついたわら束を手に動き回る影を見つけた。そのインド兵は、まさに彼の家の竹壁や藁葺き屋根に火をつけている。ヴィレゾはすぐ後ろまで這って近づき、その兵士を撃った。インド兵が火の中に倒れ込むと、何千もの火の粉が夜空に舞い上がった。

コノマ村を焼いていた多くのインド兵たちは、こうして次々と撃たれていく。皮肉なことにインド兵は、自分たちが放った火のせいで姿がまる見えだった。一方、ナガ兵たちは、暗闇に紛れて行動できる。パニックに陥ったインド兵たちは、村の排水溝や小川で、味方同士が追いかけ合いさえしていた。夜間に村を焼くように命じたインド軍将校は、多くの部下の生命を犠牲にする重大な過ちを犯したといえる。おそらく彼は、自らの部隊の兵力を過信し、ナガ兵が再度攻撃してくることはないと信じ込んでいたのだろう。

翌日も、コノマ村の戦士はこの部隊に攻撃を加える。早朝、インド兵は野営地のまわりに塹壕を掘っていた。これを監視していたナガ兵のアニウ少尉は、指示を出す大柄なパンジャブ人将校に目をつける。一八〇メートルほどの距離まで這って近づき、木と岩の間から慎重に狙いを定めて、彼は引き金を引いた。改造三・三口径ライフルが放ったステン銃弾に、巨大な将校が後ろ向きに倒れる。撃ち返される迫撃砲弾とブレン軽機関銃弾に追われながら、アニウは狙撃位置を後にした。ナガの狙撃手たちは、簡単に身を隠せる排水溝や小川を知り尽くしていたのである。

階級なき戦士たち

コノマ村での防御を固めたインド軍は、村人たちのほとんどがズラケ村に避難したのを知り、偵察隊を送り始める。しかしその情報は、インド軍に加わったコノマ村の一族をとおして、ナガ側にすべて筒抜けだった。インド軍の偵察隊や行軍はすべて、移動中にナガ戦士の待ち伏せ攻撃に遭うことになる。

当時のこうしたナガの攻撃は、組織された軍隊による作戦行動と呼ぶにはほど遠い。敵が進軍してくるたびに、ナガのほとんどの部隊が、それぞれ独自に敵を攻撃していた。また兵士たちは我先に敵を撃退しようと、いつも(命令に背いて)勝手に部隊を抜け出していたのである。

軍事規律や「上官の命令を守る」という概念。それは、独立心の強いナガの戦士たちにとって、まったくなじみがないものだった。彼らの古来の慣習と文化では、誰かに命令されるということはなかったのである。ナガの、とりわけコノマ村の、こうした個人の独立心の強さは、次のような話からもよくわかるだろう。

ナガ防衛隊の軍事会議の席上、将校がコノマ村の志願兵部隊に尋ねた。

「あなたたちのなかで、指揮官は誰だ?」

しかしコノマ村の母語であるアンガミ語で、その質問を文字どおり訳せば、こうなる。

「あなたたちのなかで、一番大きいのは誰だ?」

アンガミ族の文化と言語には、「指揮官」という単語はない。アンガミ社会には、上官や王、大臣などによる統治の歴史は、一度もなかったからである。人はすべて平等だったのだ。

そのため、「誰が部隊を率いているのか」という質問に対して、コノマ村の志願兵たちは文字どおりの意味、つまり「体のサイズ」を聞かれていると考えた。

「ゴラウが一番大きい」

そこでゴラウが呼ばれ、将校が再び彼に尋ねる。

「おまえの軍の階級は何だ?」

ゴラウは答えた。

「階級って、何だ？」

各個人の、独立性に富んだ気風。それは、社会階層や階級差別がない社会によって育まれたものである。そのため、コノマ村の戦士に「軍事規律」や「命令への服従」を課すことは、非常に困難だった。それぞれ独立した戦士たちは、ナガの独立のため、それぞれ独立した方法で戦う。それが彼らにとっての、戦いの本質だった。彼らの間で尊敬されたのは、肩章《けんしょう》の星の数などではなく、戦闘での勇敢さだった。

コノマ村のもっとも偉大な戦士の一人である年老いた志願兵ズルは、上官に対して敬礼するように命令されたとき、怒ってこう答えた。

「われわれはナガ軍に自発的に参加し、祖国のためなら命を捧げることも辞さない。しかし、互いに敬礼し合うなどという、くだらないことはやめようじゃないか。それはわれわれの文化にとって異質だし、まったく不必要だよ」

こうした独自の戦いの方法は、実は彼らにとって有利であることが証明されていく。軍の厳しい規律に則って行進するインド兵たちにとって、奇襲を仕掛けるナガ兵の位置取りはてんでバラバラで、まったく特定できなかった。あまりに多くの、独立した位置からの攻撃。そのためインド兵たちは、非常に多くの敵に攻撃されている印象を受けていたという。

真夜中のコラリエ

特定の戦術に従わない、手品のようなナガの攻撃に数日間さらされて、インド軍は結局正面からの進軍を断念。コノマ村の戦士たちの背後を突く作戦に切り替える。それは、夜陰に紛れて滑りやすい丘を下り、メゾマ村へ回るというものである。このときクク川に野営していたコノマ村の戦士たちは、まったくの不意打ちに遭うところだった。コラリエという男がいなければ、このインド軍の奇襲は完全に成功していたにちがいない。

ジャングルでの避難生活を強いられていたコノマ村の多くの村人たちは、しばしば夜中に田畑へ足を運んでいた。飢えた子どもたちに食べさせるため、完全には実っていない稲でも収穫する必要があったのだ。この夜間の農作業で、撃たれて命を落とす村人もいた。

インド軍が奇襲作戦を計画していたその夜も、多くの村人たちが田畑へ稲刈りに出ていた。その一人コラリエは暗闇のなか、仲間たちとはぐれてしまう。仕方なく、彼が一人でシクリエギ峰を登っていると、何人かが動いている物音が聞こえた。それを仲間だと思い込んだ彼は、静かにそちらへ向かって歩いていく。実はこの晩、彼ら以外にも多くの人間たちが、それぞれの夜間作業のために動き回っていたのである。

インド軍はしばしば田畑に忍び込み、物音がするとすぐに攻撃を開始する。そのため夜間の稲刈りでは、完全に沈黙を保たねばならない。この日、コラリエが明かりなしで音も立てずに尾根を登り、うっかりインド兵の集団に紛れ込んでしまったときも、彼は何も話しかけなかったし、何も質問されなかった。コラリエはそれが仲間たちだと思い込んだまま、インド兵の集団に静かに加わったのだ。

コラリエは先頭を歩いていた。かなりの時間が経ってから、彼は突然あることに気がつく。その集団は、仲間にしては人数が多すぎるのだ。しかも、汗をかいたときの体臭が仲間たちのものとは明らかに違う。確認しようと、懐中電灯を真横の男に当ててみた彼は、ぞっとした。汗をかき、息を弾ませてにらみ返す、パンジャブ人のひげ面。目の前の相手は顔をゆがませ、パンジャブ語で乱暴に言った。

「明かりを消しやがれ」

そのシク教徒のインド兵もまた、相手は仲間の兵士だと思っていたにちがいない。コラリエは心臓をどきどきさせながら、上り坂を早足で歩き、持ち歩いていた手榴弾をそっと取り出した。そして、安全ピンを抜くと同時に、米が入った荷物を放り投げ、後ろのインド兵の列に向かって手榴弾を投げつけた。夜のしじまを切り裂く、雷のような爆発音。それは取り巻く山々の崖から崖へとはね返り、こだまが谷間全体に反響した。

必死で逃げるコラリエの背後では、大きな叫び声や悲鳴があがっている。だが、銃弾が彼を追うことはなかった。インド兵たちはおそらく、暗闇のなかで味方と相撃ちになることを恐れたか、仲間が誤って手榴弾を爆発させたと思ったのだろう。

クク川の野営地にたどり着いたコラリエは、インド軍が夜闇にまぎれて迫っていることを仲間に伝えた。この知らせに、コノマ村の戦士たちは急いで後退。明け方前には、チャラバ峰に新しい陣地を構えた。このあたりの山々は、彼らが子どものころから駆け回った庭のようなものである。敵が通らねばならないすべての岩棚も斜面も峡谷も、彼らは知り尽くしていた。

チャラバの攻防戦

六月から七月にかけてチャラバ峰を覆う、濃い霧。そこに一条の曙光が差し込んだとき、ニシウとペクルヴィトは新しい陣地を下り、その日最初の二人の犠牲者を撃ち殺すことになる。すでに奇襲の失敗を悟っていたインド軍兵士たちは、麓で塹壕を掘るのに懸命だった。斜面の下へ静かに滑り降りたニシウとペクルヴィトは、指揮を執る二人の将校に目をつけて、同時に引き金を引く。次の瞬間、ブレン軽機関銃とライフルの雷のような一斉射撃が、溝や窪みを伝って逃げる彼らを追った。

三〇分足らずのうちに、インド兵たちは掘ったばかりの塹壕を放棄し、チャラバ峰の斜面に突撃を開始する。しかし、頂上に通じる道はすべて、コノマ村の戦士たちが有利な地点で守備を固めていた。インド軍の最初の無謀な突撃は、ライフルやステン短機関銃、一二口径銃、そして先込め式銃の反撃によって退けられる。何度も何度も、インド兵たちは山頂へ進撃しようとしては退けられ、そのたびに多くの亡骸《なきがら》を残していった。

コノマ村の戦いは、こうして形成が逆転。ナガ側が上方に位置取り、インド軍が山に向かって攻撃を仕掛ける構図となる。

「インド軍は、なぜ突撃を中断したのだろうか?」

午前一〇時ごろ、コノマ村の戦士たちが不思議に思い始めたとき、ヒューッという三インチ迫撃砲弾の飛来音が鳴り響いた。ナガ側の陣地で砲弾が次々と爆発し、負傷者が出始める。激しい弾幕砲撃のため、ナガ側は二カ所の陣地を一時的に放棄。砲撃がやむのを待って、再び陣地へ滑り込んだ。すぐに正面突撃が来るのは明らかだったからである。こうして繰り返されるインド軍の突撃もまた、コノマ村の戦士たちによって効果的に退けられていった。

この日、インド兵がとくに目をつけて何度も突撃を仕掛けた斜面がある。そこには、一面にしゃくなげの木が自生していた。この斜面を横切ろうとしたインド兵たちは片手にライフルをつかみ、もう一方の手でしゃくなげの木をつかむ。いわば手も足も出ない体勢で彼らは撃たれて、滑り落ちていった。午後には、しゃくなげをはじめ草木がすべてなぎ倒されていた。

インド兵は山岳部での戦闘技術は不足していたものの、勇気と勇敢さは十分に備えていた。何度撃たれても斜面を伝って繰り返される突撃。しかも、撃たれた兵士のライフルは別の兵士が必ず回収していく。コノマ村の戦士たちの多くは、恐れを知らぬシク兵たちに畏敬の念を抱いた。

苦渋の撤退

戦闘の三日目、コノマ村やコヒマからのインドの援軍がチャラバへ到着する。山岳地一面が、よじ登るインド兵たちで埋め尽くされ、弾薬と食糧運搬用の馬も用意されていた。インド軍の攻撃が四方八方から始まり、すべての攻撃を防ぐのは不可能な状況になっていく。しかも最悪なことに、弾薬不足がいよいよ深刻になっていた。これまでの戦闘でほとんどを使い果たし、この日の夕方には一人につき四〜五発しか残っていなかったのだ。そこで、命令が下される。

「弾薬が尽きた者は、自身の判断で撤退すること」

手榴弾や十分な弾薬さえあれば、コノマ村の戦士たちはさらに何日間も陣地を守れただろう。だが、弾薬なしでは戦闘は続けられない。撤退は致し方なかった。

頑健な戦士であるコシヴィは、弾切れの銃とともに後退する途中で目にした光景を、忘れることができない。斜面を登った小高い場所で双眼鏡を取り出して戦場を振り返ると、多くのインド兵の遺体が、まるで薪のように積み重ねられていたのだ。また、チャラバへ向かう道には、血染めの包帯を巻いた多くのインド兵たちが、そこらじゅうに横たわっていた。

まる一日、インド軍と激しく銃火を交えた後、コノマ村の戦士たちはついに撤退。ヅク山系の高い山々や峡谷へ逃げ込んだ。勝利を収めたインド軍は、ズラケ村に加えてバキエマやケノマなどに兵を進め、これらの村すべてに駐屯地を築いた。

コノマ村の戦いが激しさを増していたころ、ナガランドの独立指導者でナガ民族評議会の議長であるA・Z・ピゾは、密林に潜んでいた。そこで彼は、自らの故郷コノマ村が破壊されるのを目のあたりにする。

一九五六年九月二五日、焼け落ちた村の写真を撮った彼は、チャラバでコノマ村の戦士たちと会合。長引くであろうと予想されるこの戦争に海外からの支援を求めるため、数名の護衛を伴ってナガランドを去る。一行は東パキスタン（現在のバングラデシュ）へ潜入し、国際連合でナガ問題の解決を嘆願するため、ロンドンへと渡った。

ナガランドを去ることは、村だけでなく、父親として、愛する家族をも置き去りにせねばならないことを意味する。彼は、八人の子どもと愛する妻を残して旅立った。小さな四人の子どもは、父と暮らすことさえなかった。

一生をかけて伝説となったピゾは、一九九〇年四月三〇日にロンドンで逝去する。インド国内では指名手配の身であったため、帰国は一度もかなわなかった。彼は人生の半分を海外で、ナガの大義のために闘い続けたのである。

「ナガ民族運動の父」――ピゾは敬意をこめて、そう呼ばれている。だが、その代償として、彼は自らの家庭生活を犠牲にしなければならなかった。一九九〇年五月一〇日、彼の遺体が祖国ナガランドに戻ったとき、彼の四人の子どもたちは初めて父親と会うことになった。すべてのナガ民族がその死を悼んだ葬儀の式典の後、彼はついに、自らのすべてを捧げた大地で休息の眠りについたのである。

第3章

禁じられた墓碑銘
——セツ村の虐殺

焼き討たれた故郷

モコクチュン[1]の町にほど近い、山の頂上。そこに位置するセツ村は当時、数百戸だけの小さな村だった。

「インド兵たちが、こっちへ進軍してきている」

一九五六年三月のある日、知らせを伝えたのは、早朝の水汲みに行った者たちである。村人たちは、すぐに密林の中へ逃げ込み始めた。インド兵はすでに村のすぐ近くまで迫っており、何も持ち出す余裕はない。当時、アオ族の村は一つ、また一つと焼き討ちに遭い、被害は山火事のように燃え広がっていた。そしてセツ村もまた、この日の午前七時までには、穀物倉を含むすべてが灰と化した。

何か火を免れたものはないだろうか——インド軍が去った後、村人たちは焼け跡へ探しに戻るが、何もなかった。牛や豚までもが灰になっている。幸運な数人だけが、ジャングルへ逃げ込んだ鶏を捕まえた。穀物倉には生焼けの米が残っていたものの、あまりのひどい臭いに諦めざるを得ない。彼らは悲嘆にくれてジャングルへ戻り、木の葉で作った新しい住み処に隠れることにした。

いったいどれだけここで暮らすことになるのか、誰にもわからなかった。たった一つ、彼らにわかっていたのは、インド軍が市街を占領し、山奥にまで作戦を展開していたので、できるだけ遠くに逃げなければならない、ということだけだった。

もとの村から遠く離れた深い谷間の、緊急避難キャンプ。村人たちがそこに暮らして、三カ月が過ぎようとしていた。すでに二カ所の避難キャンプがインド軍の作戦で破壊され、彼らにとってここは三カ所目である。ここに彼らはマチャン[2]を建て、牧師が日曜日の礼拝を行った。見張りが一時間交代で木の上に立ち、インド軍の歩哨や軍事作戦が近づいたら警報を発することになっている。

このジャングルのキャンプでの生活は、困難を極めた。年寄りや弱い子どもたちが、飢えや病気で死んでいく。チフスや肺炎、赤痢が、飢えた村人たちに大きな被害を与えていた。絶望のあまり、生焼けの米さえも食料にするため、彼らは焼かれた村に戻ったりもした。だが、もはやそれもかなり前のことである。いまでは、野生のヤムイモや野草を食べて生きのびていた。

ある村人が創意工夫を凝らし、多くの弓矢を作った。その毒矢で、ときどき野生動物を仕留めるのだ。こうした幸運なときには、ひとかけらずつの肉が全員に平等に分け与えられる。しかし、それは充実した食事と呼ぶにはほど遠い。夜になると、彼らは火の周囲に集まり、互いに身を寄せ合って、少しでも安眠を得ようとした。火の近くは、幼い子どもたちの指定席である。親たちは我が子をバナナの葉で覆い、少しでも暖めようとした。

追い討ちの軍靴

すでに多くの仲間が命を落としていた。早急に食料を手に入れなければ、さらに多くの村人が犠牲

1　モコクチュン　ナガランド北西部の町で、アオ族の人びとの中心地。
2　マチャン　竹や木で建てられる簡素な建物。会合や会食などに使われ、礼拝もここに座って行われる。

になることは目に見えている。そこで、長老たちはロタ地域に使者を送り、野菜の種や籾などを分けてもらうように交渉した。その結果、多くの種類の種を手に入れた彼らは、ジャングルを切り拓いて、焼き畑耕作を始める。[3]

動くことのできる者たちはみな、この厳しい労働に文字どおりふんどしを締めていそしんだ。ふんどしを強く巻くことで、飢えの痛みがいくらか和らぎ、空腹に苦しみながらも厳しい労働を何とか続けられる。夜になってキャンプへ戻ると、飢えた子どもたちが、ふんどしに食料が入っているのではないかと期待して走り寄った。しかし、父親たちは疲労で地面に倒れ込み、よくこう言ったものだ。

「坊や、ふんどしに触っちゃいけない。そこには何にも入っていないし、それをほどいたらお父さんは死んでしまうかもしれないんだ」

一週間近く、村人たちはインド軍に見つからずにジャングルを切り拓き続けた。だが、六月一六日、悲劇が彼らを襲う。

ジャングルで木を切り倒していたとき、高い位置にいた者たちが、インド軍の斥候《せっこう》がやって来るのを発見した。彼らは小さな峡谷で働いていた仲間の八人に警告を発した後、その場を逃げる。しかし、八人はその警告を聞きそびれ、近づいてくる危険に気づかずに働き続けていた。

周囲のざわざわした音に気づいて見上げたとき、八人はすでに、ライフルを構えたインド軍部隊に囲まれていた。恐怖とパニックが彼らを襲う。逃走も考えたが、完全に包囲されており、あきらめざるを得なかった。仮に逃げたとしても、飢えで弱り切っていたため、誰も成功しなかったにちがいない。彼らは、まるで案山子《かかし》のように痩せ衰えていたのだ。

「全員、谷から出てこい」

そして、ライフルの銃床と軍靴で殴られ蹴られながらの尋問が始まる。

「お前たちはゲリラだろう。ライフルはどこだ？　キャンプはどこにある？」

「私たちはただの飢えた村人です。子どもたちのために、稲を植えようとしていただけなんです！」

しかし、いくら許しを請うても、彼らが血まみれになるまで殴打は続いた。

次に彼らは一列に縛られ、インド軍の輸送部隊が停まっている道路まで、登り斜面を行進させられた。つまずいては倒れ、立ち上がってはまた倒れる。互いに助け合ってようやく到着したときには、ほとんどの者が半死状態になっていた。

見せしめの銃弾

到着した道端で、彼らはまた部隊長と兵士たちに殴られ、同じような質問が繰り返された。しかし、彼らは本当に何も知らず、何も答えることなどできないのだ。そしてついに、命令が下された。

「道端に整列しろ」

彼らはみな、まっすぐ立っていられないほどに弱り切っていた。命令とともに、ライフルが構えら

3　ロタ地域　ロタ族はアオ族と隣接した地域に居住。双方とも、アッサム平野に隣接している。

れる。そこで、意外な指示が指揮官から発せられた。

「二人は逃がしてやれ」

それはキレムスバとイムナ・ニケンで、二人ともまだ一二歳になったばかりだった。グループのなかでもっとも若いが、頑健だったので、この運命の日もおとなたちとともに働いていたのだ。

「傍らに立って、よく見ておけ」

指揮官が二人に命じる。これから何が行われるのかを薄々感じながら、二人は恐れおののいて見ていた。指揮官が自らの銃を空中に向けて一発、発射する。それが合図だった。道端に並んだ六人の村人たちの体を、何百発もの銃弾が切り裂いた。

そこで、信じられないことが起きる。五人はボロ人形のように倒れ込んだままだったが、残りの一人メレンチバはすぐに飛び起きると、ジャングルに逃げ込んだのである。

彼らは処刑されるとき、ロープで互いにつながれていた。しかし、ツクジェメリ村長の腹部を貫通した一発の銃弾が、メレンチバのロープを切断したのだ。銃弾はロープだけでなく、メレンチバの手首も粉々にしていた。彼は手首を腱と骨でぶら下げたまま、必死で走って逃げたのである。

道の下に飛び降りたメレンチバを追って、何百発ものライフル弾が放たれる。そのせいで何百枚もの木の葉が舞い散る光景が、キレムスバの脳裏に焼き付いた。三時間後にメレンチバがキャンプへたどり着いたとき、彼のシャツやズボンには多くの銃弾の穴が開き、髪にはかすめた銃弾の痕が三カ所ついていた。だが、もっとも恐ろしかったのは、折れた手首の骨に固まって付いている、昆虫や木の葉、小枝などの大きなかたまりだった。

キレムスバとイムナ・ニケンは、銃弾で穴だらけにされた五人の遺体を見て、恐怖に打ちのめされていた。音を立てて震える体を止めることができない。ショックのあまり言葉を失い、茫然自失で立ちすくんでいた。指揮官が彼らの前に立ち、いかめしく言い放つ。

「お前たちはジャングルの隠れ家へ帰って、村人全員に『隠れ家から出てこい』と伝えろ。さもないと、全員がこいつらのように撃ち殺されることになるぞ」

警告とともに、二人は釈放された。道中ずっと泣きながらキャンプへ戻った二人は、着いてからもしばらくの間、言葉を発することさえできなかった。

経緯を聞いた村人たちは、遺体を確認するため、その場所に行ってみた。銃弾で撃ち抜かれた遺体は道端の溝に投げ込まれ、積み上げられている。溝から遺体を引き上げながら、父や母、息子や娘たちは、悲しみに泣いた。とはいえ、インド軍が再びやってくる恐れがあるため、大きな泣き声をあげることはできない。五人の犠牲者の共同墓地を、焼かれてしまったかつての村に掘り終えたときには、あたりはすでに暗くなっていた。

大自然が彼らの嘆きに同調したかのように、突然、雨が降り始める。愛する者たちを埋めるために灯した竹の松明《たいまつ》の炎が、雨でかき消された。全身ずぶ濡れになり、精神的にも肉体的にも骨の髄まで疲れ切って、村人たちがようやくキャンプへ這うように戻ったのは、もう真夜中過ぎだった。

「民族運動の父」
アンガミ・ザプ・ピゾ

1951 年に実施された、独立を問う住民投票の様子。各村を代表する 6000 人以上が参加し、99%が独立を支持した

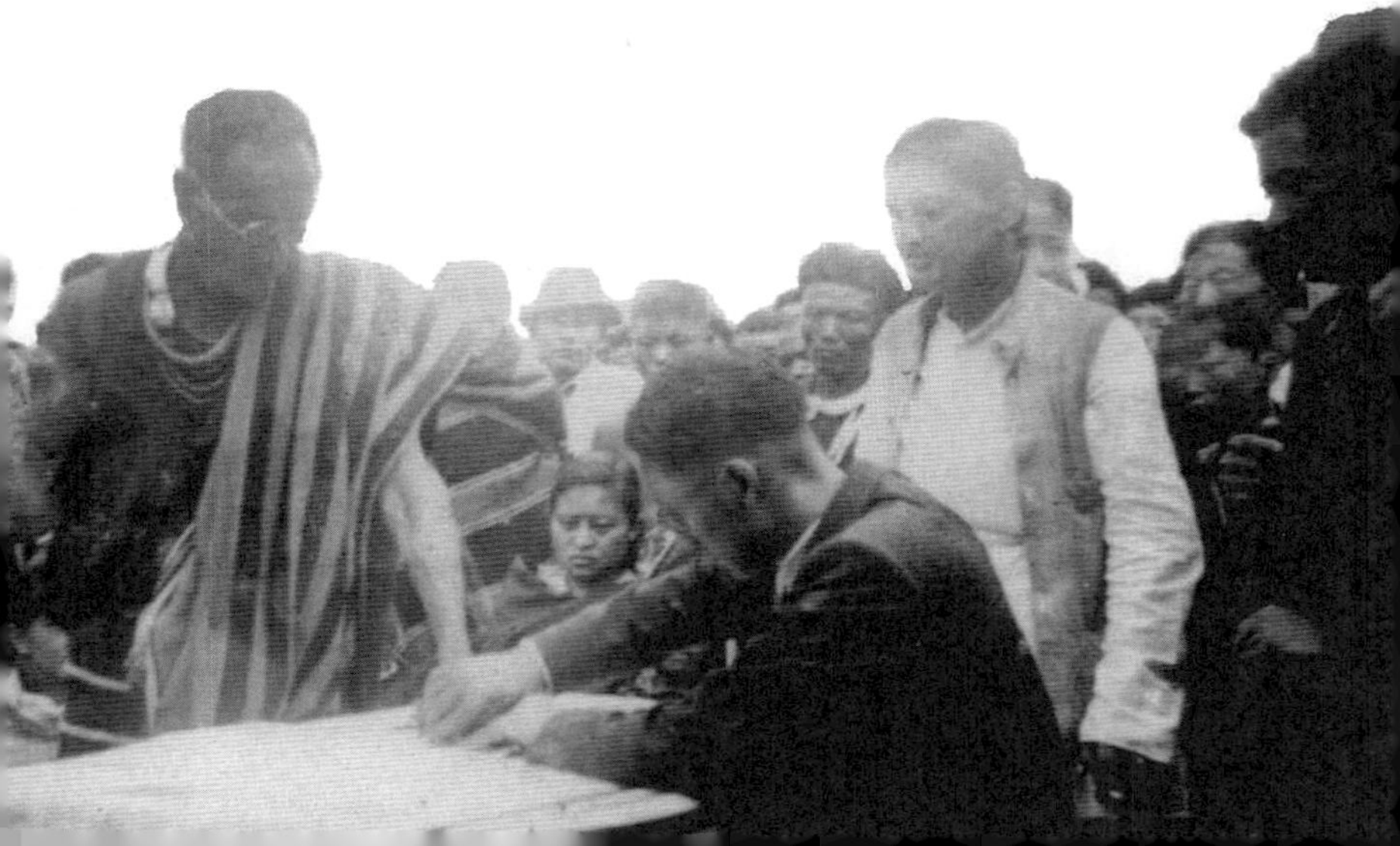

禁じられた墓碑銘

事件から数カ月間、キレムスバとイムナ・ニケンは、ほとんど何も食べることができなかった。処刑の光景に取り憑かれていたのだ。彼らは何度も、真夜中に叫び声をあげて飛び起きたという。キレムスバは、あの恐ろしい午後からすでに五〇年以上も経っているにもかかわらず、いまでも叫び声とともに目覚めることがあると語る。

現在、セツ村には、そよ風が優しく吹く小さな山に、次のような言葉を刻んだ碑が建っている。

ああ、みなのために
微笑み、涙してくれた
崇高なる瞳たちよ
これらの魂の名を刻む
一　ツクジェメリ村長
二　L・イムトンコクバ
三　S・テムジェンワティ
四　アンチャバ
五　ダンバ
彼らは一九五六年六月一六日に殺害された

一九五〇年代にナガランドを襲ったホロコースト。[4] そこから子どもたちを生きのびさせるために、大地を耕そうとして処刑された父親たち。この記念碑は、彼らを追悼するすべての村人によって建てられたものである。

ただし、この碑銘は、彼らがインド軍によって殺されたことについては一切ふれていない。「インド軍によって殺害された」あるいは「ナガ民族運動のために命を捧げた」といった言葉が刻まれた墓碑は、しばしばインドの行政担当者たちによって倒されたり、破壊されることすらあるからだ。それでもあきらめずにこうした墓碑銘を掲げると、一万ルピー[5]もの罰金がS・C・デーブのような役人によって課されることもあった。[6]

罪なき村人たちに対する、恐ろしい犯罪。そして、こうした犯罪に対する強引な隠蔽工作が、強大な軍事戦術と同時に、行政機構によっても行われていたのである。

4　ホロコースト　一般にはナチス・ドイツによるユダヤ人大量虐殺を指すが、筆者はインドによるナガ人虐殺をなぞらえている。

5　一九六〇年代のインドでは、一人あたりの年間平均所得は三〇〇〜五五〇ルピー程度だった。一方ナガランドの農民に現金収入はほとんどなく、一万ルピーはとても支払える金額ではなかった。

6　S. C. Dev (1988) *Nagaland the Untold Story*, Calcutta, pp.86–86.

第4章 穢《けが》された瞳の悪夢
――マヤンコクラ・屈辱の重荷を負って

神と獣の狭間で

一九五七年二月二四日、ウングマ村は冷え冷えとしていた。マヤンコクラとキカモングバ、そして村長のマルカバは、早朝に起きだし、出かける準備をしていた。ナガ軍義勇隊の野営地設営を手伝うためである。マヤンコクラは、とても美しい娘だった。

村を出ようとした午前六時半ごろ、彼らの家はトリロク・シン大佐指揮下のインド軍ジャート連隊に取り囲まれる。将校は、尋問はおろか、彼らの名前を聞こうとさえしなかった。それはつまり、裏切り者の誰かが村人たちの活動について事前に密告していたことを意味する。彼らはすぐに、ライフルの銃床と軍靴で滅多打ちにされた。服は引き裂かれ、全身が傷とあざだらけになって、血がひどく吹き出す。わずか一五分ほどの出来事である。

彼らは半裸のまま、一〇〇メートル近く離れた教会まで行進させられた。その途中、痛めつけられて肌も露わなマヤンコクラを、インド軍兵士の一部が辱め始める。恐怖に駆られた村人たちは、逃げ惑っていた。教会に着くころにはマヤンコクラは丸裸にされ、村人たちの目の前で、一人また一人と兵士たちによって強姦された。少なくとも一時間ほど、兵士たちは次々に彼女の美しい体に欲望を吐き出していく。村人たちはこの残虐な光景を見るに耐えず、顔を背けていた。誰もが抑えがたい怒りをかかえたまま、しかしどうすることもできない。インド兵たちは完全武装し、撃鉄を起こした銃が彼らに突きつけられていたのだ。

マヤンコクラにとって、それは悪夢であり、とても現実とは信じられなかった。それはいうまでもなく女性としての尊厳を汚《けが》す行為であり、人間性そのものの冒涜である。彼女は痛みのあまり叫び、助けを呼んだ。この光景に耐え切れなくなった一人の老女が、マヤンコクラの裸体を覆うための布を手に家から飛び出し、懇願した。

「やめてください！　もう十分でしょう！」

しかし、兵士たちの輪に割って入ろうとしたところで、ライフルの銃床と銃身が容赦なく振り下ろされる。まだ順番がまわってきていない兵士たちがいたのだ。老女はひどく血を流して気絶し、兵士たちは再び饗宴を続けた。

キカモングバとマルカバは、現場の近くで監視されていた。眼前で汚されるマヤンコクラを助けることもできず、二人は顔を背けて泣いていた。兵士たちは饗宴を終えると、ほとんど意識を失ったマヤンコクラとキカモングバを教会の中へ引きずり込んだ。

「服を脱げ」

命じられたキカモングバが、おそるおそる破れた服を脱ぐ。

「そこで二人で性交しろ」

恐怖に怯えていたものの、二人はこの命令に従うことを拒否する。そこは神聖な教会なのである。二人は懇願した。

「どうか、私たちにそんなことをさせないでください。ここは神さまの住まうところです。教会の中でそんなことをしたら、私たちは許されない罪を犯すことになってしまいます」

だが、将校の命令で兵士たちは教会の垣根の柱を手に戻ってきた。すでに痛めつけられた二人の体が、またしても重い柱で殴り倒される。耐えきれないほどの痛みに、二人はついに命令に従った。二人が横たわると兵士たちは取り囲んで笑い、手を叩いたり、「チャバシュ（よくやった）！」と叫ぶ者もいた。

その後二人は、マカルバとともに固くロープで縛られ、目隠しをされて、インド軍の駐屯地に連行される。目隠しが取られると、三人は牢獄の中にいた。ここで初めて、尋問が始まる。理不尽な質問が浴びせられ、またもや激しく痛めつけられた。そして夜が来ると、兵士たちはマヤンコクラを牢から引きずり出し、床や壁に押し付けて、繰り返し強姦した。三人が駐屯地に拘留された一週間、この残虐な儀式は何度も何度も、ときには昼間でさえ繰り返されたのである。

拘留の三日目、最年長のマカルバが正気を失った。まるで檻に入れられた野獣のように、金切り声で叫び、わめき始めたのだ。釈放後も、彼は二度と正気を取り戻すことのないまま、亡くなった。

背負い続けた悪夢

四一年後の一九九八年二月二三日、筆者はウングマ村にマヤンコクラを訪ねた。竹と藁葺き屋根の家に入ると、彼女は体を丸めてベッドの隅に座っていた。髪は白く、顔はしわだらけだが、その顔にはかつての美しさの面影がある。若いころは実に愛らしい女性だったのだろう。私は彼女の隣に座り、しわだらけの手を取った。彼女の老いた、しかしいまも美しい瞳が、私の目を覗き込む。

「本当に、ピゾの甥の息子さん？　本当にセヴィリエのお孫さんなの？[1]　私はあなたのおじいさんと、大叔父さんを二人とも知っているのよ。彼らは本当にすばらしい人たちだった」

彼女の手を握りながら、私は言った。

「いくつかの報告書であなたのお話を読ませていただきました。本当にお気の毒に思います。詳しいお話を私に繰り返す必要はありません。私はただ、あなたが受けた屈辱の仇討ちをするつもりでいることをお伝えしに来ました。私は、あえてあなたのお話を本に書くことで、それを果たそうと思います。あなたに対して凶悪な罪を犯した者たちは、世界中から批判されるでしょう」

涙がその瞳に光り、彼女は私の手を強く握ってこう言った。

「四〇年以上も経つけれど、誰も私にそんな共感の言葉をくれた人はいなかった。私はあの悪夢のような経験を、ずっと一人で背負わなければならなかったの。夢に見て、叫んで飛び起きることもあったわ。昼にさえ思い出すことがある。そのすべてを、あなたに話しましょう」

筆者に詳しい話を語った後、彼女は言った。

「これで、私は安らかに死ねるよ。あなたが私の頭の中から一切をもっていってくれたからね」

そして、最後にこう続けた。

「書きなさい、世界に語り伝えなさい。民族のために私たちが味わった痛みと屈辱が、無駄に終わ

1　筆者の祖父セヴィリエはアンガミ族初の医者の一人で、一九四〇年代後半、アオ地域に勤めた。

ってしまわぬように」

［追記］マヤンコクラは一九九八年一〇月二三日、筆者の訪問のちょうど八カ月後に亡くなった。

こうして私は彼女の許可を得て、このむごたらしい話を書き記した。彼女に限らず、似たような経験を味わい、その重荷を生涯にわたって一人で背負い続けるナガ女性は、何万、何十万といる。この話は、そうした女性たちを代表して書き記されたものでもあることを付け加えたい。

ヤンケリ・バプティスト教会での集団レイプ事件。チェスウェズマ村の二四人の被害者たち。チャングトニヤ、そしてオイナムの女性たち。例はいくらでもあげられる。六〇代の女性もいれば、一〇歳以下の幼女もいる。ある女性は村人の前で服を剥ぎ取られ、ある女性はインド軍の駐屯地に連行されて、暴行された。そして多くが、こうした事件の中で命を落としたのだ。木や鉄の棒で性的虐待を受けて、瀕死で村へ這い戻った者もいる。ローズ・タンクルのように、自殺を図った者もいる。彼女たちは、屈辱の記憶とともに生き続けることができなかったのだ。

筆者は数多くの話を聞いたものの、彼女たちの許可なしにそれらを書き記すことはできない。そのため、このマヤンコクラの話で、それらすべてを代表させたいと思う。

一部の読者は、私の描写を不快で俗悪だと思うかもしれない。私にとっても、話を聞いて書き記すことは、決して容易ではなかった。彼女たちの話に苛まれ、眠れぬ夜も多かった。

ただ、少なくともすべてのナガに対して、私はこう言いたい。彼女たちの話を読んで愉快ではなかったろうし、あなたがたの安眠を奪って申し訳なく思う。しかし、私たちはこの重荷をみなで分かち合い、背負うべきではないだろうか。彼女たちは、ナガ女性だからという理由で、そしてナガがインド連邦に入ることを拒否したために、屈辱を強いられたのだから。

最後に一言。私はナガランド中の調査と旅をとおして、ナガの言語を話し、「自分はナガである」と主張する、しかしインド人の顔つきをした多くの人びとに出会った。私たちは、決して彼らを差別すべきではない。彼らの多くは、強姦の犠牲者の子どもたちなのだから。彼らを身籠ったのは、母親の責任ではないし、もちろん彼ら自身の過失でもない。彼らはナガであり、われわれの兄弟姉妹として受け入れられるべきなのである。

次の詩は、自殺直前のローズ・タンクルと言葉を交わした、彼女の友人が書いたものである。ローズは一八歳で、マニプル州ウクルル地区でのインドの軍事作戦中、複数のインド軍将校によってレイプされた。彼女は当時、同じ村出身の若者と婚約していたが、屈辱の記憶をかかえて生き続けることができず、自ら命を断った。

自殺の前に

わたしの意識から解き放とう

この暗黒の日のことを
そしてわたしが生まれた日のことを
記憶から消し去ってしまおう
寄る辺なき孤独から、わたしが救われるために
わたしの魂とわたしの体は、ずたずたに引き裂かれて横たわっている
人間に対するわたしの信頼は、すべて裏切られた
わたしは天国に正義を叫び求める
それは他のどこにもないのだから
そしてわたしは、あの肉欲に満ちた獣たちを告発する
偉大なる天の御座の前で
親愛なる人よ
どうかわたしのために深く悲しまないで
わたしはいま、神の御胸に旅立つのだから
そこであなたを待ち続けるために
疲れ果てたすべての者が安らぐ、その場所で

第5章 精霊たちの復讐劇
——ズラケ村の奇襲

強いられた偽りの代償

ある分隊の二班が、道路の上で待ち構えている。先制攻撃でできるだけ多くの敵を倒すのが、彼らの任務だ。別の分隊は、道路の下に位置していた。彼らは、もっとも簡単な逃げ道である小川に飛び込む敵の生存者を引き受けることになっている。さらに、もう一分隊が、チャラバへの抜け道を警護。コノマ村の駐屯地からやってくる敵の援軍を攻撃するためである。ズラケ村から数キロほどの地点には、別の駐屯地からの援軍を撃退するために、別の部隊が待ち構えた。

ナガ戦士たちの誰もが、奇襲攻撃を最初に開始する地点への配置を希望した。インド軍の援軍を引き受ける、前方や後方への配置を希望する者はいなかったのだ。激論が交わされ、最終的にはくじ引きによって配置が決められた。

計画では、インド軍のパトロール隊を待ち伏せ地点まで十分におびき寄せてから、奇襲を開始することになっている。四つの分隊に、軍事訓練の経験者は一人もいない。しかし、彼らは生まれながらの戦士であり、戦略家だった。しかも、この地は彼らの本拠地であり、あらゆる逃げ道を知り尽くしている。敵の退路はすべて効果的にふさがれ、計画は絶対に確実だった。

一九五七年四月一日。この日、ナガランドから遠く離れたインドのパンジャブ地方に暮らす多くの妻たちは夫を亡くし、子どもたちは父親を失い、親たちは二度と息子に会うことができなくなる。奇襲攻撃の相手はシク連隊[1]であり、その二八人の隊員中、一人しか生き残ることはできないからだ。

「ナガ人はインド人であり、ナガランドはインドである」
そんな政治的偽りのために、インド軍の優秀な兵士たちが、またしても犠牲になろうとしている。そんな偽りをナガ人に強制するためにこそ、この傑出したインド兵たちはナガランドに送り込まれたのだから。五〇〇〇年以上のインドの歴史のなかで、過去のどんな王も足を踏み入れたことさえない異国の地、ナガランド。いま彼らはそこへ、命令されて行進して来たのだった。

この山岳地帯は、ナガ人の故郷である。誇りある勇猛な人びとが、何世代にもわたって異邦の敵から守り抜いてきた、大切な土地なのだ。コノマ村やメゾマ村は、イギリスと五〇年以上も戦い続けた。そしていま、誇り高いナガ戦士の子孫たちは、インド政府が送り込んだ侵略軍と戦っている。ナガが歴史的にも、政治的にも、文化的にも、インドの一部などでは決してないことを主張するために。

この戦闘の直後に、インド軍兵士たちは、何千人ものインド軍戦死者のなかに名を連ねることになる。インドの領土を、過去の歴史以上に大きく拡張するための、やむをえない代償――彼らはすべて、インド政府のそんな判断の犠牲者たちなのだ。政治家たちは、戦場には立たない。政治家の言葉のために戦場に立たされるのは、兵士たちである。そして彼らが戦場で血を流している間、政治家たちは首都デリーで、ボディガードに囲まれて暮らしている。兵士の任務とは、命令に従い、死ぬことであって、大義に疑問を差し挟むことは許されないのだ。

1　シク連隊

おもにシク教徒の兵士によって構成される。彼らの故郷がパンジャブ地方だ。

連鎖する憎しみと悲哀

ナガ戦士たちには、罪の意識も良心の呵責《かしゃく》もなかった。彼らの村はインド軍によって廃墟と化し、灰になるまで焼かれたのだ。誰もが多くの家族を残酷に殺され、姉妹や娘が強姦されていた。生き残った家族は、ヅク渓谷の密林やガジエ大渓谷、ククウィの深い峡谷などに隠れて暮らしている。一年におよぶ難民生活では、インド軍の攻撃に加え、飢えや病気でさらなる犠牲者も出ていた。彼らにとって村や家族との生活は、世界のすべてともいえる。それが、インドによって暴力的に根こそぎ破壊されたのである。彼らに良心の咎めはなかった。むしろ彼らは、それぞれの心で確認していた。

「この奇襲攻撃は正当であり、正義である」

兄弟、父、姉妹や母に代わって復讐を果たす。それは、彼らの文化では必然なのである。

ナガ戦士のなかでキリスト教に改宗していない者は、すべてのタブー（性的な禁欲を含む）にしたがって、事前の儀式[2]を入念に執り行った。厳粛な任務に就く前には、儀式的な浄化が必要なのだ。

「道義的責任を怠り、復讐という義務を果たさなければ、死者たちの魂は損なわれてしまう」

体に染みついた義務感と、誇りを保つという社会的責任。そして、愛する者たちの死に対する復讐という、一族としての使命感。彼らの信念は固かった。

奇襲攻撃という破壊的な任務を待つ間、谷間を鳥のさえずりが満たしていた。ズラケ村は数百種もの野鳥が生息する場所である。この暖かい夏の日の谷間は、道の曲がり角に咲く美しい花で覆われていた。遠くでは鹿が鳴いている。小動物たちが、古代からの森に鬱蒼と茂る葉の間を駆け回っていた。

この木陰の楽園が直後には戦場となり、水晶のような川は兵士たちの血に赤く染まる――それは皮肉なことだった。人間の残酷さのために、自然がまた荒廃しようとしている。だが、戦争なのだ。殺人、強姦、復讐と、それに対するさらなる復讐。そうした悪循環のなかで、大量の血が流されていくのである。

インド軍パトロール隊の指揮官が、時計を見る。午前九時半。いつもどおりの時間だ。しかしこのとき、彼らは死への行進という、いつもとは異なる運命に向けて、時間どおりにやってきたのである。彼らはナガ兵たちが隠れているとは知らず、これが最後のパトロール任務になるとも知らない。死の罠に向けて歩いてくる彼らの姿は、実に堂々として壮観だった。世界中に伝説的な戦いの記録を残す、力強いパンジャブ戦士の息子たち。立派な体格をした彼らが、ナガ戦士が隠れる茂みや岩に、いま差しかかっていた。

ナガ兵のザゾリエ・ゼツヴィは後衛に配置され、ズラケ村への道を監視していた。彼はインド兵の通過をやり過ごしながら、その人数を数えていた。だが、パトロール隊が視界から去ったとき、何人まで数えたのかわからなくなってしまう。軍服のインド兵たちを見て、嫌悪と怒りで我を忘れそうに

2　首狩りの前には、家の外で自ら調理し、妻が料理したものを食べない。妻はそのことについて訊いてはいけないが、行為によって察する。このほか、割った竹の上で寝る、鶏の首を絞め殺し、その形状で吉凶を占う、夢で吉凶を占うなど。

なったのである。彼と同じ一族のジエヴィウを射殺したのは、この連隊なのだ。銃の引き金にかけた指を、いまにも引きそうになる。こうした感情は、彼に限らず他のメンバーにも沸き起こっていたが、ここで発砲しては計画がだいなしになってしまう。彼らは懸命に、感情を押しとどめていた。

最初の待ち伏せ部隊に気づかず通過して一五分後、パトロール隊は、ナガ兵たちが周到に用意した罠に向かってまっすぐに歩いてくる。川の両岸を走る道を見下ろす位置についたナガ兵の二班は、パトロール隊全体が真下の半円形に入るのをじっと待っていた。

殺戮の渓谷

突然、鳥のさえずりがかき消された。三〇丁以上の古色蒼然とした日本製ライフル、先込め式銃、一二口径銃と、数丁のリー・エンフィールド・ライフルによる一斉射撃。しかし、絶望的に古いこれらの銃は、一度に一発の弾しか発射できない。しかも、数発が同じ標的に当たったので、最初の銃撃ではインド軍パトロール隊の三分の二程度しか倒れなかった。

壊れかけの日本製ライフルの再装填は、鉄の棒で銃身から空の薬莢を突き出さねばならず、手間がかかる。ナガ兵たちが躍起になっている間に、インド兵の生存者たちはもんどりうって道の下の小川へと逃げ込む。だがそこには、ナガの第二部隊が待ち構えていた。第一部隊が弾をこめ終わる前に、第二部隊の銃が轟音をあげた。

一族の復讐に燃えるズルは、第一部隊にいた。親戚を殺害した敵兵たちを目の当たりにして、彼の怒りは爆発する。弾の再装填も待ちきれず、銃を放り出した彼は、石を手にして叫んだ。

「俺の一族を虐殺した奴らめ、容赦しないぞ！」

逃げるインド兵を追って狂ったように駆け出した彼は、危うく仲間の銃弾に倒れるところだった。

第二部隊の一斉射撃で、ほとんどのインド兵は絶命するか、死にかけて横たわっていた。岩や巨木の陰に身を隠せたのは、きわめて幸運な数人だけである。弾を再装填した第一部隊が、捩《ねじ》れて積み重なった死体の間に隠れる負傷者に向けて発射する。彼らは二度とうめき声を上げることはなかった。

ナガ兵たちが復讐に勝利した喜びを叫んでいると、ふいに、必死で援軍を要請するインド軍通信兵の声が聞こえてきた。そして、岩の陰から大男が飛び出し、意味不明のパンジャブ語をわめきながら、ブレン軽機関銃を掃射する。轟音とともに銃弾は、ナガ兵たちが最初に潜んでいた位置にきれいな線を描いた。だが幸い、第一部隊はすでにそこを離れている。

わめき声を上げる手負いのパンジャブ戦士を見て、みなが地面に伏せた。

「こいつは俺に任せろ」

ズルはそう言うと裏道を素早く抜け、死んだ敵兵からライフルを奪って、この勇敢なパンジャブ戦士を撃ち抜いた。巨躯が音を立てて地面に倒れる光景が、ナガ兵たちの目に焼きつく。それはまるで、巨木が大きな音を立てて倒れるようだったという。

通信兵も見つけ出され、彼の盟友たちと同じ運命をたどる。しかし無線機は、すでに岩に叩き付けて壊されていた。

伝統と儀礼の戦士たち

インド兵の死体を前に、ナガ兵士たちが思いをめぐらしていると、突然パンジャブ語の哀悼の歌が聞こえてきた。声は水路の奥の暗闇からだ。年長のナガ戦士がみなに警告する。

「殺してはいけない。われわれの戦いの掟では、歌っている者を殺すのはタブーだ」

しかし、嫌悪感と復讐心を抑えられず、この日彼らは掟を破る。哀悼歌を耳にして黙り込んだナガ兵たちのなかから、ルドウという若者が歌声の聞こえるほうへ向かった。彼は仲間を振り返り、悲痛な面持ちで涙を流しながら言った。

「父さんを殺した奴らなんだ。生かしてはおけないよ」

彼の父親は、コノマ村の攻撃で命を落としていた。インド兵を水路の暗がりから引きずり出し、ダオ(山刀)で叩き殺す間、彼はいかなる哀れみも見せなかった。

ようやく戦いが終わり、死体の数を数えると、二八丁の銃に対して二七人の遺体しかない。彼らは衝撃を受けた。いったい誰が、どうやってこの奇襲を逃げのびたのか。すると、年長のナガ戦士が再び口を開いた。

「驚くことはない。戦いでは必ず誰か一人が生きのびて、その悲劇を語り伝えるものなのだ」

誰も逃れられないと思われた奇襲だったが、実際に一人のインド兵が奇跡的に逃げのびていたことが、後に確認された。

戦いの後に待ち受けていたのは、ぞっとする作業である。隠れ家へ戻って勝利の儀式を執り行うた

トラが憑依してブタの脂身に噛みつくセマ族の男性

かつて陳列されていた頭蓋骨。現在はほとんど埋葬され、姿を消した

め、敵の死体から頭を切り取って、持ち帰るのだ。キリスト教徒の兵士たちは、この陰惨な作業から目を背けていた。一方、精霊を信じる兵士たちにとっては、将来の勝利のために、そして今後の任務での悲惨な結果を防ぐために、必要不可欠な作業である。すべてを終えて戦いの場から立ち去るとき、彼らは振り向いて死者たちにこう告げる。

「あなたたちの罪は、あなたたち自身がもたらしたものである。私に罪はない」

あらゆる復讐の場で、この宣言[3]は重要だった。死者たちと、あらゆる生命に対して示すべき尊敬。倒した敵に対しても、ナガ人は敬意を払わねばならないのだ。


奇襲の戦場から一五キロほど離れたジャングル。夜遅く、密林や渓谷の隠れ家へとナガ戦士たちが帰り着く。仮住まいでは、数滴の水をたたえた木の葉を手に、妻たちが立って待っていた。戦士たちは家に入る前にその水で口をすすぎ、戦いの穢れから体を清める。人の血を飲む習慣はなかったが、掟に従えば、手から敵の血を洗い流すことはタブーとされた。とはいえ、多くの男たちにとって、この掟は苦痛である。そのため、帰り道の途中、しばしばこんな声が聞こえるのだ。

「あ、カニを見つけた！」

実際には何もいないのに、多くの者がこう叫んで手を小川に浸す。こうした振る舞いは、戦いの霊を怒らせることなく、敵の血を洗い流す作法として、許容されていた。

「首狩り」の真実

一九世紀末から二〇世紀の初頭、西洋の文化人類学者たちは、ナガの首狩りについて膨大な研究を残した。彼らの熱心な仕事は高く評価されるべきだろう。しかし一方で、ナガ文化に対する正確な理解がなかったため、一部の学者は首狩りについてこう記述している。

「情け容赦ない、人間の生命を尊重しない、冷酷で野蛮な行為」

これについては、一言付け加えなければならない。これは、誤りである。

ナガの戦士は、常に人間の生命に対して敬意を払いながら首狩りを行い、細心の注意を払って、戦いの前後のさまざまなタブーや忌《いみ》[4]に従っていた。戦いの掟を破ることは、悲劇的な結末をもたらすと恐れられていたため、厳格に守られた。ナガの男性にとって戦いとは、誇りと評価が厳しく試される舞台であり、勇敢で頑健な者だけが参加できる冒険である。また、掟によれば、殺害された親族の復讐を果たすことは、避けられない道徳的・社会的義務だった。

筆者はインタビューを通じて、別の興味深い話を知った。コノマ村のメルマ一族が、ズラケ村の奇襲に続く第二の襲撃を計画していたのだ。一族に属する男性の死に対する復讐なのだが、なぜ二度目

3　宣言　文字をもたなかったナガ文化では、口頭での宣言は社会的な契約事項として重要な意味をもつ。

4　タブーや忌　死者、強風、新しい星の誕生、地震などがあると畑に行かない、いとこが死ぬと五日間働かない、といったしきたり。

が必要だったのか。彼らによれば、第一の奇襲はいくつかの村と氏族が参加する、集団的な復讐だった。メルマ一族としては、他の一族の助けを借りずに復讐を果たすことが必要だったのである。

第二の奇襲は秘密裏に計画された。だが、襲撃のための準備がすべて整ったとき、一族の一人が雄鹿を仕留め、その頭を家に持って帰ってきた。ナガの伝統的な教えでは、たとえそれが動物であろうと、頭が狩られて村へ持ち込まれたときには、戦いはタブーである。こうして第二の襲撃は延期され、後に再び行われた。

ナガの社会では、復讐のための道義と掟はこれほど深いものである。ナガの社会ではまた、臆病者や意気地なしは、一族の名を名乗る資格がないとされている。

なお、斬首の儀礼は、戦いの後にいつも行われていたわけではない。ズラケ村の奇襲は、インド・ナガ戦争の最初期の衝突だった。当時はまだ多くのナガ戦士がキリスト教に改宗しておらず、彼らにとってこの行為は必須だったのである。

筆者の意図は、「ナガの首狩りは、その行為も信条も野蛮なものである」という、これまでの誤った記述を正すことにある。むしろ、ナガは非常に信心深い人びとであり、土地の慣習に従い、あらゆる生命に対して深い尊敬を抱いていた。

その後、敵の首を狩るという恐ろしい行為は姿を消す。一方、戦いでの行動を規制する掟は、いまだにナガ軍の兵士たちに影響を及ぼしており、信心深く扱われている。

第6章

死線に踊る戦士——ククウィ村の相棒物語

孤高の村・孤高の戦い

ククウィ村は、ククウィ山の大きな崖に隠れた場所に位置する、新しい村である。一九五七年当時、ナガの村々はインド軍によって焼かれ、村人は氏族や家族に分かれて散り散りになっていた。

「インド軍もさすがに、山羊や猿しかいない山奥までは追ってこないだろう」

そう信じたコノマ村の村人たちによって、ククウィ村はつくられたのだった。

「避難している村人は帰還して、もとの村に再定住せよ」

インドからのそんな「恩赦」[1]の提示をもはねつけて、村はまる一年を迎えようとしていた。後にこの「恩赦」とは、多くの村人が飢えて命を落とす、強制収容所のような集団村への再編だったことがわかる。ククウィ村の村人たちの判断は、正しかったのだ。

夜間、焼かれた村や畑に忍び込んで、穀物や野菜の種を拾い集める。そして、ジャングルを切り拓き、米やトウモロコシのほか、多くの野菜を植える。彼らは、自給自足で解放闘争を続ける決心だった。こうしてククウィ村は、山奥の孤高の村となっていく。

食糧が確保できるという理由で、ナガ軍の第二旅団は全体会議の場にククウィ村を選定する。今後の戦略を練るこの会議に、西アンガミ地域のいくつかの大隊が参加準備を整えていた。ところが、この情報がインド軍の諜報部に漏れてしまう。インド軍は、ククウィ村を攻撃する準備に取りかかった。村に通じるすべての道は封鎖され、多くのナガ軍部隊が会議への参加をあきらめざるを得なくなる。最終的に会議の場にたどり着けたのは、リヴィリエ准将と数人の将校や兵士たちだけだった。

インド軍によるククウィ村への攻撃は、四方八方から膨大な規模で展開された。おもにビハール連隊からなる数千人ものインド軍兵士が、メゾマ村の方向からやってくる。ほぼ同数が、メジペマ村方向からも迫っていた。アッサム・ライフルを中心とする部隊も、各方面から展開した。これに対して、村人たちも慎重に奇襲を準備する。たとえば、戦略的な重要地点に多くの岩を集め、油断しているインド兵の頭上から落とす計画などである。しかし、インド軍がコノマ村やメゾマ村など制圧した村の村人たちを連行し、食糧や弾薬を運ばせていたため、実行できなかった。

五〇年以上におよぶインド・ナガ戦争で、インド軍はしばしばナガの村人を「人間の盾」とする戦略をとった。これにより、ナガ側は多くの奇襲攻撃をあきらめざるを得なくなる。ほとんどのインド兵は平野部の出身で、山を見たことさえなく、まして登った経験もなかった。またゲリラ戦にも不慣れだったので、ナガ人に荷物を運ばせ、同時に「人間の盾」として利用したのである。

奇襲は中止に追い込まれ、攻め寄せるインドの軍勢は膨大だった。そこでククウィ村の村人たちは、村はずれの大きな崖の麓まで後退し、そこに防衛拠点を築く。ほとんどは家族を連れた普通の村人だが、ライフルの扱い方は知っていたし、自衛のために十分な弾薬も備えていた。彼らにとっては、村を放棄して逃げるほうが容易だったにちがいない。敵が追撃できない小峡谷や、クレバスに続く切

1　ナガの村の半数以上が焼き討ちに遭った翌年の一九五七年、ジャングルに隠れていたナガの人びとに、「投降すれば危害を加えない」という通達が出る。しかし同時に、「帰還を拒否した者は狩り出され、戦闘機や大砲によって爆撃されるだろう」という警告も出された。

り立った小道が無数にあったからだ。だが、ナガの村人を盾に使ってまで攻撃しようとするインド軍を、そのままにしておくことはできなかった。相応の反撃を加えねばならないという本能のような欲求が、彼らをそこにとどまらせ、決意を強くさせたのである。

一三日間、戦闘は岩だらけの崖の麓で激しく続いた。隠されたナガの防衛拠点を壊滅させようと、インド軍は何度も突撃を試みたが、そのたびに多くの死傷者を出す。絶壁を背にして戦ってはいたものの、ククウィ村の村人たちは、弾薬と食糧が尽きないかぎりそこを守り抜けると信じていた。村は焼かれて占領され、何人もが戦闘で命を落とし、弾薬と食糧はしだいに少なくなっている。それでも、彼らは頑なに村はずれの防衛拠点を守り、日中は戦い、夜間はポケットに手を入れて眠った。ククウィ村の崖は夜間、ひどく冷え込むのだった。

一三日目の朝、ついに食糧がほとんど尽きた。すると村人の一人が、非常用に隠しておいた四〇缶分の米の存在を打ち明ける。リヴィリエ准将は、米を隠し場所から運ぶための警護を躊躇なく買って出た。忠実な相棒のマポウが付き添う。二人は、多くの戦闘をともに戦った仲である。致命的な接近戦で何度も命をつなぎとめた勇敢さと反射神経を、互いに高く評価し合っていた。米を持ち帰るための非武装の村人五人を伴い、彼らは戦場を後にする。その後、かろうじて死を免れ、その話を後世に語り継ぐことになろうとは、二人とも夢にも思っていなかった。

衝撃のトウモロコシ畑

リヴィリエ准将とマポウは、狭い場所でも扱いやすく軽いステン短機関銃を気に入っていた。二人とも大胆不敵で、恐れを知らぬ兵士である。リヴィリエはかつて、ステン短機関銃をショールに隠して一般市民に扮し、都市部でインド軍に警護された車をヒッチハイクするなど、すでに多くの偉大な逸話を残していた。

彼らが谷間を降りていくのと同じころ、インド軍の一部隊がククウィ村に向かって進軍していた。この援軍には、数名のナガ人が付き添っていた。道案内を務める、コノマ村出身の民兵たちである。インドの占領軍にすすんで協力するこうした民兵たちは、ナガ人の間ではとても嫌われていた。

先頭を歩くリヴィリエとマポウは低地に差しかかっていたため、周囲を見渡すことができなかった。後方の村人たちが民兵を見つけ、インド軍がすぐ近くに迫っていることに気づく。小声で警戒をささやいた後、五人の村人たちは素早く姿を消す。しかし、リヴィリエとマポウはこの警戒を聞き逃し、谷間を下り続けた。

リヴィリエが民兵を発見したとき、カーキ色の制服の男たちは、まだこちらの存在に気づいていなかった。民兵たちは全員、鈍く光る三・三口径ライフルを持っている。リヴィリエとマポウは、瞬時にステン短機関銃を回転して発射位置に構えた。インド軍に協力してナガ軍に多くの死をもたらす存在。この大地の真の兵士たちにとって頭痛の種である、嫌われ者の民兵たち。それがいま、射程範囲内の眼前にいる。ククウィ村の戦略会議の情報も、彼らをとおしてインド軍に漏れたにちがいない。

二人は引き金に指をかけた。

ところが、民兵たちが近づいてくると、二人は引き金を引くことができなくなってしまう。民兵たちのなかに、数人の顔見知りが混じっていたのだ。ナガの村社会は、氏族や先祖からの血族関係によって、すべてつながっている。顔見知りの民兵は、二人にとってそうした親戚関係にあたる者たちだった。同族の者に対して、引き金を引くことはできない。

怒りと嫌悪感で声をこわばらせて、リヴィリエは怒鳴った。

「おい！　お前たち、いったい何をしているのか、わかっているのか？」

民兵たちは驚いて二人を見上げ、突然現れたナガ軍に恐怖して、数秒のうちに次々と茂みへ逃げ込んだ。もっと脅かしてやろうと、リヴィリエとマポウもまた、彼らを追ってトウモロコシ畑に飛び込む。

しかし、二人はそこで、まるで石のように固まってしまうことになる。飛び込んだトウモロコシ畑には、数百人ものインド兵たちがいたのだ。彼らは長く厳しい山登りの後、座って休んでいたのである。民兵たちは、兵士たちの休息中の先遣偵察だったのだ。

度肝を抜かれて数秒間、二人はインド人たちの顔を、信じられない気持ちで見つめていた。一方インド兵たちは、彼らを道案内役のナガ人民兵だと思っていたのだろう。まったく警戒していなかった。すぐにショックから立ち直り、リヴィリエがマポウに叫ぶ。

「お前は右に行け！　俺は左だ！」

同時に二人のステン短機関銃が、弾倉が空になるまで火を噴く。彼らが道案内ではないと気づいたインド兵たちは、ライフルを構えて立とうとしたが、すぐに被弾の衝撃で後ろへ倒れた。放たれた六〇発の銃弾で、インド兵たちは次々にトウモロコシ畑に崩れ落ちていく。

敵の反撃が始まる前に、二人は銃弾で切り開いた隙間を縫って密林へと逃げ込んだ。敵の銃弾が周囲の木や岩に当たるなか、彼らは森の中を一気に駆け抜け、小川に沿って下流へ走り続ける。三〇分後、完全に追跡を振り切ったと確信して、ようやく彼らは座って休息を取った。そこで冷静さを取り戻した二人は、エスコートするはずだった五人の村人のことを思い出す。状況から考えて、五人は無傷で逃げたにちがいない。とにかくすべてが一瞬のうちに起こったのだ。ククウィ村へは戻れないので、彼らはセツマ村の向こうにあるキャンプへ戻ることにした。

油断の田園風景

山の麓へ降りたリヴィリエとマポウは、キャンプまでおよそ数キロの田んぼに差しかかっていた。陽の明るいうちに、田んぼなどの開けた場所を横切ってはいけない――ジャングルで戦士として何年もの間、あまたの戦闘を経験してきた彼らは、そのことをもちろん知っている。しかしいま、あたりを警戒する彼らの目に映るのは、水が張られた田んぼと、苗を植える数人の村の女たちだけである。そのあまりに平和な風景に、彼らはだまされた。もしインド兵がうろついていれば、女たちは外に出て来ていないだろう――彼らはそう思い込み、大胆に進んでいった。

だが、二人のナガ兵の到着はすでに無線で伝えられていた。偵察部隊が派遣され、巧妙な待ち伏せが仕掛けられていたのだ。山から田んぼへ向かうその場所は、二人が必ず横切ると予想される地点である。インド軍部隊は、村の女たちにも気づかれないよう、這って位置についた。女たちが農作業をしている光景が、ナガ兵たちに「何も問題はない」と確信させることを、知っていたのである。田んぼに流れ込む水路の岩陰に一部隊が潜む。もう一部隊は、ブレン軽機関銃とともに、田んぼを見下ろす小高い場所に陣取った。彼らの任務は、二人を罠にかけて生け捕りにすることである。この平穏な風景は、すべて罠だったのだ。

リヴィリエとマポウは、無頓着に、遮るもののない田んぼへと歩を進めた。

「女たちが、一杯の紅茶でもご馳走してくれないかな」

二人がこんな期待さえしていたころ、インド兵たちは任務の達成を確信していた。

銃弾と踊る水面《みなも》

「止まれ！　銃を捨てろ！」

背後からの簡潔な命令に驚いたリヴィリエとマポウが、足を止める。次の瞬間、マポウは本能的にステン短機関銃を背後へ向け、敵を見ないまま、声がしたほうに向かって引き金を引いた。三〜四人のインド兵が倒れて水路に落ち、残りが身を伏せる。その間に二人は、田んぼの向こうに広がる、安全地帯である森をめざして走り出した。

しかし、丘の上から発射されるブレン軽機関銃とライフルの銃弾で、二人はすぐに釘付けにされてしまう。水を張った田んぼに銃弾が叩き付けられ、二人の目に水しぶきがかかる。幸運なことに、インド兵の照準はやや低かった。二人は素早く進路を変え、水路へ水を引く小川に向かって走った。田植えのために柔らかく耕された土が、彼らの疾走を妨げる。二人が泥だらけで苦闘している間に、水路近くの部隊が態勢を整え直し、銃撃を始める。何百発もの銃弾が、二人の周囲に猛烈な水柱を立てた。

数メートルほど前を走っていたリヴィリエが気づくと、マポウが後ろにいない。最悪の状況を予感して、リヴィリエは走りながら後ろを振り返り、相棒を探した。すると、驚いたことにマポウは、周囲一面を掃射されている田んぼの真ん中で、両足を交互に上げ下げして銃弾をかわしていた。それはまるで、狂った踊りのようである。リヴィリエが叫ぶ。

「マポウ、そんな動きで銃弾をかわせるわけがない！　走れ！」

われに返ったマポウは、踊りをやめて再び走り始めた。

先に小川へたどり着いたリヴィリエは窪みに飛び込み、マポウを援護しようとして、ゾッとした。マポウが小川の淵に、まるで岩のように倒れ込むのが見えたのだ。ドサリと倒れたまま、彼の姿は視界から消えて、一言の声も聞こえない。

「頭を撃ち抜かれたにちがいない」

リヴィリエはそう考えながら、新しい弾倉を銃に押し込んだ。自分だけでも助かるために逃げよう、

焼き畑作業から村へ戻るキャムンガン族の姉妹

という考えは浮かばなかった。ただ、親友の死に対する悲しみと怒りだけが、狂ったように頭をかけめぐる。敵は、マポウの死体を確認しに来るにちがいない。親友のための復讐。逃げる前に、できるだけ多くの敵を撃とう。数秒間、リヴィリエはじっと待っていた。

突然、マポウが倒れた付近から物音が聞こえる。目をやると、驚いたことに、相棒が小川の土手をよじ登ろうとして、また転げ落ちていたのだ。リヴィリエは狂喜して叫んだ。

「マポウ、やられてしまったかと思ったぞ！」

「唇をかすっただけだよ」

答えながら、マポウが土手を這い上がる。喜びの再会で、もはや田んぼのインド兵たちをわざわざ撃つ必要もない。安全な距離をかせぐまで、彼らは再び走り続けた。

橋のたもとで、リヴィリエはついに地面に倒れ込み、痙攣するほど大笑いしながら、言葉をしぼり出した。

「足の上げ下げで銃弾をかわして生き残った？　そんな男を見るのは生まれて初めてだよ」

マポウもまた、息切れしながら返事をする。

「どうすりゃよかったって言うんだい？　何百発もの銃弾が目の前に掃射されていたんで、走るスピードを落としたけど、そのうちあたり一面の水が銃弾で爆発し始めたんだ。飛び上がってかわす以外、どうしようもなかったんだよ」

全力疾走のせいで息切れしていたものの、二人ともこれ以上笑えないほどに笑った。マポウに軽傷を負わせた銃弾は、唇にかすり傷をつくっただけだったが、衝撃のため数秒間息ができず、「肺を貫かれた」と思って倒れたのだという。二人は長い間、そこに座り込んで笑い続けた。どんどん腫れて膨らんでいくマポウの唇が、よりいっそうおかしさを付け加えた。

その晩、田んぼから逃げ帰った村の女たちは、村人たちにこう語ったという。

「すごい二人だったよ！　一人は銃弾をかわしながら、田んぼの真ん中で踊っていたんだから！」

「命を救ったのは、注意深さでも機敏さでもない。それは神の御手による加護の賜物だ」

後にリヴィリエ准将は、当時を述懐して筆者にそう語った。一生を通じて、大小さまざまな戦闘を何度となく経験し、確実に見える死を何度も免れた、リヴィリエとマポウ。二人は多くの物語を後世へ語り継ぐ生存者となった。

ククウィ村の豊かなトウモロコシ畑も田んぼも、そしてすべての農作物も、インド軍によるこの攻撃で破壊され、焼かれた。インド兵たちは、付近に潜んでいたメゾマ村の村人たちをも攻撃し、穀物をだいなしにした。だが、幸いなことに、一部の村人たちはこうした攻撃に備えて、高地に米などを隠し蓄えていた。その穀物とともに、彼らは山のさらに高い場所へ逃げ、新たな生活を始めたのだった。

［追記］この話を聞いた後、リヴィリエ准将は一九九八年三月一〇日に亡くなった。

第7章 濁流の果ての祖国

——東パキスタンへの過酷な遠征

出発前夜

すでに一〇年間、インドとの戦争は容赦なく続いていた。東パキスタン[1]への一回目の遠征(一九六二～六三年)で多くの武器と弾薬を持ち帰ったものの、戦争の長期化で、武器も弾薬も常に足りない。二回目の遠征は、モウ将軍の指揮のもとで八五〇人のナガ兵士が六三年一一月に出発していた。そして、今回の三回目はイェヴェト少将の指揮下にあり、案内役はホイト中佐である。

ホイト中佐の本名はプレム・バハドゥル。もともとはインド軍グルカ連隊[2]の大尉だ。インド軍時代の彼は、部隊を指揮して、ナガ軍の駐屯地を制圧した実績さえあった。しかし、ナガ軍の質の高さを目の当たりにし、また上官のひどい扱いに耐えかねて、一〇もの武器とともにインド軍を脱走。反旗を翻してナガ軍に参加した。彼にホイトという新しい名前をつけたのは、セマ族の兵士である。彼の存在はさまざまな意味で、ナガ軍の強みとなっていた。

三回目の東パキスタン遠征部隊は、ロタ族の兵士が七〇人と多数を占めている。そのほかの六〇人はセマ族、ゼリアンロン族、アンガミ族で、少数のレングマ族兵士もいた。出発地点は、マニプル[3]との境にあるレングロン村。一回目にも参加したメゴヴォル大尉らベテランが、ここで数週間にわたって兵士たちを訓練した。音を立てずに歩く練習をし、バラク川では全員に泳ぎが教え込まれた。[4]

マニプルではインド軍のパトロールが厳しく、移動はほとんどが夜になる。そこで、夜間行軍の集中訓練が行われた。真っ暗闇のなか、切り立った地形でバランスをとる。目隠しをしたまま、倒木が多い山あいで道を探す。夜間に懐中電灯やろうそくを使わずに歩き、登り、下る。すべてを出発前に身につけなければならなかった。

多くの訓練は、通常の半分の食糧で行われた。ジャングルの行軍では、何日間も村にたどり着けず食糧が見つからない場合があるため、食糧なしで生きのびる術を身につけるのだ。訓練では最低でも二〜三日間、食糧の補給なしで過ごし、雑草や果実、カニなどを食べて飢えをしのがねばならない。実際にこうした経験を経た者たちが、インストラクターとして兵士たちを教育した。

集中訓練を終えた部隊は一九六四年一月二〇日、レングロン駐屯地を出発した。予定では、まずマニプル北部をビルマのチンドウィン渓谷沿いに回り込む。さらにミゾラム[5]東部を半分回り込んでから、ミゾラムを横断して東パキスタンに入る、というルートである。全体の旅程は、少なくとも二カ月半かかる見込みだった。

1　東パキスタン　現在のバングラデシュ。当時は現パキスタンの支配下で、インドと緊張関係にあった。

2　グルカ　ネパールの山岳民族によって構成される、白兵戦（銃剣などを使った近接戦）に長けた戦闘集団の総称。ホイト中佐もネパール系の山岳民族の出身だった。

3　マニプル　ナガランドの南で、おもにメイテイ民族などが暮らす地域。当時はインドの連邦直轄領。現在のインド・マニプル州。

4　ナガランドは急峻な山岳地帯のため、大きな川がない。ロタ族などの一部を除いて、ほとんどのナガ人は水泳の経験がまったくなかった。

5　ミゾラム　マニプルの南西に位置し、ビルマとバングラデシュに挟まれた地域。おもにミゾ民族などが暮らす。当時はインド・アッサム州に含まれていた。現在のインド・ミゾラム州。

マニプルの暗夜行路

遠征部隊には、一二〇人の兵士に対して五〇丁の銃しかなかった。しかも、ブレン軽機関銃は一丁、ステン短機関銃が数丁で、残りは遺棄された三・三口径ライフルと古い日本製ライフルである。状態のいい銃はナガランド国内の前線で必要だったため、持ち出すわけにはいかない。たとえばレヴィ軍曹は、古い日本製ライフルと弾二発しか持っていなかった。もっとも、彼はそれを一発も発射することなく、東パキスタンに到着することになる。

マニプルでの行軍は、村づたいで人目につくため、ほとんど夜に行われた。昼に休み、敵の位置と動きをチェックして、夜間に隙間を縫って移動する。昼間でも行軍できそうなルートが見つかれば、彼らはひたすら歩き続けた。それでも、警戒の厳しいマニプルを抜けるのに、結局一カ月近くを要した。

自分たちはいまどこを歩いているのか。どこへ向かっているのか。夜間行軍では、部隊を案内するガイド役以外、兵士たちにはまったくわからない。ただ、水があれば「川を渡っている」と感じ、傾斜があれば「山を登っている」、滑って転べば「山を下っている」と思うだけである。そして夜が明けて、自分たちが歩いて来た道を振り返って驚き、不思議がるのだ。

「真っ暗闇の中、俺たちはいったいどうやって、あんな地形を通ってこられたのだろう?」

一方で、夜間行軍は、とくに睡眠が必要な若い兵士たちにとって負担が大きかった。一晩中行軍して、敵影のない山に到着したある朝、山を下っていた一七歳のペザングリエ二等兵は、歩きながら眠ってしまう。次の瞬間、彼は部隊副官であるメゴヴォル大尉の背中に衝突し、大尉は危うく絶壁から突き落とされるところだった。断崖の切り株にしがみつきながら、メゴヴォルが叫ぶ。

「お前は俺を転落死させる気か！」

目を覚ましたペザングリエが、ぎょっとして謝った。

「すみません、上官殿。私は眠ってしまったようです」

あきれたメゴヴォルが聞き返す。

「いったいどうやったら、こんなところで夢遊病になれるんだ？」

無残な悲劇寸前の出来事。ペザングリエが歩きながら眠ることは、二度となかった。だが、この長い行程で多くの若い兵士たちが、歩いている間に何度も眠りに落ちた。ときには先頭を歩く者が眠り込み、部隊全体が停止することさえあった。

インド軍の待ち伏せを用心深く避け、部隊はようやくミゾラムへ入る。ミゾラムでは、大学卒の若いミゾ人[6]が案内を申し出てくれた。東パキスタンへの行程で、もっとも危険な地域であるマニプルは、すでに通り抜けている。ミゾラムではとくに困難はないだろう――しかし、彼らの推測は間違っていたことが、後になってわかる。

6　ミゾ人　ミゾラム州近辺に住む先住民族。ビルマ側のチン民族と言語・文化的に多くの共通点をもつ。

ミゾラムの誤算

ミゾラムに入って数日後の真夜中、むずかしい地形に差しかかったため、小川の岸で休憩の命令が出た。すると、川の向こう岸から物音が聞こえてくる。牛の群れか、あるいは他の野生動物か。だが、聞こえてきたのは人間のひそひそ声だ。モウ将軍率いる第二次遠征部隊が帰ってきたのだろうか。大声で確認するわけにはいかない。部隊は、七人の偵察隊を密かに送り込んだ。声の間近にまで近づいてから、偵察隊の責任者であるガイブン少佐が相手を誰何《すいか》する。

「止まれ！ そこを行くのは誰だ？」

返ってきたのは、いきなりの銃撃だった。レヴィ軍曹の帽子が吹き飛ばされ、七人は身を隠して散り散りになる。しかし、暗闇のせいでインド兵は対岸の高さを見誤り、ナガ兵たちの頭上を銃撃していた。これを利用しようと考えたイェヴェト少将が命令を下す。

「撃ち返すな」

自分たちの正確な位置を知られないほうが、都合がいい。敵の銃声から判断すれば、わずか五〇丁の銃となけなしの弾では互角に戦えそうもない。そこで彼らは、できるだけ静かにその場を脱出することにした。気づかないインド兵たちは、夜が明けるまで、その位置で銃撃し続ける。明るくなるころには、部隊はすでに遠くへ移動を終えていた。

ただし、暗闇の中を急いで後退したため、部隊はいくつかの小さなグループに分かれてしまい、再合流にまる一日を要した。また、二人の兵士は最後まで仲間を見つけられず、アッサムを通ってナガランドへ帰ることになる。

ミゾラムでインド兵と遭遇した結果、部隊はビルマ領チン州に後退せざるを得なくなった。ナガ部隊の存在を知ったインド軍の援軍が、ミゾラムへ大挙押し寄せて待ち構えるのは明らかだからだ。この奥地の行軍では、武器と弾薬の不足のため、敵との長期の交戦に挑むことはできない。敵をできるだけ用心深く避けて進む。それが彼らの作戦だった。

七日間の厳しい行軍の末、部隊はようやくチン丘陵へたどりつく。このころには、彼らの狩猟用ブーツは繕いようがないほどボロボロになっていた。リュックサックやズボンの切れ端でつぎはぎのブーツは、もとの形とは似ても似つかない。多くの兵士は、すでに裸足で歩いていた。それでも、追跡と奇襲から逃げのびて、部隊は川辺で二日ほど休み、手榴弾で捕った魚を満喫した。

チン民族の人びとはほとんど稲作をしないため、この地域で得られる食糧はおもにトウモロコシである。塩もとても貴重で、めったに調達できない。とはいえ、どんな不満があっても、とにかくここでは普通の人間のように昼に行軍し、夜に休息することができた。

部隊は大きな川に沿って進み、ミゾラムを迂回。四月の第一週に、ついに目的地へ到着した。三カ月近くの過酷な行軍のすえ、東パキスタンのチッタゴンへ入ったのである。第三次遠征であるこの部隊は、前年に入った第二次部隊と同じく、温かく迎えられた。

だが、第一次遠征部隊が一九六二年に初めて、事前連絡もなく東パキスタンへ入ったときには、まったく違う対応を受けた。彼らは国境に到着後、武装解除を要求され、銃を置かなければ入国を認められなかったのである。

モンスーンの強行軍

彼らの東パキスタン滞在期間は、わずか三週間だった。兵士たちはひとつ、またひとつと、厳しい軍事訓練をこなしていく。彼らには、急がねばならない理由があった。インドとナガランドの間で停戦交渉が行われていたため、停戦になる前にナガランドへ戻らなければならないのだ。停戦協定後の武器を持っての帰国は、協定違反になりかねないのである。

モンスーンが一番激しい五～六月に帰路につくことは、かなりの危険を意味した。しかし、選択肢はない。唯一の望みは、部隊に所属するロタ族の兵士たちである。彼らの故郷にはドヤン川が流れている。そのため、ロタ族は魚を好み、ナガには珍しく泳ぎに長けていたのだ。モンスーン季の川を渡り、奔流に押し流されずに祖国へ帰り着けるかどうかは、ロタ兵士たちの泳力にかかっていた。四〇～五〇キロもの荷物を背負い、泥と雨の中を何度も滑っては転びながら、二つの国境を越えていく――彼らの帰還は、外国に遠征したナガ軍のなかで、もっとも水難に見舞われた旅となるのである。

一九六四年四月二四日、帰路の旅が始まった。彼らはいまや、よく訓練され、装備された部隊である。二五丁の軽機関銃、三〇丁のステン短機関銃、多くのライフル、手榴弾、迫撃砲、ピストル。それぞれが三〇〇～四〇〇発の弾薬と、迫撃砲弾や地雷などを運んでいた。

出発から三週間ほど経った五月なかば、モンスーンが一気に激しさを増す。彼らはまだチン丘陵の麓にいた。往路では簡単に渡れた小川や細流が、あちこちで急激に増水して、濁流に変わっている。モンスーンの猛威がピークに達する前に山岳地帯へたどり着きたかったが、進路は急速に困難になっていった。事前の水泳訓練にもかかわらず、まだ泳げない者が何人もいたのである。彼らにとって、いまや一番の恐怖はインド軍ではなく、増水した川を渡ることだった。

水泳の熟練者たちは、増水した川を渡るために巧妙な方法をとった。小さな流れでは、互いに手をつなぎ、人の鎖をつくって渡る。川幅が広く、ロープで橋を架けられない川では、人の足ほどの太さの木を切り出した。水泳のうまい兵二人が木の両端を支え、その間に五〇人ほどが両手でつかまるのだ。泳げない者や体重が軽い者は、木の中ほどにつかまる。そして、木が流れに平行になるようにして川を渡った。こうすると、急な流れは五〇人を直撃しない。上流側の端の一人は流れを受けるが、彼は同時に下流側の五〇人によって支えられるのである。

この方法は、流れの速い川を渡るのにとても効果的だった。それぞれの体重に加えて、背負った四〇～五〇キロの荷物の重みもあり、兵士たちは簡単には流されず、しっかりしたまとまりとなった。泳げない者も木につかまってさえいれば、引っ張られて渡ることができる。おかげで、多くの渡河にもかかわらず、誰ひとり急流に飲み込まれることはなかった。モンスーンが猛威を振るうなか、ときには村人からボートを借り、ときにはぐらぐら揺れる吊り橋につかまって、彼らは三カ月間で何百という川を渡ったのである。

一三〇人もの重装備のナガ兵たちが、モンスーンのさなかに、いったいどうやって大きな川を渡ることができたのだろうか?——追跡していたインド軍の専門家たちは、しばしば川に渡河の形跡さえ見つけられず、首をかしげたという。

裏切られた恩情

計画では、ミゾラムを迂回してチン丘陵を通り、マニプルの南のチュラチャンドプルからインドへ入ることになっている。往路での遭遇戦のせいで、ミゾラムの国境はインド軍によって厳しく警備されているはずだ。一方、マニプルのインド兵たちは、まさかモンスーン季に東パキスタンからのナガ部隊が現れるとは予測しないだろう——それが指揮官たちの判断だった。ところが、この計画は恩情があだとなり、すべてだいなしになる。

チュラチャンドプルに入るとき、部隊はパイテー民族[7]の男性数人が働く畑を通った。ナガ軍部隊を見て、そのうちの一人が畑から逃げ出した。部隊の一人が叫ぶ。

「撃て! あいつはインド軍に、われわれの位置を報告するかもしれないぞ!」

しかし、逃げる非武装の農民を後ろから撃ち殺すことは、誰もできなかった。全員がためらううちに男は消え、部隊は不安をかかえたまま行軍を続ける。そして、間もなく知らされることになるのだ。逃げたその男が、インド軍に彼らの位置を報告したという事実を。

罠への道は、険しい山の絶壁を登るところからすでに始まっていた。ルートは崖をジグザグに登り、頂上の窪地に達する。両側は切り立った垂直の断崖で、眼下にはインド・ビルマ国境を示すチンドウィン川の支流が流れている。

午後三時ごろ、先頭のヤンパモ・ロタ大尉が頂上にたどり着いたところで、インド軍の奇襲が火ぶたを切った。危うく大尉の防水ポンチョをかすめた弾丸は、付き添っていたエキムサオ中尉とラッェモ少尉に命中する。エキムサオは即死し、ラッェモは右胸を撃ち抜かれた。

至近距離から放たれたその第一弾が、合図だった。次の瞬間、向かい側の崖から銃と迫撃砲が一斉に火を噴く。数人の将校と兵士たちが頂上の窪地へ駆け上がったが、そこで身動きがとれなくなる。窪地は狭く、かろうじて二人が通れる程度である。インド軍の攻撃は窪地の入り口に集中し、後続の部隊は動けば狙い撃ちになる。突撃は自殺行為だ。

前進できない後続部隊は、砲火を浴びながらも、崖に連なる岩や木々に身を隠して反撃を開始する。戦いは熾烈を極めた。迫撃砲弾も飛び交ったが、急峻な地形のため、いずれも壁に当たって爆発。崖の麓にいるナガ軍に被害はなかった。

窪地で戦って前進するか、あるいは後退するか。ナガ軍の将校たちは急遽、崖の上で話し合った。後退とは、ビルマ領チンドウィン渓谷への撤退と迂回を意味するが、この行程はあまりに多くの日数を要する。そのため彼らは、窪地での戦闘を一旦は決意した。だが、インド軍もまたこの決定を予測していたのだろう。攻撃はいっそう激しさを増し、突破の試みはすべて、巧妙に隠れた敵による壊滅

7　パイテー民族　ミゾ民族やクキ民族に近いといわれる先住民族。

的な銃撃にさらされた。戦いは何時間にも及び、夕方五時近くになって、ナガ軍は最終的にビルマへの後退と迂回を決定する。

国境の奔流を越えて

誰かが、ナガ軍の動きを報告していたにちがいない。そして、この奇襲である。インド軍の応援部隊がすぐに駆けつけて、チュラチャンドプルの周囲には非常線が張りめぐらされるだろう。

そこでナガ軍の将校たちは、ビルマへの迂回と、マニプル北東部ウクルルからのインド再入国を決定した。迂回路は、モンスーンで増水した大きな川に阻まれている。しかしそれが、数千人ものインド兵との正面衝突を避けるための、ただ一つの方法だった。ナガ兵たちは不可能への挑戦も辞さず、川に向かって進んでいった。

ナガ軍が罠にかかったという報告を受けたインド軍は援軍を送り、ナガ軍を完全に取り囲もうとしていた。だが、増派に時間がかかったおかげで、ナガ側はインド軍の動きを間近に見て、動向を知ることができた。

川へ到着するとすぐに、上流と下流へ偵察部隊が派遣された。川幅が狭く、渡河が可能な地点を探すためである。やがて、川幅五〇メートルほどの場所が見つかった。ところが、水量が多く、流れはあまりに速い。みながあきらめて頭を振るなか、ザンベモ大尉が自ら泳いで渡ることを志願した。

ザンベモが川に飛び込み、全員が彼のために祈る。彼はすぐ急流に飲み込まれ、誰もが死を予感したが、やがて一〇メートルほど下流で頭が川面に出る。全員が息を飲んで見守るなか、ザンベモは川面に現れては消え、ぼろ人形のように押し流されながら、ついに五〇メートルも下流で対岸にぶら下がる枝をつかんだ。彼が対岸に上がったとき、インド軍に察知される危険にもかかわらず、部隊から歓喜の叫び声があがった。

こうして、両岸を結ぶ強力なロープが急流の上を渡される。ナガ兵たちはこのロープにサルのようにつかまって素早く行き来し、一時間後には竹とロープで仮設の橋が架けられた。そして日暮れ前には、全員が荷物とともに対岸へ渡り切ったのである。

川を渡る最後の一人は、またしてもザンベモ大尉だ。対岸から橋を落とすこともできたが、今後の渡河のためには、ロープを回収しなければならない。一本を残してすべてのロープをほどくと、仮設の橋が急流に飲み込まれていく。残ったロープを腰に巻きつけ、彼は再び川に飛び込んだ。今回は、対岸の仲間がロープを引っ張ってくれた。

渡河の最中、インド軍が包囲を狭める様子が聞こえていた。しかし、インド軍部隊が川岸に到着したのは、ナガ軍部隊も橋も消え去った翌日である。川岸で消えた足跡に困惑したインド兵たちが、木や岩にロープの跡を見つけたころには、ナガ兵たちは一晩中の行軍で、すでに数キロ先に逃れていた。

チンドウィン川遡上

七日間の行軍の後、部隊はチンドウィン川にたどり着く。この川は、インド・ビルマ国境とほぼ並行して流れており、上流にさかのぼればマニプルのウクルルへ向かう。川岸が地形的に歩きやすいこともあり、彼らは川沿いに上流へ行軍を続けた。

ビルマ側のこの地域には、ナガ人に友好的な村が多かったので、食糧の調達は問題ない。また、増水した川の岸では、浅い水たまりに足を入れて蹴れば、魚が簡単に捕れた。こうして一五日間の行軍の後、部隊はビルマ側最後の村に着く。この村から国境を越えれば、ウクルル県に出られるのだ。周囲には四~五キロにわたって熱帯林が生い茂っていたので、休息をとるには好都合である。米が豊富なこの村で、彼らは二日間、狩猟して食事を楽しみ、続くマニプルの森林での長い行軍に備えて体を休めた。

ラツェモ少尉は、チュラチャンドプルの崖の上での奇襲で撃たれ、重症を負っていた。至近距離から撃たれたため、胸の傷跡は小さかったものの、銃弾は背中へとまっすぐに貫いていたのだ。彼の体の中の、いったい何が射抜かれて、何が射抜かれなかったのか――それは神のみぞ知るところである。包帯でぐるぐる巻きの胸は激しく出血し、痛みもひどかったが、彼は仲間とともに行軍を続けていた。そして、全員が驚いたことに、ビルマ側最後のこの村に着いたとき、彼の傷は完全に治っていたのである。

休息をとっている間、インド軍の動向に関する情報が入ってきた。ナガ軍部隊のインドへの入国を防ぐため、ウクルルとの国境地帯にも多くのインド軍部隊が配備されているという。それでもナガ軍部隊は、村から調達した三日分の食糧を手に、元気よく行軍を再開した。

国境線上に立つ子どもたち。画面右はビルマ、左はインド

チュラチャンドプルの奇襲攻撃で、インド軍の死者が四五人だったことを、彼らはラジオで聴いた。一方、ナガ側の犠牲は死者一人、負傷者一人だけだった。

飢餓兵士の群れ

食糧がなくなって五日が経っていた。モンスーン季のジャングルには新しい草木が生え、新しい枝が芽生える。ナガ兵たちはこうした枝を折り、食べながら行軍した。だが、先を行く兵士たちが食べてしまうため、隊列の後方では何も食べられるものにありつけなかった。

部隊は、昼間は休憩をとらなかった。飢餓状態で休憩すると、疲れ切った兵士たちはより衰弱し、意志も鈍る。経験ある将校たちは、それを知っていたのだ。彼らは、ひたすら行軍を続けた。

しばしば野生動物を見かけたが、撃って食べることはできなかった。銃声で敵に位置を察知される恐れがあるため、発砲は禁止されていたのである。

飢えで正気を失いかけたレヴィ軍曹は、ヒヒを見つけてとっさに銃を構えた。小隊長がすぐに銃を押さえ込むと、レヴィは懇願した。

「お願いです、焼いて食べたいんです!」

しかし、小隊長はそれを強く禁じ、彼の銃を取り上げた。

周辺のジャングルはひたすら野生動物の世界で、人間が立ち入ったり暮らした痕跡はない。しかし六日目の晩、彼らはついに、インド軍の標準支給ブーツの足跡を発見する。

彼らは驚いた。そこはまだビルマ領内だったからだ。そして、知らされることになる。インド政府とビルマ政府は、ナガ軍部隊のナガランド帰還を阻止するため、軍事協定を結んでいたのだ。協定によれば、互いの国軍部隊は、国境を越えて三〇キロ地点まで部隊を展開することができる。これを利用して、インド軍はナガ部隊を捕らえるため、ビルマ領内にまで深く踏み込んでいたのである。

重装備での行軍が二カ月も続き、ブーツの中で砂や泥が常にこすれていたので、兵士たちの足の皮は薄くなっていた。彼らは、足の裏を手で触ってはこうこぼした。

「足の皮が薄くて、まるでビニール・シートみたいだよ」

痛みはあったが、食事で栄養を摂りさえすれば、彼らは歩き続けられた。だが、食糧がなくなって三～四日が経ち、栄養が不足すると、彼らの足は膨れ始める。五日目には、腫れがひどく、ブーツを脱ぐことさえできなくなった。多くの兵士がナイフで切り裂いてブーツを脱ぎ、裸足で歩くようになる。

さらに歩き続けると、腫れが破れて、血が混じった液体がにじみ出てきた。彼らが歩いている森の地面は、象の糞やさまざまな腐敗物が泥に混じったぬかるみである。そのため、すぐに感染症が広がっていく。ハエが傷にたかって卵を産み、歩いている最中も蛆虫が足を食べ始めた。

飢餓状態の六日目、多くの兵士が遅れ始める。彼らは歩きながら失神し、意識を取り戻してはまた歩いた。腫れた足で歩き続ける彼らは、もはや部隊ではなく、落伍者たちの寄り集まりになっていた。

多くの兵士が足からの細菌感染で高熱を発し、一晩中よろよろと歩いた。ある者はほとんど意識がない。ある者は歩けなくなり、道端でどうすることもできず泣いていた。歩き続けている者でさえ、いまや荷物よりも重くなったように感じる腫れた足を、文字どおり引きずっていたのである。

悲しみのディディン

落伍者の一人、ゼリアンロン族のディディンは、まだ一八歳だった。マチアン村出身のこの少年に、小隊長のメヘイピン中尉はとくに目をかけていた。ディディンは隊の中でも、もっとも規律正しく、思いやりのある兵士だった。長い飢餓状態の後で、わずかな食糧にありついたときでも、彼はいつも仲間たちに先に食べさせ、自分は食べ残しで我慢していることを、メヘイピンは知っていた。

そのディディンが、いまは足が腫れているうえに、下痢にも苦しみ、ここ数日ずっと仲間から遅れている。メヘイピンはしばしば彼を気遣い、励ましていた。

ある晩、メヘイピンが気づくと、ディディンの顔には血の気がなく、仲間から遅れてふらふらと歩いている。メヘイピンは思わず声をかけた。

「ライフルと荷物を持ってやろうか?」

しかし、ディディンはその申し出を断った。

「上官殿も重い荷物を背負っておられます。どうか私を置いて先に行ってください。私は自分の荷物を、責任をもってナガランドまで運びますから」

メヘイピンは、小隊長として自分の隊を率いなければならない。遅れている一人の落伍者に、ずっと付き添うわけにもいかなかった。

「夜間行軍になったら、ディディンはついて来られるだろうか?」

メヘイピンは心配しながらも、仕方なくディディンを残し、隊の先頭へ戻った。

翌日の夕方、もっとも体力が残っていた先頭の兵士たちが、ついにタンクル族[8]のチョファンクナオ村へたどり着く。全員の足は腫れ上がり、体は案山子《かかし》のように痩せこけていた。村人たちは喜んで彼らを迎え入れ、食事を与え、疲労でなかば死にかけた兵士たちの搬送を手伝った。落伍者たちは一晩中、よろめきながら次々に村へ到着する。

しかし、そのなかにディディンの姿はなかった。メヘイピンは兵士七人を連れて、数キロほど戻りながらディディンの名を呼んだが、彼を見つけ出すことはできなかった。

ディディンは、どこかで気を失って倒れているのではないか――翌早朝、メヘイピンはさらに数人の兵士を伴って、捜索に出た。すると、村から二キロほど離れた道端の平たい石のそばで、ディディンのライフルとリュックサックが見つかった。リュックサックは石のそばに置かれ、ライフルは石に立てかけてある。だが、ディディンの姿はない。

「いったい何が起こったのだろうか?」

8　タンクル族　ナガのなかでも比較的後年に民族運動へ参加した部族。居住地はインド・マニプル州へ併合されている。

不思議に思ってあたりを探すメヘイピンが見つけたのは、悲しいことに、崖下に横たわったディディンの遺体だった。ディディンは残る力を振りしぼり、疲れきった体で必死に仲間の後を追い、最後にこの石に座って少し休もうとしたにちがいない。そして、休んでいるときに、死が彼に訪れ、遺体が下に転落したのだろう。ディディンの遺体を引き上げる間、誰もが涙を浮かべていた。せめて、彼をきちんと埋葬してやりたい。誰もがそう思っていた。

この若い少年は、祖国ナガランドの解放のために、すべてを捧げた。彼は、敵の銃弾に倒れたわけではない。ナガランドへ荷物を持ち帰ることもできなかった。しかし、腫れた足を引きずり、赤痢で瀕死にもかかわらず、命が尽きるその直前まで、祖国のために荷物を運び続けたのだ。

もはや、彼がナガランドに英雄として迎えられることはない。すべてを犠牲にしたにもかかわらず、彼の胸に勲章が飾られることもない。だが、筆者はすべてのナガ人に問いたい。

「国民は、一人の兵士に対して、これ以上の何を求められるだろうか?」

ディディンの遺体は、メヘイピンが手ずからきれいな水で洗い、手持ちのビニール・シートに包まれて、チョフアンクナオ村のはずれに埋葬された。

この当時、チョフアンクナオ村をはじめ、まだナガ民族運動に参加していなかったタンクル族の人びとが、ナガ軍への便宜を喜んで供与したことは、特筆すべきだろう。彼らは、どこからともなく行軍してきたナガ兵士たちを、できるかぎりの親切でもてなした。また、ナガ兵士たちの犠牲と決意はタンクル族の若者たちを鼓舞し、以後多くがナガ民族運動に参加していく。そのなかには、この年に参加したＴｈ・ムイバ[9]もいた。

精霊のとげに刺された男

ペザングリエ二等兵は、村へ最後に到着した一人である。彼の足、とくに右足はグロテスクに腫れ上がり、まるで象の足のようだった。ありがたいことに、仲間がライフルと荷物を運んでくれたので、彼は杖で懸命に歩いた。二日ほど前から、蛆虫が足を食い荒らしていたが、村に到着すれば治療できると思い、右足を引きずり続けていたのだ。

夜一〇時ごろ、ペザングリエは疲れきって道に倒れた。失神したのか、眠りに落ちたのか。自分でも定かではない。やがて一一時ごろ、後ろから聞こえる恐ろしい声で、彼は目を覚ました。恐怖にとりつかれた彼は、起き上がって逃げようとしたが、動くことができない。まるで、強い腕につかまれて地面に押さえ付けられているかのようだった。

自分が部隊の最後尾だと思っていた彼の後ろから、突然一人の兵士が現れる。近づいてくるのを待

9　Ｔｈ・ムイバ　一九八〇年にイサク・チシ・スウとともにナガ民族評議会から別れ、ナガランド民族社会主義評議会（ＮＳＣＮ）を結成。現在、ナガ民族最大の武装勢力ＮＳＣＮイサク・ムイバ派のリーダーとして、インド政府と和平交渉を続ける一方、ナガ内部でも派閥間で武力闘争を繰り広げている。

って、ペザングリエは声をかけた。

「村まで一緒に歩いてくれないか。肩を貸してほしいんだ」

暗闇で顔はよく見えなかったが、兵士は肩を貸してくれた。ところが、その手はまるで死人のように冷たい。ペザングリエは背筋がぞっとした。しばらくの間、彼らはゆっくりと歩いたが、その正体不明の兵士はふいにペザングリエを置き去りにして先に行ってしまう。

「置いて行かないでくれよ！」

ペザングリエが頼み込むと、兵士は戻ってきて、ペザングリエに前を歩くよう指示する。何歩か歩いた後、ふと気づくと、その兵士はもう後ろにいなかった。

突然、道の下から恐ろしいうなり声が響き渡る。それは、とても人間のものとは思えない声だった。恐ろしくなって、ペザングリエは杖をかなぐり捨て、まっしぐらに走り始める。突き動かしたのは、見えない力と、自身の内なる力である。五分前には歩くことも困難だった彼が、いまは走っていた。一キロほど走ったチョフアンクナオ村の村はずれで、ペザングリエは力尽きて倒れ込む。もはや筋肉をわずかに動かすことすらできなくなっていた彼は、発見した仲間たちによって村へ運ばれた。

ペザングリエの後にも、一六人の落伍者たちが村へたどり着いた。翌朝、彼はその一六人に尋ねて回った。

「昨夜、俺が村へ走っているところを見なかったか？」

しかし、全員が細い小道沿いに倒れ込んでいたにもかかわらず、彼を見た者は誰一人いなかった。

何年も経ってから、ナガのある占い師はこの出来事をこう読み解いたという。

「ペザングリエは、足が腫れていただけでなく、テルオティエ（精霊のとげ）に刺されていたのだろう。そして、彼の命を救うために、別の兵士の命が精霊の世界に連れて行かれたのだろう」

翌日、ペザングリエなど五人を残して、部隊は村を後にする。疲れきり、ほとんど全員が病気だったが、村に滞在し続けるわけにはいかなかった。インド兵が追跡してくる恐れがあったし、ウクルル方面からインド軍の援軍が来る危険もあったからだ。兵士たちの足はあまりに腫れていたため、まるで風船の上を歩いているかのようだった。いまや靴を履いている者はほとんどいなかった。

村に残された五人は、立つことすらできなかったが、敵の来襲を恐れて、村はずれのジャングルで寝泊まりした。ペザングリエの足は腫れあがっていたので、彼のために、動かずに排泄できる特別な寝台が作られた。腐った脚から放たれる異臭は、耐えがたいものだった。

三日目に、膝下を食い荒らした蛆虫が落ち始める。四日目、痛みに耐えかねて、ペザングリエは仲間に頼んだ。

「足を覆っているショールをはずしてくれないか」

そのときの光景は、信じがたく不快なものだった。何百匹もの蛆虫が這い回り、彼の肉を食い荒らしている。一部の蛆虫には毛が生えていた。蛆虫たちの不快な動きは、まるでチアリーダーの踊りのようだ。恐ろしいほどの痛みだったが、ペザングリエは仲間に頼む。

「フェノール（消毒薬）を、傷口に垂らしてくれ」

それは、足を火で焼かれるような経験だったという。

ペザングリエと四人の仲間は、一カ月近くをジャングルでの静養に費やした。四人は回復したものの、一人は足の壊疽《えそ》によって亡くなった。亡くなったとき、彼の膝から下は蛆虫に食われてほとんどなくなっていたという。

一方、行軍を再開した部隊は、ついにマニプルのナガ軍駐屯地へ到着。しばしの休息の後、各兵士は指令に従ってそれぞれの地域に散っていった。その後も彼らは、足の腫れが回復するまで、スリッパすら履くことができなかった。

降伏しない兵士たち

この遠征に参加した兵士たちは、部隊を指揮した上官も含めて、その後の戦いでほとんど亡くなっている。この物語は、数少ない生存者の話から再構成したものである。

彼らはみな日記をつけ、自分たちの経験を書き記していた。しかし、こうした資料はその後、彼らが戦いを続け、転戦するうちに、散逸してしまう。一部の者は、日記やメモを親戚に預けていたが、これらもインド軍の捜索によって破棄せざるを得なかった。インド軍は、とくにナガ軍兵士を親戚にもつ家庭をターゲットに、徹底した家宅捜索を行ったからである。そうした日記やメモは「反国家文書」と呼ばれ、所持していた者は拷問や禁固刑に処された。

こうした理由で、この東パキスタン遠征の話は、読者が望むほど詳しいものではないかもしれない。

また、すべての生存者に話を聞けたわけではないため、多くのギャップや空白部分が残されている。生存者のうち、メヘイピン中尉は現在、大佐である。彼は傷跡をかかえたまま、いまも民族のために、生涯をかけた奉仕を続けている。背中は曲がり、太腿と脚の筋肉はほとんど使い物にならなくなっているが、いまだにコヒマのトランジット・キャンプ[10]に住み、家に帰ることを拒否している。筆者は何度も、彼を家へ連れて帰ろうと申し出た。一生をジャングルの中で苦しんだ彼は、重い病気にかかっていたからだ。しかし、彼はこう言って申し出を拒否した。

「(家に帰るなんて)そんな行為は、降伏に等しい」

ペザングリエは現在、ナガ軍第六大隊を指揮する中佐で、レヴィは少佐である。

不完全ではあるが、この物語を、インドとビルマの国境に埋葬されたディディン二等兵に捧げたい。また、ディディンや他の大勢の兵士たちの犠牲は、決して無駄にはならないということを付け加えておきたい。いつの日か、ナガランドの独立が国際社会に承認されたとき、彼らの遺骨は祖国に持ち帰られて、最大級の栄誉とともに公共墓地に葬られることになるだろう。

10　トランジット・キャンプ　一九七五年にインドとの停戦を合意したシロン協定に基づき、武装を一部解除したナガ軍兵士たちを集めた一時的な駐屯地。その後も政治的解決は図られず、今日にいたっている。

［追記］

本書の第二版が印刷される直前、ゼリアンロン族の最長老で偉大な兵士だったメヘイピン大佐は、悲しいことにこの世を去った。二〇〇一年五月のことである。死の数日後、彼の息子メレイディン中尉は、筆者に干し肉一切れを送り届けてくれた。病床にあった生前の父親の遺言だったという。

メヘイピン大佐は亡くなるとき、私財としてたった一頭のバッファローしか所有していなかったことを、筆者は知らされた。亡くなる直前、彼は息子に言い残したそうだ。

「バッファローを屠って、老後に世話になった人びとに、肉を一切れずつ贈ってくれ」

民族のためにすべてを捧げたナガ軍兵士の多くは、しかし見返りに何も得ることはなかった。そのため、このメヘイピン大佐の感動的な行為を、ここに記すことにする。神が彼らの犠牲に対して栄誉を与え、いつの日かナガランドが自由になることを願うほかない。

第8章

儚《はかな》き希望への旅立ち

——中国への第二次遠征（前編）

和平の暗礁

サングト大尉は、その秘密を事前に知り得た数少ない一人だった。彼を副官として信頼するモウ将軍から、じきじきに知らされたのである。一九六七年一二月、中国に派遣する第二次部隊の準備が、着々と進められていた。

計画は、政治・軍事部門のトップの間で決定された。すでに三年間続いているインドとの停戦と和平会談は、何ら成果を見いだせない。インド政府は、問題の最終的解決に真摯ではない――ナガの指導者たちは、そう気づき始めていた。

「ナガ人はインド人であり、ナガランドはインドである」。それが、インド・ナガ紛争に対するネルー[1]のかたくなな解釈である。和平会談のインド側代表である外務事務官Y・D・グンデヴィアらは、これをオウムのように繰り返すだけだった。

「一九三五年のインド統治法により、イギリスはナガランドをインドへ譲り渡した。だから、いかなる政治的決着も、インド憲法の枠組み内でなされるべきである」というのが、インド側の主張である。インド治安維持部隊による残虐行為を調査するため、中立的な団体を派遣してほしい、というナガランド連邦政府[2]や平和使節団による要請は、インド政府によって退けられていた。和平会談に成果は期待できず、紛争が長引くであろうことも明らかな以上、ナガ民族運動の軍事部門を強化しなければならない。こうして、和平会談が継続中にもかかわらず、極秘の命令が下されたのである。

チノセリ将軍が率いる第一次部隊は、一年前に出発していた。今回は第二次部隊である。和平会談の行き詰まりだけで、ナガ人が降伏することはあり得ない。彼らにとって、民族としての権利は不可侵であり、いかなる犠牲を払っても引き渡すことのできないものなのだ。ナガの主権には、交渉や妥協の余地などありえないのである。

ナガ人の間にも、共産主義国家である中国の支援を仰ぐことへの抵抗はあった。しかし、インド・ナガ紛争は政治的問題であって、宗教的問題ではない。

「共産主義国家であろうと民主主義国家であろうと、助力を求めることは正当化できる」

彼らはそう考えていた。実際、ナガの人びとは当初、西欧のキリスト教世界に支援を求めた。しかし数人の個人を除き、どの西欧国家も、ナガの支援を明確に表明することはなかった。ナガ民族の苦悩の叫びに対して、キリスト教世界は耳と目をふさいだのである。そこで今回は、ナガが本来属する東洋世界に助けを求めたのだった。

インドによる傍受や妨害を恐れて、この任務は極秘事項とされた。一九六七年一一月二一日、モウ将軍の部隊はプツェロ付近のプシ駐屯地を出発する。このとき、部隊の多くの兵士は、自分たちが中国への派遣部隊に選抜されたとは知らなかった。部隊は旅団本営から別の本営へと、多くの大隊本部

１　ジャワハルラール・ネルー（一八八九〜一九六四）　インド独立運動の指導者で、初代首相。
２　ナガランド連邦政府　ナガ民族評議会が一九五九年に樹立を宣言したナガランドの独立政府。

に立ち寄りつつ、素早く移動していく。通過する地域で、各大隊から選ばれた兵士たちが加わった。

「視察のために北、南、そして中央司令部に行く」

行く先々で同じことが伝えられる。視察の本当の目的は、大隊の指揮官にしか伝えられなかった。総司令官や准将などの旅団指揮官たちが、いつになくおおげさに旅の幸運を祈ってくれるのは、いったいなぜだろうか――事情を知らない兵士たちは、不思議がっていた。

一二月一〇日、部隊はインド・ビルマ国境手前の最後の村に到着。村人によって野牛（バイソン）が振る舞われる。兵士の数はすでに三〇〇人に膨れ上がり、任務の秘密を隠し続けることは不可能になっていた。三〇〇人を超す視察団など、ありえないからだ。兵士一人につき、一キロの塩と〇・五キロの干し肉、そして一五〇チャット（ビルマの通貨）が支給された。

「われわれは、中国へ向かう」

ここで初めて本当の任務を聞かされ、兵士たちの間には興奮した空気が流れた。

とくに少年兵にとって、この発表は刺激的である。彼らはナガ軍に加わってはいたものの、年齢が若すぎるため、正式の部隊には編入されていなかった。約二〇人の少年兵たちは、多くが一五歳で、もっとも若い二人はわずか一三歳である。「中国への厳しい旅に連れて行くには若すぎる」と、モウ将軍は考えていた。しかし、彼らは部隊を離れるつもりなど毛頭なく、まるでヒルのように将軍のそばを離れない。若いとはいえ、彼らの訓練中の学習速度はすばらしく、習得に時間がかかる年長者とは対照的だった。また、彼らはモウ将軍を英雄として尊敬していた。

「視察に行くだけだ。視察が終わって戻ってきたら、連れて行くから」

モウは何度もそう言って、少年兵を大隊本部に置いていこうとしたが、彼らはいつもにやりと笑って、こう返した。

「うそをついて、私たちを置いていこうとしていますね」

後に部隊が中国に到着したとき、これらの少年兵たちは、中国人に感銘をもって迎えられることになる。

旅立ちのクリスマス

一九六七年一二月一二日、インド・ビルマ国境でインド軍の偵察隊をかわした後、部隊はビルマ領に足を踏み入れた。国境では、サイモン准将が率いる東ナガ軍[3]部隊と合流する。この部隊には、イムチュンガー族やコニャク族、ポチュリ族の戦士たち一〇〇人以上がいた。合流した部隊は東ナガランドに分け入り、さらに別方向からビルマへ入る予定のイサク・スウ[4]部隊との合流地点へ向かう。アイチェンで、部隊は初めて、約三〇人のビルマ軍パトロール隊に遭遇した。双方ともすぐに身を

３　東ナガ軍　当時、ナガの民族運動には大きく分けてインド側とビルマ側の二つの指揮系統があり、ビルマ側を「東ナガランド」、そこに所属する軍事組織を「東ナガ軍」と呼んだ。
４　イサク・チシ・スウ　当時、ナガランド連邦政府の外務大臣。後に分裂してＴｈ・ムイバとともにナガランド民族社会主義評議会（ＮＳＣＮ）を結成する。

伏せ、銃を構える。しかし、モウ将軍は兵士たちに「発砲するな」と伝え、静かに立ち上がると、大声で叫んだ。

「われわれはナガ軍であり、あなたたちと戦う意思はまったくない。われわれは任務の最中であり、国境を越える許可を求めたい」

ピゾの部隊であるとわかると、ビルマ軍は自ら進路を示してくれた。[5]

クリスマスの直前、部隊はイサク・スウが率いる一〇〇人以上のグループとの合流に成功。全五五四人の第二次中国遠征部隊は、四個中隊に再編成された。司令官はモウ中将、副司令官にルビチャ大佐。副官にヘシホ・セマ中佐、副官補佐にニラオ大尉が任命された。

兵士たちは、ナガランド全域から選抜されていた。装備は、五丁のブレン軽機関銃と、二五丁のステン短機関銃、一〇〇丁の三・三口径ライフルのみ。ルートは、ビルマ領ザガイン管区の東ナガ地域を通ってカチン州のフーコン渓谷を越え、中国雲南省に至るというものである。地図と方位磁石以外には、カチン独立軍[6]が道案内に応じてくれることを期待するしかない。

救いは、モウ将軍がビルマの地形について概略を知っていたことである。彼はかつて、コダオ[7]と二人でビルマ人僧侶を装い、ビルマを横断するルートを探索した経験があった。もっとも、そのときは任務の途中でビルマ語が話せないことがばれ、ビルマ警察に逮捕されたのだった。

何百キロもの見知らぬ地が、彼らを待ち構えていた。しかし彼らは、祖国解放のためなら命を危険にさらす覚悟ができていた。ナガ民族の運命が、彼らの肩に重くのしかかっていたのである。

ナガ兵たちはこの年のクリスマスを、ビルマのジャングルで過ごした。みながありあわせの物を持ち寄って、この神聖な日を祝っているとき、サングト大尉は隅に寝転んで、ラジオのマニラ放送を聞いていた。すると「マリアの小さな男の子、イエス・キリスト」という、有名な歌が流れ始める。涙が彼の眼にあふれ、頬を伝ってビルマの大地に落ちた。家のこと、村のこと、大きな焚き火を囲んで祝っているであろう家族や親戚、友人たちのことが、脳裏をかけめぐる。涙とともに、彼は思った。

「愛する者たちに、再び会うことができるのだろうか」

実際、彼らのうち少なくとも五〇人は、愛する者に再会することができなかった。二つの国境と、ビルマ軍の五旅団、そしてインド軍の山岳部隊三旅団が、彼らの行く手に待ち受けていたのである。

闇の奥へ

東ナガ地域を横断する旅は、地形に加えて、ビルマ軍による追撃の恐れがあり、危険で困難なものだった。この地域にはまた、多くの後進的なナガの村々があり、一部ではいまだに首狩りが行われていた。この時期、部隊が通過した多くの村では、人びとが祭りを楽しみ、ご馳走を食べていた。儀式

5　後に「ナガ民族運動の父」と呼ばれるピゾの名は、第二次世界大戦前からビルマで活動していたこともあり、一部のビルマ軍兵士にもよく知られていた。

6　カチン独立軍　ビルマの少数民族カチンの独立を求めて闘う武装組織。

7　コダオ・ヤンタン　ロタ族出身で、ナガ軍の有名な将軍の一人。後に派閥分裂でモウとたもとを分かつ。

の一環として家々の柱に塗りつけられた動物の血が、行軍する兵士たちの気分をいらだたせる。村々のモルン[8]には、木の棚に人間の頭蓋骨が何列にも並べられていた。

敵対的な村に出会ったとき、ナガ軍を通してくれる暗号のような働きをした言葉がある。

「われわれは、ピゾの軍隊である」

ピゾの名前と伝説は、当時すでにこの地域にも広く及んでいたのだ。

部隊はときに何週間もの間、一つの村を見ることもなく、密林の中をひたすら歩いた。陽が落ちると、雨でも晴れでもかまわずジャングルの中で眠る。野生動物や魚など、食糧で満ちあふれた場所もあれば、何日も食糧を得られずに進軍することもあった。

ときには密林に遮られて、太陽の光が何日も差さないなかを行軍する。終わりのないトンネルに敷き詰められた、何層もの腐食した木の葉。それはまるで、マットレスの上を歩いているかのようだった。この付近のジャングルは、地元の村人ですら入ることを嫌がったという。こうして多くの村々を通過した部隊は、ついに竹の筏《いかだ》でチンドウィン川を渡った。

部隊はビルマ軍の多くの待ち伏せを迂回していった。多くの兵士が武器を持っていないため、戦闘は極力避けねばならない。麓の村々に食糧があるとわかっていても、部隊は山中を通らねばならなかった。彼らは、ビルマ軍が大規模に展開している地域を、夜間行軍ですり抜けていったのである。

中国による軍事訓練と、武器の調達。それが彼らの遠征目的である。部隊に初心者は一人もいない。ナガランドで、彼らは夜間作戦を何度もこなしていた。夜間行軍では、事前に意味が決められている物を手渡しでまわすことによって、一言も発することなくメッセージが素早く伝えられる。地形が悪い場所では、違う強さでロープを引くことによってメッセージを伝達した。日中でも、いくつもの手信号を操り、大声の伝言は必要なかった。

多人数の部隊が、敵の地域を音もたてずに通過する——それは故郷ナガランドで、何度も経験したことである。日中、最後尾の兵士は太い箒を使って足跡を消し、敵に動きを悟られないようにした。これは、インド軍に占領された村へ忍び込んだり、食糧を持ち帰ったりするときによく使われた技術である。彼らは、すでにゲリラ戦で十分に鍛え上げられていた。そして、この五五四人は大きな戦闘に遭遇することなく、東ナガ地域をまるで幽霊か影のように通り抜けることに成功したのである。あるインド軍将校が、ナガ軍を評してこう語ったのも不思議ではない。

「彼らは日中の、そして月夜の、あらゆる時間の影の差し方を知り抜いている」

雪山の赤いリボン

一九六八年一月三日、部隊は、第二次世界大戦当時の車両の残骸が残る、有名なレド公路[9]を通過。

8　モルン　若衆宿の機能をもつ、村の集会所。ここでナガの伝統や文化が伝えられ、受け継がれていく。

9　レド公路　第二次世界大戦当時、中国の蒋介石政権を支援するため英米の連合国軍が建設した輸送ルートで、通称〝援蒋ルート〟のひとつ。インド・アッサム州のレドと中国雲南省の昆明を結ぶ。

東ナガ軍の指令官の出身村であるンガラム村では大歓迎を受け、カチン州への道のりに十分な食糧を確保する。そこからタルンカ川へ向かい、足場の不安定な土地を絶え間なく行軍し続けて四日目の夕方、彼らはカチン民族の村に到着した。

驚いたことに、この村にはアメリカ人の宣教師が住んでいた。彼は以前、中国とチベットにいたが、プタオ[10]に一切の所有物を残して、このカチンの村に福音を伝えにやってきたという。子どもたちはみなカチン独立軍に参加し、彼と妻だけが村で暮らしていた。ナガ人たちのもとへ福音をもたらしたのもアメリカ宣教師団だったので、ナガ兵たちはこの出会いに驚き、喜んで、弱っていた士気が高まった。また部隊は、教会の穀物倉から米をはじめ一週間分の食糧を、代金と引き換えに受け取った。

彼らの前には再び、静かで無限のジャングルが広がっていた。カチン州での行軍は、またしても困難と苦しみの連続だった。真冬でしばしば雪が降るなか、ジャングルの行軍は何日も続く。十分な防寒着を装備していない彼らは、歯をカタカタ鳴らしながら、凍った川を凍えた足で渡っていった。タルンカ川では、筏が使えないうえに、崖や絶壁に阻まれ、渡っては戻ることを一二回も繰り返した。また途中、彼らはビルマ軍とカチン独立軍の戦場跡に何度も出くわす。そこには、人骨や空の薬莢が山のように積まれていた。

行軍では、悲しい出来事も起きた。ラザミ村出身のクムツァが一月一一日、下痢で亡くなったのだ。彼らは三発の礼砲を発し、美しい谷間に彼を埋葬した。

一月一五日、ナガ部隊はようやくカチン独立軍の第六部隊と連絡を取ることに成功。ここからは何人かのカチン独立軍幹部が、部隊をカチンの旅団本部へ案内してくれた。

「チノセリ将軍が率いる中国への第一次部隊が、数週間前にフーコン渓谷を越えて帰っていった」

それは彼らにとって、残念な情報だった。帰路の第一次部隊の仲間たちに会えるかもしれないと、部隊全員がとても楽しみにしていたからである。彼らは一週間ほどの差ですれ違ったのだった。

マリカ川の渡河では、筏を使うことができたものの、部隊全員が渡るのにまる一日を要した。チンドウィン川やマリカ川などの渡河は、彼らにとっていつも危険に満ちた障害である。ほとんどのナガ人は、泳ぎ方をまったく知らないのだ。実際、帰路では、激しい銃撃のなかを泳ぎ渡ろうとして、何人かが流されて溺死することになる。

部隊は二月に入ってカチン独立軍の旅団本部にたどり着き、ザウトゥ准将の温かい出迎えを受ける。ここで、中国雲南省国境までカチン独立軍の兵士が同伴すること、その代わりにナガ軍が往路で持ち運んだ武器は帰路にすべてカチン独立軍へ引き渡されることが決まった。

カチン独立軍の旅団本部を出発するとき、腰の曲がった老女がやってきて彼らの旅路を祝福し、こう言った。

「私たちがまた村で平和に暮らせるように、敵をすべて倒しておくれ」

10　プタオ　ビルマ・カチン州北部の町。第二次世界大戦当時には英米軍の軍事拠点となった。

ナガ兵たちは、この老女の振る舞いに深い感動を覚える。ビルマでもナガランドでも、素朴な人びとの心からの叫びは同じだったのだ。

「私たちを、そっとしておいてほしい。そして平和に暮らさせてほしい」

ビルマのカチン州から中国国境までの最後の区間は、ナガ軍部隊にとって忘れられない行軍となった。何キロにもわたって眼前に広がる、雪に覆われた美しい山野。不十分な装備のせいで、寒さは身にしみた。しばしば雪を掘らなければ、足場さえおぼつかない。それでもその地形の美しさと、何より往路の旅がいよいよ終わりに近づいていることから、彼らはみな喜びに満ちていた。

雪山登山の最中も、ビルマ軍の待ち伏せに何度も遭遇したが、いずれも間一髪で逃れることができた。部隊はいまや、地形に通じ、敵のルートを知り尽くしたカチン独立軍の兵士たちに導かれているのだ。彼らは、待ち伏せの可能性がある危険な山を慎重に迂回して進んでいった。

すでに、ほとんどのナガ兵が裸足だった。旅の始めに支給された、たった一足のま新しい狩猟用ブーツは、足場の悪い地形での長い行軍で、とうに擦り切れてしまっていたのだ。雪の多い中国雲南省の国境地域に入る前から、彼らの足の裏はすでにひび割れていた。しかし、ひび割れがいくらひどくなっても、彼らは歯を食いしばって歩き続ける。岩のように硬くなった雪の上には、足の裏から流れた血が、跡を残していった。その足跡を振り返ると、しみ一つない白い雪の上に、まるで一筋の赤いリボンが敷かれているかのようだった。

赤い朋友の歓迎

一九六八年二月一三日、ついにナガ軍部隊は、中国の雲南省に到着した。人民解放軍の司令官が、彼らをにこやかに迎える。

「ポンヨウメン、ニイハオ（同志たちよ、ようこそ）」

彼らは第二次部隊だったため、国境で温かい歓迎を受けられた。彼らの到着を、第一次部隊がすでに知らせていたからである。しかし、第一次部隊が初めて国境にたどり着いたときは、事情はまったく違った。当時はまだ中国との友好関係がなかったため、彼らは侵入者として危うく銃撃されそうになったのだ。ビルマへ後退するように命じられ、三カ月もの捕虜生活の後、ようやく中国政府に受け入れられたのである。

中国での軍事訓練は、ゲリラ戦術、武器の使用方法、妨害活動など多方面に及んだ。また彼らは、産業の中心地や中国革命の史跡なども、広範囲に訪ねて回った。ナガに似た村々を訪ねると、村人たちが伝統的な作法でもてなしてくれる。多くのナガ兵たちは、こうした旅で生まれて初めて、飛行機の搭乗を経験した。どこへ行っても、彼らは中国人から兄弟姉妹として扱われたという。

稲作の時期になると、ナガ兵たちは軍事訓練キャンプ周辺の田植えにも参加した。将軍や特命全権公使から兵卒に至るまで、みなが「ホーホーホー」と唄いながら、熱心に苗を植えていく。中国人の指導者たちは、ナガ人の平等さと熱心な労働精神に感銘を受けていたという。

二月一三日から一〇月一八日まで、およそ八カ月間の中国滞在。任務こそ厳しかったものの、ナガ

川を渡るナガ軍の中国遠征部隊

チンドウィン川の渡河

中国国境碑で記念撮影
するナガ軍部隊

兵たちはそれを非常に思い出深い、楽しい日々として記憶している。サングト大尉の言葉は、彼らの感謝の気持ちを集約しているといえるだろう。

「彼らの愛情と好意は、まるで子どもに対する親の愛情のようだった。病気になると、医者の行き届いた手当てに加えて、訓練官たちが絶えず面倒をみてくれ、服を着たり、蚊帳を吊るといった細部にまで手を貸してくれた」

武器の供与と訓練という物質的な助力はもとより、中国人がナガ兵たちに示してくれた人間的で兄弟のような愛情に、兵士たち全員が深く感謝している。ナガ民族は、中華人民共和国に対する恩義を決して忘れるべきではないだろう。

希望という名の重荷

訓練期間は、あっという間に終わろうとしていた。訓練を続けることもできたが、ナガランドの状況悪化で、部隊の帰還が待たれていたのだ。一〇月一八日、盛大な送別会の後、彼らは三七台のトラックでクトゥムカイへ移動する。途中、一日休息を取ったパウサンの人民解放軍キャンプで、ナガ民族評議会のTh・ムイバ事務総長ら二名が、さらなる訓練のために引き続き中国へ残ることになった。翌日、部隊に対してムイバは言葉をかけた。

「神さまが、君たちを無事に故郷まで導いてくださいますように。われわれ全員とナガランドの希望が、君たちの肩にかかっていることを忘れないでほしい。君たちの無事の帰還こそが、ナガランドに一条の希望の光をもたらすのだ」

出発前夜、クトゥムカイでは大きな会合がもたれた。

「インドの侵略に抗する、ナガ民族の自由への闘いは、七億人の中国人が後押しする」

中国人将校たちは、将来にわたる可能なかぎりの助力を明言。ナガが必要とするあらゆる物資の提供も約束した。

一五〇丁の短機関銃。三〇〇丁の半自動小銃。数丁の中機関銃と軽機関銃。六〇ミリ口径と六五ミリ口径の迫撃砲。ロケット・ランチャー数台。九ミリ口径ピストル。その他いろいろな種類の地雷、爆弾と軍用装備。中国からの供給品は多岐に渡った。さらに、兵士各自に三〇〇～五〇〇発の弾薬も与えられ、合計で二〇万発に達した。荷造りを終えると、兵士それぞれの体力や体格に合わせて、一人三〇～五〇キロにもなった。

彼らには、二足の靴も支給された。非常にいい素材で作られた軍靴とテニスシューズだ。帰路の旅では、少なくとも彼らの足から血が流れることはないだろう。また一人ひとりに大きなビニール・シートと、軽くて暖かい毛布も支給された。

クトゥムカイからニク峠までの行軍に四日。まだ中国領内なので、夜は友好的な村々で休み、温かい食事が提供される。多くの村人たちが、次の村まで荷物の運搬を手伝ってくれた。そしてニク峠で、部隊は中国人訓練官や兵士たちとの別れを迎える。

彼らはお互いに抱き合い、涙を流して別れを惜しんだ。ナガ兵には、一〇代なかばの若者も多かった。ある年配の中国人訓練官は、少年兵の荷物の重さを確かめながらこう聞いた。

「坊主、本当にこんな荷物を故郷まで持って帰れるのかい？」

少年兵は姿勢を正してこう返答した。

「はい、上官殿。できます。きっと持ち帰ります」

（この少年は当時一三歳だったントゥマ村のサイレンボであると、後に筆者は知った）

少年兵が立ち去ると、中国人訓練官の目に涙が光った。諜報部の報告によって、彼は知っていたのかもしれない。ビルマとインドの両政府が、ナガ軍部隊のナガランド帰還を阻止するために、すでに大量の軍を展開していることを。そして、そのために多くのナガ兵士が故郷に帰り着けないかもしれない、ということを。

少なくとも中国人訓練官は、ビルマ革命評議会[11]のネ・ウィン将軍[12]が三月一六日にデリー[13]を訪問したことを知っていたにちがいない。ネ・ウィンはインド首相インディラ・ガンジーと会談。ビルマ経由でナガランド帰還をめざすナガ軍部隊に対して、両国軍による共同作戦を計画していた。両政府はす

11　ビルマ革命評議会　Burmese Revolutionary Council 一九六二年に軍事クーデターで政権を奪取。以後、今日までビルマでは軍事政権が続いている。
12　ネ・ウィン（一九一一〜二〇〇二）　ビルマ独立運動の英雄の一人だが、クーデターで権力を握り、大統領などを歴任。一九八八年の民主化運動で辞任後も、軍政に影響力をもち続けた。
13　デリー　インド共和国の首都。

でに無線によって緊密に連絡を取り合い、ナガ軍部隊の動きに関して情報を共有していたのである。

ビルマと中国の国境線を越えたナガ兵士たちが、最後のあいさつのために振り返る。中国人訓練官の指揮官は、最後の敬礼に言葉を添えた。

「この敬礼は、あなたがたの国の人びと全員に対するものである」

部隊が背を向け、故郷に向けて行進を始めると、叫び声が空に響き渡った。

「ポンヨウメン、サイチェン(さようなら、友よ)!」

第9章　死と絶望のあぎとへ
――中国への第二次遠征（中編）

死のあぎとへの序章

ビルマ領への進入地点は小峡谷や絶壁の多い、足場の不安定な山岳地帯だった。通りやすい道はすべて、ビルマ軍によって厳重に警戒されている。それを知っていた中国人訓練官たちが、ナガ軍部隊のためにこのルートを選んだのだ。

周辺には、小川などの水流が非常に少ない。そのため「飲料水の確保が問題になるかもしれない」と、彼らは警告されていた。重い荷物とともに繰り返す、山の登り下り。彼らはしばしば一日中、水を飲まずに行軍を続けることになった。

帰還の旅の三日目、部隊は不意に三人のビルマ軍兵士に出くわす。重装備のナガ軍部隊が下山してくる光景を目の当たりにして、三人は慌てて逃げ出した。戦いを挑んでこない者、とくに逃げる者を攻撃するのは、ナガの文化と習慣に反している。そのためナガ兵たちは、逃げるビルマ軍兵士を撃つことをためらった。後に彼らは、このためらいを痛切に後悔することになる。この三人のビルマ兵によって、部隊の進路がビルマ軍に筒抜けになるのである。

部隊がようやく山岳地帯の麓にたどり着くと、今度は大きな川との格闘が何度も待っていた。轟音をたてて流れる幅一〇〇メートル以上の川に、架かっているのは腐った籐《とう》の橋。まずはこれを、長い時間をかけてナイロンのロープで補修しなければならない。さらに、重い荷物を背負ってこの橋を渡ることにも、また大きな困難が伴う。流れの激しい峡谷に架かった、眼がまわるほど揺れる吊り橋。これまでに渡った経験がある者など、ほとんどいない。全員が渡り終えるのに、しばしばまる一日かかった。

橋の補修作業にあたる将校と兵士たちは、再利用できるようにロープを回収するため、夜遅くまで精力的に働いた。責任者だったサングト大尉は、部隊の渡河後も、川岸で働き続けていた。そんなとき、先に村に到着したクリオ伍長は、よくお茶を容器いっぱいに入れて、夜間に届けてくれたという。サングトはそれを、感謝とともにいまでも覚えている。モウ将軍を含む多くの仲間たちもまた、後続部隊をよく気遣ってくれた。このころまで、彼らの仲間意識は非常に高く保たれていたのだ。

しかし、行軍が数カ月にも長引くにつれ、この仲間意識は限界を試されることになる。生き残りをかけた戦いは、飢餓と疲労によって、一人ひとりの自分自身のための戦いとなっていくのである。

この時点で、彼らはまだ知らなかった。ビルマ軍最強の五旅団が、彼らを阻むために待ち受けていることを。そしてさらに、その先にインド軍山岳部隊の三旅団が待ち構えていることを。大規模な戦闘だけで、ビルマ軍と一八回、インド軍と三回。加えて、多くの小規模な戦闘が、彼らを待ち受けていた。幸運にも、彼らはこのとき何も知らなかったのだ。飢餓と戦闘、そして五カ月もの絶え間ない行軍という、まさに死のあぎとへの行進に、自分たちが踏み出したのだということを。

二つの国境を越える、圧倒的に不利な行軍。それはナガ軍兵士たちの、人間としての限界を試すものとなる。だが、それが最終的に勝利に終わり、軍事史に残る冒険行になろうとは、彼ら自身、夢にも思っていなかっただろう。彼らのうち五〇名は、ついに死のあぎとから逃れることはかなわない。それを知らなかったこともまた、彼らにとっては幸運だったのかもしれない。

マリカ川の生け贄

三人のビルマ兵が、村で休息もとらずに急いで通過していった――行軍の五日目、ナガ部隊は村人たちから情報を得る。ビルマ兵は、目撃情報を一刻も早く上官に報告しようとしていたのだろう。実際、このときまだビルマ軍は、ほかの地点に部隊を集中させていた。こちら側の山脈ルートをナガの大部隊が通過するのは、ほぼ不可能だと考えていたのである。

だがすでに、部隊はカチン民族の領域奥深くに差しかかっていた。地域全体をビルマ軍が這い回り、インド軍との共同作戦でナガ部隊を止めようとしていることも、カチン兵からの情報で判明する。これまでの平穏な行軍は、困難の前の静けさにすぎなかった。

それでも、カチン兵に導かれて、ナガ部隊は待ち受ける奇襲を次々に迂回。一九六八年一一月一三日には、カチン独立軍の小隊が駐屯する奥深いジャングルへたどり着く。すでに一カ月間、いくつもの奇襲をかわしていた。しかし、村人たちの情報によれば、追跡するビルマ軍部隊は少なくとも八〇〇人。後に一〇〇〇人を超すこの追跡部隊は、以後四カ月にわたってナガ部隊の後を追い続ける。彼らはナガ兵士たちのルートを的確に報告し、奇襲部隊が前方に展開するのを助けた。危険は前方の待ち伏せだけではなく、後方からも絶え間なく追いかけてきていたのである。

ナガ軍との多くの遭遇戦で、ビルマ軍はしばしばヘリコプターを使った。作戦状況の見極めや死傷者の救助のためである。また、部隊の輸送にも使っていたかもしれない。なぜなら、ナガ部隊は衝突を避けるため、意図的に一番険しい地形を選んでいたにもかかわらず、常に大量のビルマ軍が先回りして、奇襲攻撃を仕掛けてきたからである。急峻な地形では、これほど大量の部隊の投入は困難なはずだった。待ち伏せを避けるために、ナガ部隊はほとんど夜間にしか行軍できなくなっていった。一一月一八日、部隊はマリカ川の支流にたどり着く。この川は、初めてのナガ人の生け贄を待ち構えていた。

事故は、竹の筏で川を渡るときに起きた。コノマ村出身のヤフ二等兵は、ロープが川岸に固定される前に、筏へ飛び乗ろうとした。足をかけたとき、筏が後退し、彼は川に落ちた。重い荷物を背負っていたため、その姿は瞬く間に視界から消える。多くの仲間が、救出のために川へ飛び込んだ。しかし、あまりに急な流れのなかで約一二メートルもの水深の川に潜ることは、泳ぎに熟練した者でさえ不可能である。どうすることもできなかった。ヤフの遺体を捜そうとした多くの者たちは、自身が川に飲み込まれそうになった。

メゴサゾ少尉、クリオ伍長、ザプラオ二等兵も、乗っていた筏がロープに絡まって方向が変わり、危うく急流に巻き込まれるところだった。仲間がとっさに切り出した長い竹ざおで助けたため、三人は死を免れたのである。

ヤフ二等兵は自らの死について、予感めいたものを感じていたのかもしれない。その日の朝、彼は仲間に、前夜見た夢について話していた。それは、口に砂が詰まり、窒息死する夢だったという。

マリカ川を後にした部隊は、七人の東パキスタン人捕虜が滞在する村に行き当たった。漁夫だった彼らは越境してビルマ軍に捕まり、荷運びに使役されているところを逃げ出してきたという。彼らから、追跡してくるビルマ軍部隊の規模や、行く手を阻む敵の作戦に関する情報などが得られた。「東パキスタンへ帰るために、部隊に同行したい」と要請されたモウ将軍は、しぶしぶ彼らの受け入れを承諾した。

見えざる手の戯れ

一一月二一日、追跡してくるビルマ軍との間で、初めての大きな衝突が起きる。この日、部隊はマリカ川近くのニンチュヤン村で休息をとっていた。真夜中に歩哨が、数キロ後方で夜空に放たれたヴェリー信号弾を発見。進路には大きな川が流れているため、彼らはすぐに渡河の準備を始めた。

大きな川を全部隊五〇〇人以上が渡るには、少なくともまる一日を要する。状況はきわめて危険だった。村人たちの情報によれば、すぐそばまで迫っている追撃部隊は重装備で八〇〇人以上。ナガ部隊は素早く三つの中隊に別れ、夜が明ける前に行動を開始した。まず二個中隊が渡河を開始し、その間、一個中隊は村に残って敵を食い止める。幸い、村へ通じる道には、第二次世界大戦時に連合国軍が掘った深い塹壕が一列に並んでいた。

「ビルマ軍の追撃部隊の突撃が、少しでも遅くなりますように」

ナガ兵たちの誰もが、そう祈っていた。

村で激しい銃声と迫撃砲の爆発が起きたとき、二個中隊はまさに大急ぎで、竹の筏で川を渡っていた。午前一〇時一五分。まだ全体の半分も渡り切れていない。大規模な銃声が、彼らの危機感を募らせていく。

「後衛の一個中隊だけでは、敵を食い止めきれないかもしれない」

そこで、サングト大尉は三五名の小隊を率いて、村へ戻ることにする。後衛部隊を援護して、ビルマ軍が川岸に到着するのを少しでも遅らせなければならないのだ。

村はずれにたどり着き、広場を一気に駆け抜けようとした小隊は、まるで雹《ひょう》のように降り注ぐ銃弾に進路を阻まれた。敵は、村の反対側の高台から狙いを定めている。これ以上の前進が不可能だと判断したサングトは、小隊に後退を命令。自身は短機関銃を全開で発射しながら、退路を援護した。

ところが、いざ自分自身が後退しようとしたとき、サングトは身を伏せた小さな窪みにすでに釘付けにされていた。小隊全員が森の中に後退したため、残った彼だけが、敵の激しい集中砲火の的になっていたのだ。短機関銃とライフルの何千発もの弾丸が、音を立てて頭上を飛ぶ。周囲には、弾丸に巻き上げられた砂、砂利、埃。もはやなす術もなく、彼はただそこにうずくまっていた。

銃の弾倉は、すでに空になっている。伏せた腹の下には、ベルトにぶら下げたいくつかの予備弾倉があったが、あまりにも激しい銃撃のため、体勢は変えられない。何とか腕だけで弾倉を引っ張り出そうと、サングトはもがき続ける。それは、永遠に思えるほど長い時間だった。生きのびることはできないかもしれない——そう思った彼は、祈りを捧げ始めた。

「サングト」

激しい銃撃はやまず、銃声はとどろき続ける。にもかかわらず、そのとき彼は、はっきりと自分の名前が呼ばれるのを聞いた。誰が呼んでいるのだろうか。彼はいぶかしんだが、返事をしなかった。

「サングト」

今度は、あまりにもすぐ近くに聞こえた。後ろに誰かいるのだろうか。彼は振り返った。

気がついたとき、サングトはすでに安全な溝の中にいた。最後に覚えているのは、数発の銃弾が音をたてて顔をかすめたこととと、それがあまりに近かったため「顔をぐちゃぐちゃにやられてしまった」と思ったことだけだ。いずれにせよ、何らかのチカラが――それがいったい何であったとしても――文字どおり彼を引きずって、低地の溝に投げ込んだのは確かだったのである。

手で顔を探ったが、全体が火照っている以外、怪我はない。サングトはより安全な場所へと素早く這い出し、仲間のソレウとクリオに合流した。彼の姿を見て、ソレウが叫んだ。

「死んだかと思っていましたよ！　銃撃がやんだら大尉の銃を回収しようと、待っていたんです」

サングトは尋ねた。

「俺の名前を呼んだかい？」

「いいえ。でも、われわれも、あなたの名前が呼ばれるのをはっきりと聞きました。いったい誰だろうと思っていたんです」

後に、サングトは仲間に尋ねて回った。

「誰か、あのとき俺の名前を呼んだ者はいないか？」

しかし、全員がぽかんとして答えた。

「みんな、あなたが死んだと思っていたのに、いったい誰が名前を呼ぶというんです？」

今日までサングトは、神が彼の名前を呼んだだけでなく、死が確実な状況から救い出してくださったのだと信じて、感謝し続けている。

サングトと仲間たちが言葉を交わしていたとき、彼らの真ん中に二発の迫撃砲弾が飛んできた。全員すぐに身を伏せたが、誰も助からないだろうと覚悟した。しかし、奇妙なことに、砲弾は二発とも爆発しなかったのである。彼らは奇跡を感じ、深い畏敬の念を抱いた。そして、超自然的な神の手と遭遇した、その場所から這い逃れていったのだった。

後駆《しんがり》たちの悲劇

ニンチュヤン村の周辺部では、激しい戦闘が続いていた。ビルマ軍による迫撃砲の集中砲火と、機関銃の猛烈な銃撃に対し、ナガ軍の後衛部隊はすでに一時間近くも敵を食い止めている。サングトの小隊に続いて、ルビチャ大佐率いる別の小隊も、後衛の援護に加わった。だが、すでにキエト上等兵が命を落とし、二人が重傷を負っている。ビルマ軍は何度も、村全体を完全に包囲しようと試みていた。何とかしのいではいるものの、このままでは後衛部隊が村に閉じ込められ、全滅してしまう。ついに、村からの撤退命令が下された。

応援の二個小隊による激しい援護射撃のなかで、後衛部隊は数人ずつ、村から素早く撤退していく。残りの者は敵との交戦を続けていた。最後の班が撤退するとき、ニルモ・ロタ伍長が、村に残って援護射撃を続ける役を買って出た。彼が仲間に遺したのは、こんな最期の言葉だった。

「走れよ、みんな。俺はここでみんなを援護するよ。俺はこの場所で、ナガランドのために死のう。この場所は絶対に死守してみせるさ」

彼の犠牲なくして、仲間の多くは逃げのびられなかっただろう。ニルモの機関銃はその後、一〇分ほど銃撃音を発し続ける。そして、静寂が訪れた。

村で戦闘が続く間、先行の二個中隊は竹の筏で必死に渡河していた。しかし、五〇〇人以上が渡りきるにはまだ数時間はかかる。そこで、村から撤退する後衛部隊は川岸の手前三カ所で奇襲を仕掛け、ビルマ軍を食い止めた。ヘケズ二等兵がこの戦闘で命を落とし、数名が負傷。午前一〇時一五分に始まった戦闘は、すでに八時間近く続いていた。ビルマ軍は川岸から一〇〇メートルの地点にまで迫っている。後衛部隊は一日中何も食べておらず、空腹のまま寒さに震えて、眠れぬ一晩を過ごすことになった。

ビルマ軍は一晩中、川岸をヴェリー信号弾で照らし続けた。夜陰に紛れて川を渡ろうとするナガ兵を監視するためである。小競り合いが続いた二日目、ナガ兵は三五人しか川を渡ることができなかった。最後の一五人がようやく渡り終えたのは、三日目の朝になってからである。彼らは、二八〇チャットで雇ったカチン人の船乗りに助けられたのだった。さらに、上流へ逃げた六〇名が川を渡ることができたのは、一〇日後のことだった。

後衛部隊がようやく渡河を終えて再集合したとき、村人たちから情報がもたらされる。別ルートから派遣されたビルマ軍が、対岸のこの地域全体にあふれかえっているというのだ。また、初日に渡河したナガ部隊の本隊は、後続の渡河を一日待ったものの、敵から隠れ続けることが困難であると判断。すでに先へ進んでいた。より大きな部隊の安全を確保するため、後衛部隊を置き去りにする——当時ナガの指揮官たちは、しばしばこうしたむずかしい判断を迫られていた。

ナガ部隊の本隊が先を行き、それをビルマ軍の大部隊が追撃している。その後ろに、自分たち後衛部隊がおり、さらにその後からも別のビルマ軍が追ってきている。彼らは、前後をビルマ軍に挟まれたまま、本隊を追いかけることになったのである。

手早く食事をすませた後、彼らは行軍を再開。先行する本隊に追いつくため、一晩中行軍を続けた。彼らは音を立てず、厳重に警戒して進んだ。ナガ兵の一人は後に回想録で、このときの状況について書いている。

「このときわれわれは、ビルマ軍を後ろから追いかけ、同時に、背後からビルマ軍に追われていた」

ビルマ軍との一八回の激しい戦闘で、彼らはしばしば散り散りになり、こうした複雑な状況に置かれた。痛ましいことに、何人かのナガ兵士は地雷を踏んで命を落とすことになる。それらの地雷は、前方を行くナガ部隊が、ビルマ軍の追撃部隊を狙って仕掛けたものだった。

ほとりの洞《うろ》のシエサ

キグウェマ村出身で一七歳のシエサ二等兵は、自分が仲間からはぐれて置き去りにされたことに気がついた。川岸近くでの戦闘が始まって二日目の夜。暗闇のなかで道に迷った彼は、ビルマ軍の包囲から必死に逃れようとして、湖に落ちたのだ。恐怖とパニックが、方向感覚を失わせる。真っ暗闇の湖の中、太腿まで泥に沈み、胸元まで水に浸かって、彼はもがき続けていた。

じわじわと泥の中に沈んでいくのを感じて、シエサは懸命に軽機関銃を大きく振り回した。銃身の先の照準器が、何かに引っかかってくれるのではないかと考えたのだ。幸運なことに、湖に沈んだ倒木の小枝が引っかかる。彼は倒木の幹のほうへ自分自身を引き寄せた。

「湖の岸はどちらの方向だろうか？　きっと、倒木の幹が太いほうが岸にちがいない」

自分なりに推測したシエサは、少しずつ幹が太い方向へ進んでいった。しかし、端までたどり着いたものの、水深はさらに深くなる。反対側も試したが、結局同じことだった。彼は最低限の泳ぎ方は知っていたが、決してうまくはなかった。それに、四〇キロの荷物と軽機関銃を肩に、間違った方向へ泳いでしまうのではないかと考えると、とても試す気にはなれなかった。

「夜が明けるのを静かに待ったほうがいいのではないか？」

だが、それは同時に、湖の中に浮かんでいる自分が敵に発見されてしまう危険をも意味していた。近くでは、ビルマ兵が互いに呼び合う声が聞こえている。シエサは寒さと恐怖から、震えを抑えることができなかった。

六〜七時間ほどをかけて、シエサはようやく岸にたどり着いた。全身が水と泥まみれで、軽機関銃も泥で固まっている。小川のせせらぎが聞こえたので、彼はゆっくりと泥の中を這っていった。小川の流れで軽機関銃の泥を洗い流すには、長い時間がかかった。だが、敵に取り囲まれているのだ。見つかったときのために、いつでも撃ち返せる準備をしておかねばならない。彼はその晩をずっと、小川の近くで過ごした。

夜が明けるころ目が覚めたのは、ビルマ軍が周囲を捜索する音のせいだった。シエサは素早く立ち上がり、大きな洞のある大木の幹に隠れる。洞の入り口は地上からは見えないので、隠れ家としては最適だった。小さな割れ目からは、ビルマ兵がすぐそばを歩いているのが見える。後衛部隊だったシエサは、ニンチュヤン村の戦闘で七〇〇発も軽機関銃を撃っていた。自分が放った銃弾で、多くのビルマ兵が死ぬのも見ている。

「もし捕まったら、情けをかけられることはないだろうな」

ビルマ軍がナガ兵の残党狩りを続けたその日まる一日、シエサはずっと洞の中に隠れていた。だが、夜になると、空腹の激痛に耐えきれなくなる。小川の岸まで這い戻り、食べられそうな野草を、携行していた少量の塩と一緒にむさぼり食べた。小川の向こうでは一晩中、ビルマ兵が話したり叫んだりするのが聞こえていた。

翌日も、翌々日も、ビルマ兵たちはその地域にとどまり、周囲の捜索を続けていた。シエサには知る由もなかったが、このとき彼以外にも、多くのナガ兵が川を渡れずに隠れていたのだ。ビルマ軍は、それを捜索していたのである。

五日目、持っていた塩が尽きた。カニを生で食べると塩《しょ》っぱい、ということを知っていた彼は夜、暗闇のなかで何時間も小川をうろついてカニを捕まえ、野草とともに食べた。このころには、彼の大便は人間の排泄物というよりも、牛の糞のようになっていた。

孤独からの生還

日が経つにつれ、シエサの不安は募っていった。長く隠れていればいるほど、仲間はどんどん遠ざかり、追いつける可能性が低くなっていく。方位磁石や地図など、道案内となるものは何も持っていない。すべてを上官が持っていたからだ。孤独に心細くなりながらも、彼は毎日、朝日が上るたびに思った。

「あっちの方向に中国があるんだ。ナガランドは、その反対へ行かなければならない」

しかし、わかっているのはそれだけだった。ナガランドへたどり着くまでには、何百キロものジャングルが広がっているのだ。考えれば考えるほど、心細くなる。そんなときシエサは、故郷の友や家族を思い出し、涙を流した。ときどき、不注意な動物が洞に近づき、人の気配に気づいて鼻をならし、吠えて逃げて行く。長く孤独で眠れない夜、そんなことだけが、出来事らしい出来事だった。

そのうち、隠れ家である洞の中に、同居人がいることにも気がついた。人間の手首ほどもある太さのヘビが、洞の中にずっといたのである。ヘビは同じ木の、腐った根の空洞の中に居座っている。ジャングルの、しんと静まりかえった沈黙の中で、ヘビが立てる小さな音だけが慰みになった。だが、初めは殺さずにいようと思っていたものの、咬まれてしまっては元も子もない。仕方なくシエサは、ヘビを殺した。

九日目の朝、ついにビルマ兵の物音が聞こえなくなった。数分間耳を澄まし、そっと木に登って周囲をうかがう。ビルマ軍はすでに、臨時キャンプを引き払っていた。安堵したシエサは、隠れ家から素早く立ち去り、ハトの鳴き声が聞こえた方向に向かって歩き出した。ハトが鳴くということは、焼き畑があるのかもしれない。そして焼き畑があるということは、村が近くにあるかもしれない。早足で歩きながら見上げると、自分が中国の方向に向かって歩いていることに気づいた。しかし、方角が違っていてもかまわない。いまはとにかく、何か食糧を手に入れなければならないのだ。

ビルマ兵の足跡で踏み荒らされた密林の中を何時間もよろよろと歩き続けて、ふと彼は発見した。それは、泥の中にはっきりと残された、自分が履いているのと同じ中国製ブーツの跡。

道に迷って置き去りにされ、あげくに故郷とは反対の方向に歩いている——自分はまったく絶望的な状況だと、彼は思っていた。しかしその足跡は、まだ多くの仲間が川のこちら側にいるという、はっきりした証拠である。急に気力と体力がわき上がり、シエサはその足跡を追い始めた。そして数時間後、彼はついにカチン民族の小さな村にたどり着く。そこには、米を帽子に入れて脱穀している、仲間のナガ兵たちの姿があった。

それは、ゴビリエ大尉指揮下の六五人だった。九日前に川を渡り損ねて、ビルマ軍の徹底的な捜索をかいくぐり、幸運にも逃げのびていたのである。

シエサの姿を見て、中隊指揮官のペロルが尋ねた。

「みんな、お前が死んだものと思っていたよ。どうやってこの数日間を生きのびたんだ?」

「牛みたいに草を食べて、牛みたいな糞をして、生きのびました!」

シエサの答えに、全員が大笑いした。仲間の一人が彼を冷やかす。

「たしかに、外見まで牛に似てきたよ!」

故郷までは、まだ何百キロも離れてはいる。しかしシエサにとって、仲間に再会できたことは、もはやナガランドに無事に帰り着いたようなものだった。自分はもう、異境のジャングルを絶望的にさ迷っている一七歳の少年ではない。彼はすっかり安心を取り戻していた。

カチン民族の献身

そのころ本隊は、ビルマ軍による大きな封鎖作戦に遭遇。一五日間をかけて、激戦をくぐり抜けていた。前衛部隊が待ち伏せ攻撃を受け、しばしば銃声が響きわたったが、多くの奇襲は事前に察知して回避できた。敵の攻撃が激しいときには、密林の中に逃げ込んで姿を消し、追撃部隊をやり過ごす。逆に、ビルマ軍の追撃部隊に対して奇襲を仕掛けることもあった。敵の足跡は、ジャングルのそこら中に残っている。少し開けた場所にたどり着くと、敵がたったいま立ち去った直後で、まだ火のついたタバコの吸い殻が煙を上げていることもしばしばだった。

ビルマ領を行軍するナガ軍部隊には、カチン独立軍という力強い道案内がいた。そして、カチン民族の村々に広がるすぐれた情報網。こうした助けがなければ、ナガ軍部隊の死傷者数は甚大だったにちがいない。

カチン兵は道案内役として、常にナガ軍部隊を先導していた。そして、敵の奇襲で最初に犠牲になるのは、いつも先頭にいる者たちだ。生命を捧げたカチン兵たちのおかげで、多くのナガ兵が救われたのである。カチン州内でナガ部隊を道案内し、護衛するように命じられたカチン兵は、六〇人。そのうち、チンドウィン川に生きてたどり着いた者は、わずか数名だけだったという。

負傷や病気で置いていかれたナガ兵の面倒も、カチン独立軍やカチンの村人たちが看てくれた。医療設備のないジャングルの中で、結果的に命を落とした者も多かったものの、数人はその後自力でナガランドへ戻ってきた。後にナガ軍はカチン独立軍への感謝のしるしとして、二五丁の半自動小銃と一二五〇発の銃弾を贈ったほか、財政的な援助も行っている。また、テプソ・ベヌと四人のナガ兵士たちが、連絡役としてカチンの村に残った。

プタオ封鎖線

ビルマ軍と何度も遭遇し、困難な道のりのほとんどを夜間に行軍したナガ部隊は一二月四日、プタオ道路にたどり着いた。情報によれば、周辺は厳重に警戒され、監視されている。部隊が通過しなければならない地域には、ビルマ軍の新しい駐屯地が五キロごとに設営されていた。すでに多くの犠牲者を出していたビルマ軍は、いまやナガ部隊を何としても全滅させる決意だった。最終的に、ビルマ軍の犠牲者は七〇〇人にものぼったのである(この死傷者数は、後にモウ将軍が逮捕されたとき、デリーで彼を尋問したビルマ軍将校によって明かされた)。

ナガ部隊は、薄暗いうちにプタオ道路を渡ろうとしたが、その試みは周囲からの集中砲火に遭う。ビルマ軍による監視と厳重な警戒は、二四時間絶え間なく続いていたのだ。ナガ部隊は、深い密林への後退を強いられる。

「この地域でプタオ道路を渡ることは、自殺行為だ」

彼らは長い迂回路をとり、別の地域からプタオ道路を渡ることを決定する。ビルマ軍がこの地域で二四時間の無意味な警戒を続けている間に、一刻も早く、遠くへ。部隊はがむしゃらに行軍した。この巧妙な作戦は敵を混乱させ、誤った想定に固執させることに成功する。

軍事訓練学校に通ったことのあるナガ兵は、一人もいない。それでも実践的な経験から、将校たちはすばらしい戦術家だった。彼らには、数や武器の優位によって敵を圧倒できるような、大規模な軍隊はない。最新の近代装備を整えた数千人もの敵部隊に対して、彼らは先込め式銃で戦いを始めたのである。そして、頭脳と先天的な能力によって、あるときには大胆不敵な行動をとり、あるときには敵地の真ん中をひそかに行軍してすり抜けるといった巧妙な作戦を生み出したのだ。

ナガ軍のフルツ准将がインド軍に逮捕されたとき、尋問を担当したのは国防アカデミー[1]で教育を受けたインド軍将校たちだった。フルツが八年生[2]までしか教育を受けていないと知り、彼らはあざけり笑ってこう聞いた。

「八年生までしか勉強していないというのに、どうして准将になれるんだ？」

フルツはこう即答した。

「教育ではなく、祖国への愛情が、わたしの資格だ」

ナガ軍では、学歴の欠如が階級昇進の妨げになることはない。愛する祖国がインドによって侵略されたため、自由のための闘いに身を投じ、やむなく学校をあきらめる――それは、ナガ兵士たちにとってむしろ必然だったのだ。彼らは戦いのなかで学び、戦闘の資質によって昇進していった。そして、圧倒的多数の敵に抗し、必死にビルマ国境を越えようとしているこの部隊を率いているモウもまた、高卒の資格すら得ることのできなかった中将なのである。

静謐なるタルンカ川の罠

迂回路をとった部隊はその後、血まみれの戦闘を何度も経て、一二月一一日、ようやくプタオ道路を越えることに成功する。敵の奇襲や偵察を避けつつ、さらに九日間の厳しい行軍のすえ、彼らはタルンカ川付近にたどり着いた。村人たちの情報によれば、大量のビルマ軍が川の向こう岸に集結して

1　国防アカデミー　インド国立の士官学校。

2　八年生　日本の中学二年生。

おり、昼夜問わず、歩哨が目を光らせているという。
たしかに、対岸にはビルマ兵がひしめき、重機関銃や迫撃砲が油断なく待ち構えている。しかしビルマ兵たちは、まだナガ部隊の存在に気づいていない。逆にビルマ軍の物音は、こちら側に完全に筒抜けだった。

時間が経つほど、川を渡る危険は増していく。朝六時半ごろ、モウ将軍は移動を決意した。まず三キロほど上流に向かってひそかに移動し、対岸の敵の様子を観察する。最初の二キロには敵が隠れていたが、さらに一キロほど行くと、川幅は広いものの水深は浅い地点を発見した。渡河には絶好の場所である。

彼らはありったけの双眼鏡で数分間、対岸をよく観察した。しかし何かが動く様子は、どこにも見えない。動物や鳥がおかしな動きをするそぶりもない。巧妙に隠された待ち伏せも、興奮したリスの動きなどで察知できるのだ。だが、その日は誰も、何も察知することはできなかったのである。

敵の待ち伏せは、ない――そう確信したモウ将軍は午前八時一五分、渡河の命令を下した。

しかし、川の向こう岸は無人ではなかった。巧妙に身を隠したビルマ軍の機関銃手が、息を潜めていたのだ。迫撃砲は巨木の後ろに隠され、いつでも発射できる準備を終えている。数百人ものビルマ兵たちが、茂みや物陰に隠れていた。イギリス軍のチンディット隊[3]やメリルの襲撃隊[4]などでの従軍経験がある指揮官に、訓練を受けた部隊。彼らもまた、ゲリラ戦の達人だったのである。

いつもどおり、ナガ兵の一部は川岸で戦闘位置についた。先発部隊が対岸に無事到着すれば、本隊の渡河を両岸から援護できる態勢が整う。彼らは心配しながらそれを待っていた。不運なことに彼らの注意は、敵がいないはずの対岸よりもむしろ、渡河している仲間たちに集中していた。

モウ将軍は、先発部隊でタルンカ川を渡っていた。ふと見ると、数百メートルほど先の川面に野鴨が浮かんでいる。兵士たちの安全を心配し、遠い対岸を警戒しながらも、彼は双眼鏡を野鴨に向け、その多彩な色の美しさに心を奪われた。いつも悩まされて落ち着かない心が、ひととき慰められ、落ち着いていく。

敵の潜む密林を越え、はるか彼方まで、五〇〇人以上の兵士たちを率いていかねばならない重責。それが彼の心に、常に重くのしかかっていた。兵士たちは、どこまでも自分についてくる。一方で、倒れ、あるいは傷ついた兵士を置き去りにしなければならない場合もある。そんなとき、彼はひそかに涙を流していた。

自分自身は、死を恐れてはいない。しかし、自分の死が兵士たちや敵に及ぼす影響を、彼は案じていた。モウ将軍の勇猛果敢な活躍は、すでに伝説として敵にも伝わり、畏怖されている。もし彼の死

3　チンディット隊　第二次世界大戦当時、チンディット作戦などに投入され、ビルマの密林やナガランドで日本軍と戦った英領インド軍特殊部隊の通称。

4　メリルの襲撃隊　フランク・ドウ・メリル准将指揮下の米軍部隊の通称。第二次世界大戦中、中国、ビルマ、インド方面のジャングル戦に投入された。

を知ったなら、敵は何の恐れもためらいもなく攻撃してくるだろう。そのため彼は、部隊のなかでもっとも近親の者に、秘密の指令を下していた。

「もし私が死んだら、頭を切り落として、体から離れた場所に埋めるように」

彼の禿頭は、ほとんどすべてのビルマ軍兵士たちに知れわたっていたからである。

太陽と戦慄の水面《みなも》

モウ将軍の夢想は、ほんの数秒間だっただろう。突然、砲撃と銃撃で川全体が爆発に包まれた。とっさに彼は、双眼鏡を銃声のほうに向ける。先頭を行く若いナガ兵士の一人が構える、中国製短機関銃。その銃身から発射される、弾丸のきらめき。それはペケルクリエマ村出身のヤフェリエ上等兵で、敵の攻撃に対する彼の反応は抜群に早かった。だが、敵の圧倒的な銃撃を前に、ナガ兵は次々と倒れていく。正面衝突は自殺行為だ。モウが大声で叫ぶ。

「後退だ！　岸に戻れ！」

そのときコチュ大尉はすでに、ほとんど対岸に到達していた。敵の銃弾が、まるでスズメバチの大群のように襲いかかる。痛みにうめいて地面に倒れ込む仲間たちが見えたが、コチュ自身は奇跡的にまだ無傷だった。モウ将軍の指令に従って走りながら、彼は思った。

「なんてことだ。物陰さえない場所で罠にかかってしまった。川は血で真っ赤に染まるぞ！」

ソブノ二等兵はわずか一六歳で、部隊の年少兵の一人だった。迫撃砲弾が周囲で爆発し始めたとき、彼はすでに川を渡りきり、水際を離れて砂岸を歩いていた。砂の雨が降り注ぐなか、彼は小さな石の陰に隠れ、半自動小銃で素早く反撃を始める。すぐ近くで、仲間のソラヒエが銃傷を負って痛みにうめいていた。銃弾は幸運にも背骨をそれていたものの、背筋が切り裂かれている。ソブノは反撃しながらも、仲間を助けるために少しずつ後退していった。そのとき突然、小銃が彼の手からもぎ取られる。自分の腕が、半分なくなっている——。それを見て、彼は戦慄した。手首の骨は粉砕され、折れた腱にくっついて、骨の一部が手首からぶら下がっていたのだ。

ジョツォマ村出身のサシエト二等兵も、先頭部隊にいた。機関銃の弾が、彼の周囲に四方八方から浴びせられている。彼は本能的に地面に伏せ、物陰を探して這い回った。数メートル先にリュックサックほどの小さな岩がある。その陰に隠れようとしたサシエトは、しかし混乱していたため、とっさに方向を間違えてしまう。敵がいる対岸側に隠れてしまったのだ。岸に平行に身を伏せた彼は、全身を敵側にさらし、まるで「撃ってください」と言っているようなものである。仲間の叫び声で、ようやく彼は自分の間違いに気づいた。幸運なことに、すべての弾丸は彼の体をそれていた。

敵の機関銃弾が川幅いっぱいに踊り狂い、川面は白と赤に泡立てられていく。迫撃砲弾の爆発は、まるで海戦のように、空中高く水柱を吹き上げていた。そして、腰まで川に浸かったまま猛攻にさらされる、絶望的な状況の仲間たち——岸に残っていた後衛部隊は、目の前の光景にすぐさま反応した。素早く発射された迫撃砲弾が、数秒後には対岸で爆発し始める。ナガ兵たちは川岸を走り回り、後退してくる数百人の仲間の間を縫って、短い砲撃を繰り返した。

ナガ側の迫撃砲弾が爆発し始めると、ビルマ軍の機関銃の轟音はひとつ、またひとつとやんでいく。負傷した仲間を救出しながら、ナガ兵たちは規律正しく、縦列を維持して後退していった。

走って後退するサングト大尉の目に、背後から撃たれて倒れ込む二人のナガ兵の姿が飛び込んできた。チュスルカ二等兵とティソヴィル二等兵だ。「まだ生きているかもしれない」と思い、サングトは彼らの名前を叫んだが、返答はない。遺体は顔を水面につけたまま、流されていく。コチュ大尉の予感どおり、いまや川は血で赤く染まりつつある。ティソヴィルが残した短機関銃を拾ったサングトは、負傷したケジリエ二等兵を引きずりながら、声をかけた。

「しっかりしろ！　お前は生きのびるんだ！」

だが、ケジリエの血液もまた、川を染めていた。右の臀部が、ほとんど吹き飛ばされていたのだ。

避けがたき別れ

「一列に並んで走れ！」

モウ将軍は終始、号令をかけながら後退していた。後に兵士たちは、筆者に対してこう述壊する。

「突然の奇襲などを受けて、体がすくんで動けなくなったときでも、モウ将軍の号令を聞くといつも元気づけられ、秩序と勇気が戻ったものだ」

モウはほぼ必ず、攻撃のときには先頭に、後退のときには最後尾にいた。このときも兵士たちの後ろを走っていた彼は、突然臀部に衝撃を感じ、川の中に前のめりに倒れ込む。しかし、撃たれたことを兵士たちに悟られたくはなかった。彼は即座に立ち上がり、再び走り始める。驚いたことに、痛みはない。

川縁にぶら下がった小枝をつかんだモウは、宙返りして川岸へたどり着いた。振り返ると、命を落とした者以外、ほとんどの兵が後退を終えている。それを確認して、彼は素早くベルトをはずした。ズボンを降ろしたとき、少し痛みを感じると同時に、何かが地面に落ちた。銃弾である。それは、ズボンさえ貫通していなかった。尻ポケットに入れていた小さな日記帳が、モウを負傷から救ったのだ。臀部には丸い扁平のくぼみができていたが、血は出ていなかった。

帰還までに二一回の激戦をとおして、モウは後にもう一度、敵に撃たれている。そのときは足首を撃たれて倒れ込んだが、銃弾は足輪に命中して、今回と同様に深刻な負傷にならなかった。一方で、命中はしなくても、数センチ差でかすった弾丸の痕は、シャツやズボンにいつも残っていた。

医療担当のサングト大尉は、負傷者の手当てで忙殺されていた。大きな傷は縫い閉じ、モルヒネを注射する。一部の者は意識がなく、出血多量で死にかけている。その間にも、迫撃砲弾は激しく撃ち交わされ、銃声も断続的に響いていた。

ケジリエのズボンを切り開いたとき、サングトはすぐに気づいた。この不運な一六歳の若者は、ゆっくりと死に向かっていたのだ。銃弾は腰の左側から入り、右の臀部を貫いている。おそらく、右の腎臓は破裂しているだろう。ケジリエは排尿したがったが、出なかった。傷口は肉がほとんど吹き飛ばされていたため、縫うことすらできない。

「サングトさん、置いていかないでください」

哀願するケジリエを、サングトはひざまずいて右手で抱きしめた。この少年は、二度と故郷に帰ることはできないだろう――わかってはいたが、涙を見られたくなかった。少年たちは、まだ青年にすらなっていないのだ。故郷から遠く離れた異国の密林に、ひとり置き去りにされる恐怖。訴えかけるその目や顔には、おののきが明らかだった。

しかし、彼らには避けて通れない現実があった。すぐにでも上流へ移動して、渡河を試みねばならないのだ。情報によれば、数千人ものビルマ兵が、すでにこの地域にあふれかえっている。完全に包囲される前に、一刻も早く出発しなければならない。

部隊は、また一人、負傷した仲間を置き去りにしようとしていた。ケジリエはついに、避けがたい別れを受け入れ、勇敢にも仲間を勇気づけようとして、頬を涙で濡らしながら言った。

「みんな、俺のひどい傷を見てがっかりしないでくれ。旅路の安全を祈っているよ。故郷に着いたら、親戚や友人に俺たちのことを話してくれよ」

みなが涙を浮かべて彼を抱きしめ、そしてその場を立ち去った。

ケジリエは翌日亡くなったが、彼の仲間たちの奇跡的な生還の話は、この物語の最後に記そう。

ケルケヴィラに捧ぐ

そのころモウ将軍率いる本隊はすでに、ほとんどの兵士とともに戦場を離れ、別の場所から渡河を試みていた。ルビチャ大佐とサングト大尉のグループは、負傷した仲間の介抱で遅れ、本隊に追いつこうと急いだ。しかし、ビルマ軍の一部がすでにこちら側へ渡河していたため、進路を銃撃戦で切り開かねばならなくなっていた。

川岸沿いに戦いながら走っている途中、コノマ村出身のミシリエ二等兵が地雷を踏んだ。両足は完全に吹き飛ばされ、顔にはみるみる死の影が差していく。まだ意識はあったものの、死が刻々と近づいていることに、彼自身が気づいていた。ルビチャ大佐が腰をかがめ、声をかける。

「故郷の愛する人たちへ、伝えたい言葉はないか?」

痛みに歯ぎしりしながら、ミシリエはこう答えた。

「負傷して、痛みに耐えながら、じわじわと死んでいく——いちばん恐れていたことが現実になってしまいました。でも、ナガ軍に参加したときから覚悟はしていました。悔いはありません。愛する人たちと仲間たちに、伝えてください。ミシリエはナガランドのために命を捧げた、と」

ビルマ軍が迫っていたため、誰も、どうすることもできない。ルビチャ大佐は立ち上がって姿勢を正し、ミシリエに敬礼してから、走り始めた。出血多量で死にかけている、勇敢なナガ兵士がまたひとり、異国の地に置き去りにされねばならなかったのだ。「ケルケヴィラ」(ナガランドを指すアンガミ語で、「良い生命の地」)のために。

二時間後、遅れていた彼らは、付近の密林で待っていた本隊にようやく合流。夕暮れにはケシ畑に到着し、そこで夜の休息を取った。

その夜の作戦会議で、モウ将軍は選択肢として二つのルートを示した。

ひとつは、この付近で川を渡って進むルート。平野部を通るので、周囲の山村から食糧を調達できる。ただし、大量のビルマ兵が展開する領域を通らねばならず、奇襲に苦しめられることになるだろう。

もうひとつは、山岳地を高くまで登り、そこで川を渡って、山の中を進むルート。ビルマ軍は追跡して来るだろうが、待ち伏せされる危険はまずない。一帯はほとんど通行不可能なほどの密林で、竹、野草、蔦、籐、とげのある灌木など、あらゆる茂みに覆われている。ただし、このルートを取れば、途中に村がないため、飢餓に陥るのは目に見えていた。しかも、そこには辿るべき道もないため、文字どおり進路を切り拓きながら、密林の中を永遠に進んでいかねばならない。

ビルマ軍の銃弾で死ぬか、それとも飢えで死ぬか。それは究極の選択だった。そして、相次ぐ戦闘で疲れ果てていた兵士たちは、後者を選んだ。重い荷物を背負っての、飢餓行軍——しかしそれが、実に一〇日間も続くことになろうとは、そのときはまだ誰も知らなかった。

飢餓回廊

無人の密林地帯を横断する行軍は、翌二二日の夜明けに始まった。まず川沿いに上流まで登り、ジャングルの茂みがもっとも薄い場所を選んで、川を渡る。しかし、ここでさえ二〇〇メートルほど進むと、熱帯の植物が生い茂る地獄のような密林に直面することになった。茂みを切り拓いては進むものの、行軍はいっこうにはかどらない。一日に進めるのは、わずか三〜四キロにすぎなかった。

イギリスの測量地図に記されている「塩の泉」にようやくたどり着いたとき、すでに食糧を口にしなくなって三日が経っていた。この間、汗をかき、奮闘する兵士たちが口にしたものといえば、道中で仕留めたニシキヘビとオオトカゲだけ。親指ほどの小さな肉片だが、それでも口にできた者は幸運だった。多くの者は、それすら食べることができなかったのだ。

行軍というよりも、這うように進んで四日目。彼らは小川を見つけ、TNT爆薬を使って漁を試みたが、獲れた魚は数キロにすぎなかった。とにかく腹に何かを入れて空腹を満たすため、いまや多くの兵士が、柔らかい木の葉や植物の根を食べている。排泄物は、まるでヤギやシカの糞のようだった。

部隊に同行していた東パキスタン人捕虜の一人が、四日目の晩に倒れた。兵士たちの助力の申し出にもかかわらず、彼はそこから先に進むことを拒否。置いていかれることになった。

多くの兵士たちが、飢えで意識を失い、通り道に倒れ込んだ。しかし、誰も誰かを助ける余裕などない。彼らは意識を取り戻した後、よろめきながら歩き続けるしかなかった。

一二月二五日、兵士たちはまたひとつ、険しい山を登っていた。いまやその歩みは、一〇歩進んで休み、また一〇歩登って休憩を取る、という状態だ。多くの兵士が文字どおり、手足四本を使って這っていた。それでも、山頂に着けば、ひょっとしたら彼方に村が見えるのではないか――そんな期待だけが、彼らの奮闘を支え続けていた。

しかし前へ進むには、誰かが鉈《なた》で道を切り拓かねばならない。最初は交替で先頭に立っていたものの、いまではモウ将軍以外、疲弊して立ち上がることすらできず、鉈を振るうなどとてもできなかった。以前にも数日間、飢えに苦しんだ経験はあるが、そのときには地形は平らで、道もあった。だが今回はすでに五日間、重い荷物を背負い、空腹をかかえたまま、道を切り拓いてはよじ登り、また下るという繰り返しである。体力は消耗しきっていた。

飢餓行軍はこの後もさらに五日間続くが、飢えは四日目と五日目が一番苦しく、気が狂わんばかりだったという。すでに多くの者が「テーブルの上に並ぶ食べ物」を見ていた。行軍しながら、幻覚を見ては気を失い、再び意識を取り戻す、という連続だった。

死の気配が、不気味な密林の斜面に漂っていた。唯一の可能な逃げ道——それは、背中の重い武器と弾薬を放棄し、身軽になって進むことである。しかし、それは同時に、これまでのすべての努力と犠牲を、無にすることを意味する。誰にも、できるはずがなかった。また彼らの脳裏には、途中で命を落としたり瀕死の状態で置き去りにされた、多くの仲間たちの姿が刻まれていた。絶対に諦めるわけにはいかなかったのである。

誰もが疲れ果てて、山の尾根で横たわっていた。目はかすみ、腹はひしゃげている。そしてサングト大尉は、深い罪の意識と羞恥心にさいなまれていた。全員が横たわって休んでいる間も、モウ将軍がひとり、道を切り拓き続けていたからである。

サングトはモウと同じコノマ村の出身で、同じ氏族に属している。年齢も軍の階級も、彼はモウより下だった。文化的にも任務のうえでも、本来なら自分が立ち上がってモウに代わり、道を切り拓かねばならないのだ。

モウの手には血がにじみ、ハンカチでこっそり手当てもしていた。それでも、誰も代わろうとする者がいないため、彼はひとりで密林を切り拓き続けている。サングトはわが身を恥じ、罪すら感じていた。しかし、自らの体は、良心と義務感の命令に従おうとはしない。もはや、起き上がる力すら残っていなかったのである。

多くの兵士は気を失う寸前か、あるいは意識を取り戻した直後だった。眼を閉じ、永遠のまどろみに沈むこともできる。しかし、指揮官が手から血を流して道を切り拓く光景は、至福の忘却に身をゆだねる選択を許さなかった。そして、モウ将軍が再び命令を下す。

「みんな、ついてくるんだ」

兵士たちはよろめきながら腰を起こし、想像を絶する努力で立ち上がる。彼らはいまや、体力を超えた力に突き動かされていた。モウ将軍のような指揮官だけが鼓舞することのできる、超自然的な力によって引っ張られていたのである。

煉獄に捧げる祈り

ようやく山頂にたどり着いたのは、正午ごろだった。双眼鏡を持っている者はみな、付近に村の気配がないかを探した。しかし見えるのは、果てしなく広がるフーコン渓谷の暗いジャングルだけである。落胆と絶望で、誰もが地面に倒れ込んだ。ビルマ軍の銃弾による死を免れるために選んだ山岳路。だが、いまや死は飢餓という形で眼前に迫っていた。

そのとき突然、木の上に登った兵士が、興奮した叫び声をあげた。

「遠くに、焼き畑が見える!」

焼き畑があるということは、付近に少なくとも一つは村がある。この知らせは、疲れきった魂に生命と希望を蘇らせ、旅を続ける新たな決意をもたらした。

この日はちょうど、一九六八年のクリスマスだった。故郷では、祝いの宴が開かれていることだろう。山頂に横たわって、野草の葉をむさぼり食べながら、兵士たちは思いを馳せた。彼らのほとんどは独身であり、案じながら帰りを待つ恋人がいる。彼らの頬を涙がつたった。

「果たして、生きて帰ることができるのだろうか?」

頂上から五〇〇メートルほど下った小川の近くで、彼らはまる一日、休息を取ることにした。将校たちが聖書を取り出し、説教を始める。ゲリラとして暮らしながらも、彼らは毎日正午の祈りは欠かさずにいた。この遠征でも、戦闘の最中を除いて、その習慣はずっと守っている。疲弊しきっていても、神の言葉を聞き、祈ることで、慰められたのだ。

その晩、サングト大尉の食事仲間であるクリオ伍長が、小さなカメを捕まえた。この天からの贈り物を野草と一緒に料理し、ほんの数かけらずつ、ありがたく飲み込んだ。

翌日、行軍が再開された。多くの者が野草や果実などを手当たりしだいに食べていたため、腹をこわしている。食用に適さない果実を食べたせいで、唇や舌が腫れた者も多い。それでも、食べられそうな果樹に遭遇すると、部隊の全員が周囲を這い回り、実や種を探して食べた。新鮮さなど問題ではない。種を探して、石や枝もすべて引っくり返した。その姿は、森の中をあさっては排泄する野生の豚にそっくりだったという。

飢餓の六日目。先頭集団が何匹かのサルを見つけて、二匹を撃ち落とした。以前にも野生動物を見つけたことはあったものの、銃声が敵に察知される危険から、発砲は禁止された。しかしこのときには、もはや部隊の生死がかかっていたのだ。

「みなで等しく分け合う」という命令を守ることは、すでに無理だった。肉が切り分けられると、誰もが野獣のように奪い合う。サングトは遠くからその光景を眺め、おののいた。ナガ軍の特徴である、軍隊規律と文化的規範の忠実な厳守。それがいまや、崩壊しつつある。久々の食糧に狂乱した兵士たちは、まるで獲物に食いつくオオカミの一群だった。

食糧がなくなって七日目。川岸で野草をあさっていると、川面を空のブリキ缶がいくつか流れていく。ようやく文明世界へ近づいてきているにちがいないと、兵士たちは推測した。

八日目、ついにレド公路へ行き当たる。推測は間違っていなかったのだ。戦闘配置をとりながら、部隊は素早く道路を渡り、近くの密林の茂みで一夜を明かした。

文明世界に近づいているという彼らの興奮は、しかし真夜中に荒々しく揺さぶられる。迫撃砲が至近距離で爆発し始めたのだ。サルを仕留めるための発砲が、敵に彼らの位置を知らせたのだった。文明世界に近づき、食糧に近づくと同時に、敵もまた近づいてきたのである。幸い、砲弾は彼らを直撃せず、また彼ら自身もあまりに疲れていたため、部隊は翌朝まで動かずに過ごした。

蜃気楼の村を追って

一二月二八日、ジョツォマ村出身のヴィエゾ二等兵がついに倒れた。すでに数日間、彼の手足はグロテスクに腫れあがり、よろめいて半死半生の状態だったが、大幅に遅れながらも、何とかついてきていた。だが、彼の膝は、もはや一歩も歩けないほどに腫れていた。

村まで、食糧まで、あとほんの少しなのだ。ここで彼を置いていくことは、仲間たちにとって胸を引き裂かれるような思いだった。とはいえ、彼を助ける余力は、誰にもない。

「食糧を手に入れたら、すぐに助けに戻ってくるよ」

そう約束した後、暗く何もない密林にヴィエゾを置き去りにして、部隊は行軍を続けた。ビルマ軍の追撃が再び迫っているのは明らかだが、戦闘に耐えられる体力は誰にも残っていない。彼らは、ともかく食糧を求めて必死だった。

一二月二九日、食糧がなくなって九日目、ついに山の頂上に村が見えた。体力さえあれば、山育ちのナガ兵士なら六〜七時間で到達できる距離である。だが、彼らはいまや案山子のように痩せ衰えていた。ただ、村を見つめる落ち窪んだ瞳の光だけが、かろうじて生きている証である。誰もがあまりにも変わり果てた姿のため、彼ら自身、互いに仲間を見分けることすら困難だった。この案山子の集団が、山頂の村をめざして、よろめきながら進んで行った。

午後、小さな塚の上で小休止していると、突然、銃声が聞こえた。後に村人から聞いたところ、ビルマ軍がヴィエゾを射殺した音だった。ビルマ軍の前衛部隊の数人はヴィエゾに同情して、ミルクと菓子を与えたという。だが、後方部隊の兵士が、密林に横たわって死にかけているヴィエゾに発砲し、穴だらけにしたのだった。

ビルマ軍の接近は明らかである。しかしほとんどの者が、生きているというよりもすでに死にかけていたため、歩みは遅かった。暗くなるころ、彼らは小川のそばにたどり着き、倒れたところでそのまま眠った。

翌早朝、行軍を再開する。とても近く見えるのに、実際にはとても遠い山頂の村。それはまるで、彼らから逃げているかのようだった。敵が近づいていることも、早く村に到着しなければならないことも、わかりきっている。食糧なしでの戦闘は、確実な死を意味していた。衰弱しきった状態で、走って逃げたり攻撃をかわしたりすることは不可能なのだ。

山頂の村に到達する以外に、活路はない。にもかかわらず、彼らの行軍はまるでスローモーションの奇妙な映像のようだった。早送りしなければならない緊急の瞬間に、すべてがスローモーションになっていく。しかも、大変な苦労で一歩また一歩と踏み出すごとに、よりいっそう遅くなっていくようにさえ感じられた。

この重い武器や弾薬を、放棄してしまおうか——多くの兵士たちの脳裏を、またしてもそんな考えがよぎる。それでも、怒りのような決意とともにそれを払いのけ、自らに言い聞かせる。

「絶対にだめだ！　すでにこれだけの犠牲を払ってきたのだ。何が起きようとも、この荷物をビルマ軍に差し出すことだけは、絶対にしないぞ！」

もし彼らが撤退中の部隊であったなら、重い武器や弾薬を放棄して自らを救うことができただろう。しかし、彼らは撤退しているわけではなく、重い任務を負っていたのだ。祖国が独立を達成するためには、まだまだ多くの戦闘を避けられない。それを戦い抜くためにも、祖国には武器と弾薬が必要なのである。

彼らはよろめき、つまずき続けていた。あまりの絶望的な状況に、モウ将軍はルビチャ副司令官に、地雷を埋めるよう指示した。少しでもビルマ軍の追撃を遅らせることで、貴重な数時間を稼ごうとしたのだ。だが、部隊の後方では、落伍したナガ兵たちが一人また一人、まるで酔っ払いのようによろめきながらも、山頂の村をめざして歩いていた。部隊はすでに、落伍者の小さな集団に分かれていたのである。もし地雷を埋めれば、犠牲者は追撃してくる敵ではなく、ナガの落伍者たちである可能性が高い。ルビチャは、地雷の埋設をあきらめた。

生存への甘い誘惑

ヴィレゾ二等兵は、ついに岩の上に倒れ込んだ。自らの持久力が限界に達したと、彼自身が感じていた。飢えと疲労で錯乱して、岩の上に座っているとき、ふと誘惑に襲われる。

「リュックサックを、捨ててしまおうか」

そこには三〇〇発以上の弾丸と、地雷が入っている。過去九日間の苦しみのすべてが、その重いリュックサックのせいであるように思えたのだ。その容赦ない重さが、疲弊した体を絶え間なく苦しめていた。

「これを投げ捨てたところで、いったいこの世の誰が俺を責められるというんだ?」

怒りに任せてヴィレゾは、荷をほどこうとリュックサックの留め金に指をかけた。しかしその瞬間、彼は気づいたのだ。その留め金をはずせば、二度と仲間に顔向けができない、ということを。自らが助かるために、ビルマの密林でこの荷物を放棄したら、彼と家族の名誉は永遠に傷つけられてしまうだろう。頭を垂れ、留め金に手をかけたまま、ヴィレゾは残った力でできる唯一のことを始めた――泣いたのである。

ヴィレゾが大声を上げて泣いていると、突然後方から物音が聞こえた。野生動物かと思ったが、現れたのはカイソ二等兵だ。彼もまた、四五キロの銃弾と爆弾を背負って泣きわめく、もう一人の落伍者だった。故郷から遠く離れたジャングルで、二人のナガ兵士が「仲間についていけない」と、まるで子どものように泣いていたのだ。そして彼らの、挫折感の涙にあふれた目が合ったとき、二人は突如として笑いだした。

この涙と笑いの発作が、新たなエネルギーを二人にもたらす。再び歩き始めた彼らは、この出来事を「二人だけの秘密にしよう」と約束した。

この秘密は、本来なら誰にも知られることはなかっただろう。だが後日、ある激しい喧嘩のなかで、怒りに任せたカイソとヴィレゾが大声でこう言い合ったのだ。

「この役立たずが！　お前は昔『荷物を運べない』って、絶望して岩の上に座り込んで泣いていたじゃないか！」

「お前だって『仲間についていけない』って、よろよろしながら子どもみたいに泣いていただろう！」

こうして秘密は、怒りで油断した瞬間に、仲間に知れ渡ったのだった。

薄氷の新ティカオ村

午後になって、彼らはようやく焼き畑へたどり着いた。双眼鏡でその焼き畑を発見してから、実に五日が経っていた。本物の食べ物、食用の野菜。カボチャやウリ、さらにまだ実りきっていない稲の籾まで、彼らはすべて生でむさぼり食べた。

この食糧が彼らに新たな活力をもたらし、村までの残り二キロをほとんどの者が歩き続けることができた。しかし、七人は疲れきって歩くことができず、焼き畑に倒れ込んだ。

村の名前は新ティカオ村といった。村人たちはナガ兵に同情的で、必要な食糧を支払いに応じて分けてくれた。一〇日ぶりの食事を料理しながら、年長の古参兵が若い兵士たちに警告する。

「最初は一握りのご飯と、少しの塩だけしか食べちゃいけないぞ」

長期間の飢餓の後は、最初の少量の食事が消化されるまで、多種多量の食事を摂ってはいけない。古参兵たちは、経験をとおしてそれを知っていたのだ。ところが、多くの若い兵士たちはこの警告に従わず、いきなり大量に食べたため、腹痛で地面をのたうちまわることになった。

食事の後、トペマ村出身のゼニプラが、焼き畑に倒れ込んだ仲間たちのために食糧を持っていくことを申し出た。みなが疲れ果てて動けないなか、彼は率先してこう言った。

「俺は行くよ。すでに食糧にありつけたんだから。これは俺たちの義務だよ」

緑の葉に食糧を包み、ライフルを肩にかけ、ゼニプラは仲間を助けに行った。

それから三〇分ほど経った午後三時一五分ごろ、焼き畑の方向で何度かライフルの連射音が聞こえる。焼き畑の仲間たちが野生動物でも撃ったのか？　それとも、ビルマ軍の追撃部隊が追いついたのだろうか？　しかしそのとき、調べに行く体力が残っている者は誰もいなかった。心温まる夕食を食べ終えた彼らは、疲れ果てて、惰眠をむさぼっていた。

見張り兵を置いていたのは、幸運だった。危うく、疲れきって眠りこけているところを、ビルマ軍に急襲されるところだったのだ。敵の攻撃は午後一〇時半に始まった。たたき起こされた彼らは、焼き畑に倒れ込んだ仲間たちの悲劇を確信し、怒りにまかせて反撃を始める。ロケット砲、迫撃砲、中機関銃や軽機関銃、短機関銃が、轟音をたてて火を吹いた。一時間ほどの戦闘の後、ビルマ軍が後退し始めても、ナガ兵たちはロケット砲や迫撃砲を執拗に発射し続ける。自分たちはまだ、戦闘を遂行できる集団なのだ。その事実を、ビルマ軍に思い知らせたかったのである。

激しく銃火が交わされるなか、ビルマ軍に捕らえられていたキッグウェル二等兵が逃げ出し、部隊に合流した。彼は、焼き畑に倒れ込んだ七人のうちの一人である。ビルマ軍が焼き畑に到着したとき、七人は捕虜にされていた。

「戦闘が始まったときに逃げようとして、自分以外はおそらくみな射殺されてしまったと思います」

キッグウェルは指揮官にそう報告した。また、仲間を救うために志願した勇敢な兵士ゼニプラは、悲しいことに、食糧を届けたところで射殺されたという。ゼニプラは仲間の面倒をよくみる兵士だったため、多くの者が彼を思って号泣した。キッグウェルの報告によれば、ビルマ軍の追撃部隊は約二〇〇〇人にものぼるとのことだった。

執拗なる追撃者

新ティカオ村で夜を明かせば、ビルマ軍が再び集結して包囲されるかもしれない。彼らは真夜中に村を出発した。誰もが、神のはからいに感謝していた。村に到着する前にビルマ軍に追いつかれていたら、部隊はほぼ全滅していただろう。

一二月三一日、部隊は旧ティカオ村に着き、しばらく休息を取った。ここでヤカル二等兵が病気で倒れ、行軍できなくなったため、置いていかれることになる。

村人の話では、新ティカオ村での戦闘で、ビルマ軍は多くの死傷者を出していた。また、援軍があちこちからこの地域に駆けつけつつあるという。食糧は手に入れられたが、待ち伏せと追撃による挟み撃ちという問題が再発した。

敵の奇襲を迂回しつつ、追撃部隊をも振り切らねばならない。そのため一月二日、部隊はやむなくアカル伍長、ケトレル二等兵とトゥムンソン二等兵ら傷病兵を、サルン村に置いていくことにした。

ナガ兵たちは、腹は満たされたものの、一〇日間の飢餓行軍によって失われた体力をまだ取り戻すことができずにいた。十分な休息を取らないかぎり、さらに多くの者を置き去りにしなければならなくなる。安全な休息場所を確保するため、部隊はティティ川沿いの密林地帯へ入り込んだ。

ところが、急ごしらえのキャンプを設営し、夕食の準備をしているところで、またしてもビルマ軍の攻撃が始まる。ビルマ兵たちも、追跡の達人である。三〇〇人以上の兵士の行軍の跡を完全に消すことは不可能だった。移動を再開した彼らは焼き畑に到着し、夕食の調理を続けた。この日は満月であり、ビルマ軍の追撃部隊も迫っている。彼らは一晩中の行軍を覚悟していた。

夕食の調理中、渓谷の方向から物音が聞こえてくる。これから部隊が進む方向だ。二人の兵士が偵察に派遣された。

「大きなコウモリが果樹に巣を作り、飛び回っています」

物音は、コウモリが餌を食べる音だろうと推測された。

午後一〇時半ちょうど、行軍が再開される。山の反対側へ向かうため、まず渓谷を通らなければならない。ビルマ軍の追撃は十分に警戒していたものの、すでに夜もふけていたため、前方の待ち伏せは予測していなかった。しかし、このとき、彼らはすでに再び包囲されていたのである。

満月の奇襲

渓谷を一列で通過中、ビルマ軍の奇襲は突然始まった。先頭集団で部隊を率いていたニラオ大尉は、キディマ村出身のヴィシゾル二等兵が、まるで人形のようにばったり倒れるのを目の当たりにする。うめき声すらあげなかったので、弾丸はおそらく頭を貫いたのだろう。ヴィシゾルが倒れるのと同時に、ニラオは自分の制服が何かに強く引っ張られるのを感じた。それが体をかすめる銃弾だと気づいたのは、ずっと後になってからである。谷間に響き渡る銃撃音と、壁一面に広がる赤とオレンジの閃光。痛みなど何も感じなかった彼は、すぐにM22自動小銃の弾倉全弾を撃ち返した。

弾倉が空になり、どこかへ隠れようとしたとき、ニラオは初めて自分が負傷していることに気がついた。走ろうとする意思に反して、足首が崩れ、地面に倒れ込んでしまう。彼もまた、三発の銃弾を受けていたのだ。手首が撃たれ、腕輪はなくなっている。左の太腿は弾が骨をかすめ、傷が大きく開いていた。さらに別の弾丸が、右足首近くの骨を粉砕している。にもかかわらず、彼はこの瞬間まで痛みすら感じず、弾倉を空にするまで応戦していたのだ。彼は物陰を求めて必死で這って逃げながら、同時に怒りをこめて、渓谷の壁に広がる閃光に対して撃ち返し続けた。

コヒマ村出身のニラオ大尉は、多くの戦いを経験した古参兵だ。四角いあごに堅固な顔立ちで大男の彼は、この中国遠征の前にも二度東パキスタンへ行っている。これまで多くの仲間たちを、遠征途中で置き去りにせざるを得なかった。そして今度はとうとう、自分が置き去りにされることになるのか——そう考えると怒りがこみあげた。

故郷では、出発当時妊娠中だった新妻が待っている。何より、生まれた子どもに会えるのを楽しみにしていたのだ。足首をもう一度見ると、足にくっついてはいたものの、ほとんど半分が吹き飛ばされている。ニラオは簡単に泣き叫ぶタイプの人間ではないが、かんしゃくもちで恐れられてもいた。自分はおそらく当分の間、行軍できないだろう。そう悟った彼は、怒りに歯ぎしりしながら、反撃を続けた。すべての銃弾が、敵に命中することを願いながら。

モウ将軍とサングト大尉は、奇襲を受けた場所に伏せたままだった。そばには、二等兵のレトとサトが絶命して横たわっている。二人の遺体が、銃弾をかろうじて遮ってくれていた。すさまじい銃火のなか、周囲では多くのナガ兵たちがなす術なく、じっと地面に伏せている。負傷して、痛みにうめく声も聞こえていた。

まるでじゅうたんのような弾幕が、わずか頭上を飛び交っている。モウとサングトは動くに動けなかった。さらに悪いことに、すぐ近くで、ドスッという聞き覚えのある音が二つ。二個の手榴弾がゆっくりとこちらへ向かって転がり、数メートル先で止まる。

「手榴弾の破片が、何とか奇跡的にそれてくれますように！」

すばやく頭をかばいながら、二人はそんな、およそあり得ない幸運を願うしかなかった。

サングトが秒数を数える。

「一、二、三、四…」

しかし「五」まで数えても、手榴弾は爆発しない。二人はおそるおそる、そちらに目をやった。手榴弾は明るい満月の光を受けて、鈍く輝くばかりだった。

手榴弾を投げたビルマ兵たちも、爆発の瞬間を待っていたにちがいない。頭上を飛び交っていた銃弾が、そのとき突然途絶えたのだ。チャンスを逃さず、モウとサングトは谷間を駆け抜けて、より安全な位置へ飛び込んだ。銃弾が二人の後を追ったが、ナガ兵たちの反射神経は敵よりも数分の一秒勝っていた。二人はすぐに状況を分析し、全員で撤退後、迫撃砲で攻撃を仕掛けることを決定した。

戦いの喧騒のなかで、モウ将軍の退却命令をはっきりと聞いたとき、負傷で動けないニラオ大尉は、自動小銃に三個目の弾倉を入れ替えているところだった。経験を積んだ兵士として、彼は知っていた。こうした状況では、ナガ軍は進路打開のためにいったん退却後、この一帯へ激しい砲撃を浴びせる。つまりこのままでは、自分は仲間の迫撃砲で粉々に吹き飛ばされてしまうのである。

「俺は負傷しているんだ!」

ニラオは声をからして叫び、腕で必死に撤退を試みた。二人の部下が駆け戻ってきてくれたとき、彼はようやく安堵のため息をついた。

窪みの陰に安全な場所を見つけ、数名の砲手が行動に移る。数秒のうちに、峡谷の両側は雷のような閃光に包まれた。迫撃砲とロケット砲の激しい砲撃で、ビルマ軍兵士たちの泣き叫ぶ声が聞こえる。一五分間続いた集中砲火の後、峡谷は、彼らが最初に足を踏み入れたときと同じように、静寂を取り戻した。

この奇襲で六人が死亡し、数名が負傷した。負傷者を運んで峡谷を渡った部隊は、ニラオ大尉の看病を村人たちに託して、先を急いだ。ニラオの一年以上におよぶ孤独な、そして目を見張るようなサバイバルと脱出劇については、この物語の最後に語ることにしよう。

血と涙のショール

次の奇襲もまた、まったく予期できない地形で襲いかかった。至近距離からの最初の一斉射撃で、数名のナガ兵が銃弾に倒れる。

「どこかに隠れて撃ち返せ！　後退はできない！」

モウ将軍の声が響いたとき、ペケルクリエマ村出身の一八歳の兵士ヤフェリエは、地雷を踏んで痛みにうめいていた。銃弾が飛び交うなか、仲間たちが助けに走る。しかし、彼は故郷へ帰れそうになかった。両足の膝から下は、吹き飛ばされて粉々だったのだ。ヤフェリエ自身も、自分の旅がここで終わることを悟り、痛みに歯ぎしりしながら言った。

「友よ、俺はもうだめだ。みんなは逃げろ。援護射撃するよ」

ヤフェリエは反射神経の優れた、非常に勇敢な兵士だった。タルンカ川を渡河中に奇襲を受けたとき、誰よりも早く反撃したのが彼だった。その姿を双眼鏡で見たモウ将軍は、ヤフェリエの精神力を絶賛したのだ。その彼がいま、血を流して横たわり、死にかけている。地雷の爆発は足だけでなく、体全体の自由を奪っていた。

敵の銃撃音は雷のように、いっそう激しくなっていく。仲間たちはこの奇襲を戦って切り抜けるため、ヤフェリエに別れを告げようとした。すると、彼が声をかける。

「友よ、ナガ人の顔を見るのはこれが最後だ。みんなの顔をはっきりと見ておきたい。俺の涙をぬぐってくれないか?」

しかし、ヤフェリエの目からにじみ出ているのは、涙だけではなかった。眼球もまた爆発で火傷し、出血していたのだ。目をぬぐっても、おそらく何も見えないだろう。それでも、仲間たちは彼の目をハンカチでぬぐった。ヤフェリエは肘で体を支えて起き上がり、仲間たちの顔に目をこらしたが、やがてあきらめたように地面に横たわり、アンガミ語で言った。

「それならそれでいいさ。人として、こんな結末ではあったけど、覚悟はできていた」

そしてリュックサックからショールを取り出し、仲間に渡した。

「これは、中国へ出発するときにおふくろがくれたものだ。『どこへ行くにもこれを持って行き、男としての仕事を果たし、そして帰ってきなさい』と言われたよ。ショールは血で汚れてしまって、俺の肉と骨はこんな異境の森で朽ち果てることになったけど、このショールだけはおふくろのところに持って帰ってくれないか? そして『ヤフェリエは死ぬとき、おふくろのことを考えていた』と伝えてくれ」

さらに、仲間に向かって指を振り、こう付け加えた。

「ナガランドがいつか独立を果たしたら、俺のおふくろと兄弟姉妹のことを忘れないでくれよ」

（彼の父親は、家族が離散したときに亡くなっていた）

ちょうどそのとき、攻撃命令が下された。仲間たちはヤフェリエのショールを受け取り、突撃へと走った。

血染めのショールは、一九七五年にヤフェリエの母のもとへ返された。モウ将軍の部隊は六九年にインド軍に捕まり、各地の刑務所で七年近くを過ごすことになる。しかし、幾多の戦闘や抑留、そして刑務所生活の間も、友人たちは彼のショールを守り続けたのだった。

ショールがペケルクリエマ村へ届けられたとき、村全体がヤフェリエの死を悼んだ。誰も死んでいないのに、なぜみなが弔いの儀式をしているのだろう？——その日、ペケルクリエマ村の子どもたちは不思議がって、ヤフェリエの母の家をのぞきに行ったという。そこでは村のおとなたちが、たった一つ残された方法で、ヤフェリエを偲んでいた。ヤフェリエのショールを広げたベッドのまわりに集まり、泣いていたのだ。

ペケルクリエマ村の勇敢な戦士ヤフェリエは、二度と故郷に戻ることはなかった。だが彼は母の願いどおり、男としての役目を果たし、男として死んでいった。悲しみにくれた母親は、子どもたちにこう厳しく言い残したという。

「私が死んだら、遺体はヤフェリエのショールだけで包んでおくれ」
一九九八年に彼女が亡くなったとき、子どもたちは母の願いを忠実に守り、ヤフェリエのショールだけで遺体を包んで埋葬した。

帰らざる魂の行方

ヤフェリエのようなつらい話は、他にもたくさんある。紙幅の関係ですべてを語ることはできないが、いくつかについて簡単に記したい。

コノマ村の畑へ続く曲がりくねった道の途中に、疲れた者が腰をおろして休めるよう、円形に並べられた石の記念碑がある。それは、ヤフ二等兵の家族によって、帰らなかった息子のために建てられたものである。前述のように、彼は祖国ナガランドのために運んでいた重い武器や弾薬とともに、マリカ川の川底へ沈んだのだった。

チャケサン族のズラミ村には、七人の若者の思い出のためにつくられた悲しい民謡がある。この七人が一九六九年にデュソイ将軍指揮下の第三次遠征部隊として中国へ出発したとき、彼らにはみなそれぞれ婚約者がいた。

「戻ってくるまで、誰とも結婚せずに待っていてくれ」

恋人たちにそう言葉を残して旅立った彼らは、しかし悲しいことに、誰一人として帰ってくることはできなかった。敵の攻撃や飢えのために、フーコン渓谷の密林で非業の死を遂げたのである。

こうした物語は、それだけで一冊の本が書けるだろう。ここで、遠く離れた戦場から帰ってこなかった恋人を想う、ナガ女性に共感して書かれた、詩人イステリン・イラル[5]（筆者の妻）の詩を紹介しよう。

愛の不寝番

わたしは今日もまた彼女を見た
緋色が西の空からこっそりと忍び寄るころ
地平線をじっと見つめて
もうずっと前に行われた出発の儀式の記憶を
何度も何度も想い返して
そしていつか戻ってくると約束してくれたその人の
カーキ色の人影がちらりとでも見えるのを
ずっと探し求めて

5　イステリン・イラル　作家、詩人。英文学の博士号をもち、ナガランド大学の准教授だったが、二〇〇五年に二人の娘とともにノルウェーへ亡命。

日没のとき
彼女はじっと見つめ続ける
その緑と黄金色の大地の彼方を
ずっと見続けながら
ずっと願い続けながら
彼女の戦士が帰ってくるそのときのために
ずっと寝ずの番をしながら

血にまみれた山の尾根に
打ちつけられ　崩れ落ちて
見捨てられた彼の体躯が横たわる
彼の戦士としての魂は
すべての戦士がたどるべき道をたどっていく
静謐なる星々の弔いをうけながら
そして山の動物と精霊たちが
目に見えぬ輪となって表す哀悼をうけながら

ナガランドのための犠牲として捧げられるのだ
(Easterine Iralu, *Kelhoukevira*,1982, J.B. Lama, p.8)

多くのナガ兵士が、異境の地で埋葬もされぬまま、いまも眠っている。しかし彼らの魂は、詩や民謡のなかに生き続けている。いつかナガランドが自由になったとき、こうして倒れた英雄たちの骨は祖国へ持ち帰られ、軍人としての栄誉を讃えて、葬られねばならない。

密林の荒々しい兄弟たち

多くの戦闘や障害を切り抜け、中国を出発してから二カ月半後の一九六九年一月七日、部隊はビルマ側のナガランド領シャンチン村にたどり着いた。まっすぐに行軍していれば、あるいは往路と同じルートをたどっていれば、これだけ長くかかることはなかっただろう。しかし、ビルマ軍の厳重な警戒のため、待ち伏せを避けてジグザグに、まったく新しいルートをとらねばならなかったのだ。

シャンチン村の密林の奥深くで、彼らは初めて一週間の休みをとる。体力と健康を回復し、本来の自分を取り戻すのに必要な休息だった。故郷に近づいてはいたが、まだビルマの占領下であり、多くの戦闘が待ち受けていたのである。

一週間の休息後、部隊は行軍を再開する。彼らが選んだルートは、ビルマ領内ではあるものの、コニャク族などナガの部族によって占められる地域だった。密林地帯からあまり出たことのない、ナガの諸部族のなかでもっとも敵対的で、荒っぽい部族である。そのためこの地域には、ビルマ軍ですら立ち入ることを恐れていた。

東ナガ地域の情報網によれば、ほかのルートはすべてビルマ軍の厳重な警戒下にある。彼らはビルマ軍よりも、自分たちの仲間である荒々しい部族に立ち向かう危険を選んだ。当時のビルマ側にはまだ、ナガ民族評議会の影響が行き渡っていないナガ地域が残っていたのである。

コニャク族との遭遇は、大きな村の少し手前で起きた。食糧の提供を求めるため、部隊は銃口を下に向けて村へ向かっていく。ただし、指は引き金にかけていた。どんな出迎え方をされるか、定かではなかったのだ。

村に近づくと、何百人ものコニャク族の戦士たちが、岩や木の陰に隠れながら間合いを詰めてくる。驚いたことに、彼らのほとんどが先込め式銃を持っている。そして、刃渡りの長い鉈と、背中に背負った小さな籠。敵の首を狩り、村に持ち帰る準備である。村のモルン(集会所)には、人間の頭蓋骨が並べ積み重ねられているにちがいない。

「止まれ!」

ついに、コニャク戦士が口を開いた。先頭にいたモウ将軍が立ち止まり、指で自分の胸を指して、一言だけ言った。

「ナガ」

そして、その指で彼らを指し、「ナガ」と繰り返す。

「私たちはナガだ。君たちもまたナガだ。私たちはお互いに戦うべきではない」

モウはそう伝えようとしたのだ。すると、コニャク戦士のリーダーの一人が立ち上がり、黙ってうなづいた。さらに、近代火器の威力を実演して見せると、村人たちは恐れおののき、以後部隊はとても丁重に扱われる。彼らは村へ迎え入れられ、代金と引き換えに食糧を受け取った。

その夜、村の近くで山火事が起こる。村は多くの乾いた灌木や森に囲まれているため、焼失の危険があった。ナガ兵たちは総出で、パニックに襲われた村人たちを助け、村全体を飲み込もうとする山火事と四時間にわたって戦った。これをきっかけに、村人たちとナガ兵の関係は大きく改善される。翌日、部隊が行軍を始めるときには付近の村へ使者が出され、こう伝えられた。

「彼らはナガの兄弟たちである。傷つけてはならない」

断崖の綱渡り

このころビルマ軍の追撃部隊は、ナガ部隊の通ったルートを発見し、別方向から援軍を派遣して、進路をふさごうとしていた。最初の遭遇戦は、行軍再開後の二日目、半円形の山頂で起きる。ナガ兵たちの右手には尾根が連なり、右側の斜面はまっすぐに切り立っている。この尾根沿いに歩いていく途中で、奇襲が待ち受けていたのだ。

最初に崩れ落ちたのは、先頭部隊を率いていたヴィツォリエ伍長だった。残りの兵士たちは、尾根に沿って逃げ戻るほかない。尾根にはどこにも隠れる場所はなく、一方は切り立った崖だ。機関銃の銃弾が足元を縫うように当たり、木の葉が雨あられのように落ちてくる。

全員が尾根の下へ隠れたころ、部隊最後尾の迫撃砲手たちが到着。迫撃砲が発射されると同時に、ナガ兵たちは尾根を越えて突撃を再開する。ビルマ兵たちは、装備やライフルを残したまま逃げて行った。

ヴィツォリエが撃たれた場所に行ってみると、恐ろしいことに、遺体には頭と腕がなかった。つまり、この奇襲でビルマ軍を案内したのは、ビルマ側のナガ人だったにちがいない。仲間の首なしの遺体を見せられたナガ兵たちは、怒りに駆られて執拗に攻撃を続けた。すでにビルマ兵はパニックに陥り、ジャングルを音を立てて撤退している。それを追撃して、多くを殺害したのだ。

怒りに逆上したサングト大尉もまた、負傷したビルマ兵を追い続けていた。弾倉はほとんど空になっていたが、ビルマ兵は血の跡を残して走り続けている。

手負いの敵を深追いして、見知らぬ土地に踏み入ってはならない——サングトは怒りのあまり、ゲリラ戦の鉄則を忘れていた。負傷したビルマ兵が川岸の砂埃へ姿を消すと、彼は上流に向かって敵を追い続けようとする。

「サングト！」

彼の名を叫び、呼び止めたのはルビチャ大佐だ。

「気が違ったのか！　岩陰から撃ち返されたら、どうするんだ！」

ようやくサングトは正気に戻り、副司令官であるルビチャ大佐に礼を言った。おそらくこの日サングトは、ルビチャによって命を救われたのである。

疑心の招待状

いくつもの奇襲をかわして数日間歩いた後、部隊はついにビルマとインドの国境へたどり着く。ここでまた、食糧が尽きた。国境には、往路でも世話になったツォンカオという大きな村がある。今回も、そこで十分な食糧が得られるはずだった。ところが、ツォンカオ村にはビルマ軍の駐屯地が新たに建てられ、昼夜を問わず、厳重に警戒されている。しかも、駐屯地の地形は防御に最適なので、全面衝突は避けたい。そこで彼らは、駐屯地の指揮官と交渉を試みることにした。

「われわれは、中国から帰還中の武装したナガ兵士三〇〇余名である」

モウ将軍は、ビルマ軍駐屯地の指揮官あてに手紙をしたため、こう警告した。

「戦闘になれば、駐屯地全体が殲滅《せんめつ》されることになるだろう。しかし、村からの食糧調達を見逃してくれるならば、われわれは駐屯地を攻撃せず、そのまま通り過ぎて行くつもりである」

この手紙を、捕虜として連行していたビルマ兵に送り届けさせた。

三〇分後、ビルマ兵捕虜が駐屯地の指揮官からの返事を持って戻ってくる。

「食糧を必要なだけ調達し、通過することを許可する」

この返事を確認して部隊は村へ入り、配置についた。補給係の将校たちが、食糧の調達任務を遂行する。ナガ兵たちは当初、駐屯地指揮官の裏切りを警戒し、臨戦態勢を整えていたが、何事もなく三〇分が過ぎる。多くは地面に座り込み、緊張を解いた。

すると、駐屯地の指揮官から使者がやって来た。モウ将軍とルビチャ大佐を駐屯地内での食事に招待する、というのである。モウはルビチャに言った。

「私は疲れている。もしルビチャが行きたいなら、行ってくるといい」

しかしルビチャが行こうとしたとき、サングト大尉が止めた。

「軽率ではありませんか? 食事を装って殺害を企てていたら、どうするつもりです?」

サングトは、駐屯地の周辺部で一部のビルマ兵が守備位置につくのを見ていた。そのため、強く反対したのである。この助言を受け入れ、ルビチャも自重した。数日前の尾根での戦闘では、ルビチャの制止がサングトの命を救った。そして今回は、サングトの制止がルビチャを救ったことが、この後の出来事から明らかになる。

背信と逆襲の代償

食糧の調達には、思ったより時間がかかっていた。ツォンカオ村の村人たちは忙しげに米、鶏、野菜などを持ち寄り、ナガ部隊の将校から現金を受け取っていた。

そのさなかに突然、ビルマ軍駐屯地から村の真ん中へ、迫撃砲の砲弾が降ってきたのである。最初の爆発で村人たちの体は吹き飛ばされ、切断された四肢が四方八方に飛び散った。ナガ兵も数人が負傷したが、残りは物陰へと隠れ、すぐさま反撃を開始する。

この裏切り行為に、とくに激怒したのは、ほかならぬルビチャ大佐である。

「ロケット弾と三インチ迫撃砲で駐屯地を攻撃しろ！」

駐屯地内で迫撃砲弾が爆発すると、痛みに叫ぶ声が聞こえ始めた。だが、駐屯地は実に巧妙に建設されており、塹壕も設営されている。駐屯地内からの銃撃は非常に激しかった。

「食糧は調達できたのだし、撤退すべきではないか」

若い将校たちからは、そんな意見も出た。しかし、ほとんどの兵士たちは撤退する気などさらさらない。自分たちは裏切られたのだ。あらかじめ警告した文言どおり、誇りと尊厳をかけて、駐屯地を破壊しなければならない。

突撃は、ルビチャ大佐とプレム准将が率いた。駐屯地までの距離は二〇〇メートル弱。ナガ兵たちはすぐに、敵陣や塹壕に手榴弾を投げ込める位置にまで到達する。怒りに燃える攻撃で、一〇分後には高所に陣取り、軽機関銃を撃ち込み始めた。

戦闘は二〇分もかからずに終わった。ナガ兵たちが駐屯地内へ駆け込んだときには、九人のビルマ兵の遺体が転がっているだけだった。駐屯地から密林に向かって、おびただしい血の跡が残っている。指揮官の遺体はなかったが、ナガ兵たちは深追いをせず、食糧をすべて手に入れた後、駐屯地を完全に破壊した。

ビルマ軍に対して、こちらからは絶対に攻撃を仕掛けない――それがナガ軍の方針である。これまで一八回にわたるビルマ軍との戦闘は、すべて自衛のためであり、包囲する敵を突破する必死の戦いだった。しかし今回は、ビルマ軍の駐屯地をまるごと一つ破壊することになってしまった。そこで将校たちは、捕虜のビルマ兵を通じて、事情説明の手紙をビルマ政府へ送ることにする。

釈放されると聞いたビルマ兵は、最初それを信じなかったが、最後にこう言った。

「われわれがあなたたちにした行為にもかかわらず、私を本当に釈放してくれるというなら、あなたたちは私の神さまです」

ただ、彼は一人で行くことをためらった。この地域では、ビルマ兵はまったく歓迎されていないからだ。そこで、二人の村人を案内に付けて、ビルマ当局あての手紙とともに釈放した。

後にモウ将軍が逮捕され、尋問のためにデリー(インドの首都)へ連行されたとき、ビルマ人の将軍はこの手紙を示してこう尋ねたという。

「この手紙は、本当におまえが書いたものか?」

駐屯地への攻撃が、ビルマ軍との最後の戦いとなった。十分な食糧を得て、待ち伏せを迂回し、数日間の行軍後、ナガ軍部隊はついにパトカイ山脈を越える。インド側のナガランドへ入ったのである。

第10章

混迷と裏切りへの凱旋

——中国への第二次遠征（後編）

国境を越える幽霊たち

双眼鏡で偵察すると、前方には多くのインド兵が待ち伏せていた。インド軍三旅団による、大規模な封鎖作戦である。ナガ兵たちは、すでにビルマ軍最強の五旅団と戦い抜いた。そしていま、彼らの眼前に、インド軍最強の三つの山岳旅団が立ちはだかっていたのだ。

前方に展開するインド兵のほかにも、数機のヘリコプターが山の上をジグザグに飛び、ナガ部隊の所在を探っている。部隊はもっとも峻険な地域を用心深く動き、ポチュリ地域へと向かった。

行軍は、ほとんど夜通し続けられた。タバコの火で敵の場所や待ち伏せの存在を何度も察知しては、迂回に成功する。インド兵であれナガ兵であれ、喫煙者にとって、タバコを吸わずに一晩中軍務に就くのは非常にむずかしい。タバコの火で、インド兵は何度も自らの位置をナガ軍に知らせることになった。ナガ兵たちはジャングルで何年も過ごしていたため、嗅覚や視覚、聴覚が鋭敏になっている。彼らはしばしばインド兵の存在を臭いでかぎ分け、予防措置を取ることができたのである。

あるときは、山道に敵の待ち伏せを発見した。何百人ものインド兵たちが、山道の脇二〇メートルほどのところにうずくまって隠れている。迂回路の有無が検討されたが、地元出身の兵士たちによれば、迂回には少なくとも一週間はかかるという。しかも、その迂回路にも待ち伏せがないとは限らない。結局彼らは、暗くなるのを待って、インド兵が潜むその山道を進むことにした。

午後九時半ちょうど、手信号によって移動が命じられる。三四五人の完全武装した兵士たちが、山道を静かに歩いて行く。タバコの火が灯っているのが間近に見え、臭いも漂うなか、彼らはまるで実体のない幽霊のようにすり抜けていった。インド兵たちが何かに気づいたかどうか、定かではない。いずれにせよ、ナガ部隊はその危険な山道を、何事もなく通過することに成功したのである。

待ち伏せに関しては、インド兵の一部はビルマ兵に比べて未熟だった。インド兵は待ち伏せの最中に、タバコを吸ったり話をしたりしていた。たとえばシカでさえ、タバコを吸う猟師が待ち伏せる果樹に、果実を食べにくることは決してない。それは、どんなナガ人でも知っている常識だ。インド兵たちは、ナガ兵がシカよりも愚かだと思っていたか、あるいはシカ狩りにすら一度も行ったことがなかったのだろう。[1]

ティズ川の渡河も、インド兵との交戦なしに無事終わった。川を渡る前、インド軍の警備兵交代の様子を数日間注意深く観察し、交代の合間をぬってそっと渡り終えたのである。

行く先々で、インド軍の待ち伏せは数多く仕掛けられていた。谷間や小山の密林は、まるでバッファローの一群が通ったかのように、インド兵の足跡で踏み荒らされている。しかし、ビルマ軍とは異なり、インド兵たちはナガ軍部隊との交戦を避けようとしているらしいことが、徐々に明らかになってくる。互いの存在に気づいていながらも、銃火を交えず、そしらぬふりで通り過ぎる、といったことがしばしば起こったのである。ナガ兵たちは、ナガランドの休息地にたどり着いて体力を取り戻す

1　もともと狩猟民族であるナガの男性にとって、狩りは誰もが経験する行為であり、狩りの経験がないことは男性としての価値を疑われることになる。

ことしか考えていない。そのため、戦闘はできるだけ避けたかった。そしてインド軍もまた、数では圧倒的に優勢であるにもかかわらず、なぜかナガ軍部隊の行軍を黙認しているようだった。

季節はずれのクリスマス・ギフト

一九六九年三月七日、部隊はナガのポチュリ族の村に到着する。一年三カ月ぶりに戻ってきた故郷の村へ、彼らは隊列を組んで入って行った。

最初の小隊にいたモウ将軍が、山頂に位置する村の入り口の家に近づいたとき、マチャン[2]に座り、ライス・ビール[3]のジョッキを手にした老人が、警告を発した。

「ナヒビ(来るな)!」

老人の場所からは、小山の別の斜面を登ってくる六〇人ほどのインド兵が見えていたのだ。サングト大尉はモウ将軍を引き戻し、後退して森の中へ即座に隠れるよう、部隊に命令を下した。隠れるやいなや、インド軍部隊が小山の頂上から現れ、村の麓までやってきた。老人の警告がなければ、彼らはインド軍と、開けた場所で鉢合わせすることになっていただろう。

「インド兵が大量に展開しているので、村の中では休まないでほしい」

老人はナガ部隊にそう注文した。その代わり、村の下方の川岸に料理を用意してあるという。ナガ兵たちが川に行ってみると、たくさんの竹製の容器が木の枝にぶら下がり、その中に煮魚やご飯が入っている。この歓迎の光景は、まるでクリスマス・ツリーにぶらさがるプレゼントのようだった。なかでも竹筒で料理された魚とタケノコは、ナガ人なら誰もが大好きなご馳走である。一年間、外国の食べ物を食べ続け、また飢えに苦しんだ日々も多かったため、このご馳走はみなにとって忘れられない思い出となった。

その後も部隊は多くの村を通り、そのたびに似たような歓迎を受ける。村人たちは彼らを大っぴらには歓待できなかったが、最高の料理を提供してくれた。敵兵の接近も、村人たちの警告によって容易に回避できる。一年ぶりに仲間や親族のもとへ帰ってきたナガ兵たちは、どこへ行っても英雄として迎えられた。

混迷の祖国

三月一〇日、部隊はセマ族の地域に入り、ナガ軍第一一大隊の将校と合流。ピサミの本営まで案内してもらうことになる。第一一大隊を率いていたのは、モウ将軍もよく知っているズキエ大佐で、伝説的なセマ族の戦士である。ズキエ大佐はこれまで、ナガ軍将校として二〇〇回以上もの戦闘を経験していた。モウは、彼の駐屯地へ行くことを決めた。

しかし、モウ将軍と部隊の兵士たちは知らなかった――彼らが故郷を留守にしている間に、ナガ民

2　マチャン　竹や木で作られた高床式の簡易な物見台。大きいものは集会所にもなる。
3　ライス・ビール　稲芽で発酵させて作る、ナガ伝統の発泡酒。

族評議会から分裂したグループが「ナガランド革命政府」[4]を結成していたのである。このグループはセマ族が中心で、他の部族からも数名が参加していた。モウたちのいない間に、部族主義がナガ人の団結を弱め、一九六八年一一月二日に新たな「政府」の樹立が宣言されたのだ。彼ら分裂派のなかに、現状に対する深刻な不満があったのは事実である。だが、彼らは理解を得ようとする代わりに、自分たちの政府を結成したのだった。

一九六四年からインドとの停戦が続いていたため、革命政府は当時まだ正式にはインド連邦政府に降伏してはいない。しかしこの革命政府が、武装闘争を諦めてインド憲法内での交渉と解決を求めている、という話は当時から取り沙汰されていた。彼らは一九七三年八月に正式に降伏する。

闘争の初期の段階、とくに一九五五〜五九年の間、セマ族はインド軍の怒りの矛先となっていた。その結果、セマに属する一九〇もの村すべてが、灰と化したのである。セマの人びとは勇敢に戦い、敵から武器や弾薬を大量に手に入れていた。また、ナガ軍とナガランド連邦政府、ナガ民族評議会の重要な役職にも就いていた。実際、モウ将軍が中国に派遣されたとき、上位三つの役職はすべてセマ族によって占められていたのだ。

だが一九六四年からインドとの和平会談が続くにつれ、誤解と疑念、そして嫉妬までもが、ナガ民族運動の政治組織に入り込んでくる。とくにセマの人びとは、アンガミ族が他の部族と連携して政治的転覆を謀り、セマ族を指導的地位から排除しようとしている、と感じていた。また彼らは、アンガミ族のモウ将軍がセマ族のズヘト将軍に代わって、ナガ軍の最高司令官に任命されたことも苦々しく思っていた。モウ将軍自身はもちろん、軍や連邦政府内の彼の側近たちも、こうした人事ゲームには何のかかわりももっていない。ただセマ族がすでに主要な地位を占めていたため、アンガミ族のモウ将軍が軍最高司令官に任命されることになっただけなのだ。

ナガランド連邦政府のクガト首相は、後に「インド・ナガ和平会談のなかでセマ族をひいきした」という疑惑を、一部の人びとからかけられることになる。また、インド・ナガランド州政府[5]の政治家たちがこの対立に便乗し、さらなる分裂と困難をもたらした。さらにインド政府は、スパイを使って分断統治を進め、よりいっそうの混乱を招いたのである。

こうしたさまざまな事情が重なり、不信と誤解の火種が燃えあがった結果、セマ族とその他の一部の人びとが分裂し、ナガランド革命政府が樹立されるという最悪の事態に至った。戦時には、各部族はみな固く団結し、インドという共通の敵に対峙していた。しかし停戦が長く続くなかで、ナガの統一は派閥へと分裂していったのである。

4　ナガランド革命政府　当時ナガランド連邦政府の防衛大臣だったカイト・セマが分裂し、セマ族を中心に結成。インド政府の支援を受けていたといわれている。

5　インド・ナガランド州政府　ナガの一部が「ナガ人民会議」を結成し、インド政府と合意して一九六三年に成立。面積はナガ居住地の三割程度。ナガ民族評議会はこれを「裏切り」と批判した。

裏切りへの凱旋

部隊を迎えたセマ族の将校は、ナガランド革命政府の指導者たちからの手紙を携えていた。そこに書かれていたのは、彼らの政治的立場や姿勢である。しかしモウ将軍はおそらく、この新しいグループの政治的な意味や立場を完全には理解しなかったのだろう。

モウは軍の将校ではあっても、政治家ではなかった。また、司令官として、兵士たちのことも考えねばならない。敵が横行する圧倒的に不利なジャングルで、五カ月間を戦い抜いた兵士たちの体力は、もはや限界に達している。しかも、すでにセマ地域にいる彼らは、インド軍によって四方を取り囲まれている。いまさら後退して別ルートをとることは、ほとんど不可能だった。部隊には、第一一大隊本営に向かう以外の選択肢はなかったのである。

自分たちがいない間に生じた誤解も、直接会って話せばわかり合えるだろう――モウはそう心の中で信じていた。彼にとっては、分裂したセマ族の将校や兵士たちも、一二年間の戦いをともにした同郷の仲間にほかならない。また、この部隊の中国派遣は、セマの指導者たちが中枢を占めているときに決められた。与えられた任務が成功裡に遂行されたことを、彼らに報告する義務があるとも感じていた。

モウ将軍と兵士たちは、罠にはめられようとしていることに気づいていなかった。ナガの分裂を利用しようとするインド軍三旅団が入り込み、セマ族の駐屯地を完全に包囲していることも知らなかった。インド軍の計画はおそらく、好戦的なセマを完全に孤立させ、もしも和平会談が失敗した場合には、彼らを全滅させようというものだったにちがいない。

ナガ軍部隊が勝利の旗を翻してナガランドへ帰還したとき、祖国の政治指導者たちは、すでに敵の術中に陥っていたのである。中国遠征からの凱旋というナガ軍最大の偉業は、英雄的な旅の果てに、苦い悲劇で終わろうとしていた。そしてこの悲劇は、その後長年にわたって深刻な影響をもたらすことになる。


第一一大隊本営に到着した最初の晩、中国から帰還した兵士たちは、駐屯地に入ることを許されなかった。この駐屯地は、インドとの停戦協定によって設置されている。その停戦が継続中のため、重装備の大部隊は受け入れられない、というのがズキエ大佐の説明だった。兵士たちは、村人たちに案内された畑でその晩と翌日を過ごす。畑からは、インド軍や警察の警護部隊の動きがよく見えた。インド軍からも、こちらが見えていることは明らかである。彼らは疑問に思っていた。

「なぜ、攻撃を仕掛けてこないのだろうか？」

翌晩、兵士たちはピサミの大隊本営に入ることを許可される。落ち着くや否や、モウ将軍と副司令官のルビチャ大佐が、離れた宿舎へ連れて行かれた。

「停戦が継続中のため、武装を解除して、兵舎の守衛に預けてほしい」

ズキエ大佐のこの指示を、しかし兵士たちは拒否し、武器を携帯したまま眠った。

翌日、彼らは銃の清掃と注油を指示される。その後、武器を兵舎の守衛に預けるように、再び指示された。兵士たちは、モウ将軍とルビチャ大佐の直接の指示を仰ぐため、面会を要求する。

「二人とも、他の指導者たちとの会合のため、コヒマの平和キャンプ[6]へ向かった」

混乱した兵士たちは、上級将校の指示にこれ以上逆らい続けることもできず、しぶしぶ武器を引き渡した。こうして、中国から運ばれた武器と弾薬は、セマ族の守衛によって保管され、鍵をかけられることになったのである。

兄弟たちの汚れた手

ところが、そのときモウ将軍とルビチャ大佐は、まだピサミ駐屯地の中にいた。

その晩一一時ごろ、モウは乱暴に眠りから揺り起こされた。起き上がろうとすると、何本もの銃剣が頭からつま先にまで突きつけられている。モウは、インド軍に捕まったのかと思った。しかしよく見ると、銃剣を突きつけている兵士たちはナガ軍の制服を着ている。

「これはいったい、どういう意味だ?」

するとセマ族の兵士たちは、たった一言、セマ語で返事を返した。

「アイザケ(これは命令だ)」

手を縛られ、銃剣に周囲を取り囲まれながら、モウは駐屯地から連行された。部下たちが野営している地域に差しかかったとき、彼は大声で叫んだ。

「サングト!　やつらはわしを捕まえたぞ!」

インド軍のジープに連行されたモウは、縛られた手でポケットから密かに日記帳を取り出し、ページを引き裂いて食べ始めた。暗闇のせいで誰にも気づかれはしなかったが、破いて捨てれば、つなぎ合わせて読まれてしまう可能性がある。彼は文字どおり、日記を食べなければならなかったのだ。

ふいに一台のジープの明かりが照らし出したとき、モウは噛み砕いた紙を飲み込むのに苦心しているところだった。気づいたインド軍将校が、走り寄る。

「何を食べているんだ?」

ちょうど、すべてのページを食べ終えたモウは、静かに答えた。

「日記だよ」

将校が叫ぶ。

「なんてことだ! 遅すぎた!」

厳重な警戒下、モウ将軍とルビチャ大佐はピサミのインド軍旅団仮本部へ連行された。インド兵たちは、二人を丁重に扱った。士官学校に一度も通った経験すらないのに、長年にわたってすばらしく勇敢に戦った、背の高いナガの将軍。彼らは、モウに畏敬の念を抱いていた。

尋問で、旅団司令官がモウに最初に尋ねた質問はこうだった。

「モウ、いったいどうやって通り抜けたんだ?」

6　平和キャンプ　トランジット・ピース・キャンプ。停戦下で武装解除したナガ軍兵士が集合し、駐屯するキャンプ。

近代的な装備のインド、ビルマ両国軍二万四〇〇〇人が進路を阻むなか、総勢五〇〇名ものナガ兵士たちの集団が、いったいどうやって二つの国境を通り抜けることができたのか。そのインド人将校は、どうしても信じることができなかったのだ。

ビルマ側では、ビルマ軍最強の五旅団が進路を阻もうとし、失敗した。インド側では、第八山岳師団を中心とする数千人もの兵士たちが、すべての国境を封鎖した。彼らは昼夜を分かたず、監視し続けていたのである。作戦全体が、インドとビルマの両国政府による緊密な協力体制によるものだった。諜報部隊の報告は共有され、民兵の巨大なネットワークにも支えられていた。ヘリコプターがナガ部隊の移動を探知できないときでも、民兵たちは絶えず情報を報告していたのだ。

にもかかわらず、五〇〇名のナガ兵士たちは、その包囲網をすり抜けたのである。いま、インド軍の旅団司令官の目の前に立っているモウ将軍は、インド軍やビルマ軍に捕まったわけではない。ナガ自身の、仲間の裏切りによって捕えられたのだ。モウは数多くの困難と飢餓のため、やせ衰えて骸骨のようだったが、それでも直立し、彼を捕えた者たちに対して静かな威厳をもって面していた。かすかに微笑んで、彼は答えた。

「神さまが、われわれをお救いくださったのだ」

旅団司令官は数秒間黙った後、再び尋ねた。

「神のご加護はわかった。しかし、いったいどうやって切り抜けたというのだ?」

再び、モウが答える。

「神さまがわれわれをお救いくださったのだよ」

自分たちは最善を尽くした。しかし究極的には、その「最善」を上回る「何か」が自分たちを導いてくれたのだ――モウと兵士たちは、心の底からそう信じていた。彼らは旅の間中ずっと、神の加護が自分たちを導いていると感じていたのだ。

翌日、モウ将軍とルビチャ大佐はジョルハトに連行され、さらにデリーへ飛行機で連行される。ジョルハトの軍事飛行場で、二人は驚かされることになった。彼らが到着する空港を警備するため、地域全体を埋め尽くすほどのインド軍兵士が待ち受けていたのである。

「何か非常にまずい事態が起きている」と、ピサミ駐屯地のサングト大尉やナガ兵士たちは感じていた。大規模なインド軍部隊が、彼らの周囲を三重に取り囲んでいる。彼らは確信した。セマ族の仲間が裏切って、自分たちを敵に引き渡したのだ。一部の兵士は訴えた。

「たとえ死が確実でも、守衛を襲撃してわれわれの武器を奪い返し、インド軍と戦おう」

だが、すでにインド軍の銃口は突きつけられている。将校たちは、そうした自殺的な試みを禁じた。武器もなく、救いようのない状況に追いつめられて、彼らは憤り、悔しさに涙した。武器さえ手にしていたなら、戦わずして降伏するなど絶対にありえなかったのだ。

逮捕された彼らは、チャカバマ旅団本部を経由し、ビハール州のハザリバーグにヘリコプターで連行された。その後、全員がインド各地の刑務所で七年間を過ごすことになる。一九七五年のシロン協定[7]の締結後になって、彼らはようやく釈放されるのだった。

禿頭と黒い大蛇

デリーでは、モウ将軍に対するインド軍や諜報部将校の徹底的な尋問が続いていた。尋問者のなかには、そのためにわざわざデリーまでやってきたビルマ軍将校も含まれていた。

「いったい何人のビルマ軍兵士が犠牲になったと思う?」

五カ月間のビルマでの戦闘について、ビルマ軍将校はモウに尋ねた。

「二〇〇人ほどを殺害したと思う」

モウが推測して答えると、ビルマ軍将校はこう返した。

「われわれの死傷者は七〇〇人。三〇〇人が死亡し、四〇〇人が重傷を負った」

ビルマ軍将校は直立不動の姿勢のまま、こう続けた。

「諜報部からの報告で聞いている。あなたの部隊は、古参兵は一〇〇人だけで、あとはほとんどが新兵だったそうだね。もしも五五〇人全員がベテランだったら、いったいどうなっていたことだろうか——よくそう思ったものだよ」

そして、モウの手を固く握り、こう言ったのだ。

「たいしたものだ、将軍!　あなたの功績は賞賛に値する!」

ビルマ軍将校は、ナガ軍側の死者数についても尋ねた。

「四五人が亡くなり、数名が行方不明になった」

モウは答えたが、ビルマ軍将校はその数字を信じようとはしなかった。その後、ハザリバーグ牢獄でほかのナガ兵囚人たちに話を聞いて初めて、彼はこの数字を信じることになる。

ビルマ軍将校はさらに尋ねた。

「タルンカ川を渡ったとき、どんな呪術を使ったんだ?」

モウは、この質問に驚いた。タルンカ川の戦闘の後、彼らは山岳部の迂回ルートを取り、ビルマ軍の追撃を常に警戒していたのだ。ところが、追撃部隊はなぜか迫って来ず、彼ら自身が不思議がったのである。後にカチン民族の村人から聞いたところによると、ナガ部隊がタルンカ川を渡った後、大きな黒い蛇が川を塞いだのだという。追跡しようとしたビルマ兵の多くが、この蛇を見て命を落としたため、ビルマ軍は追跡を諦めたという話だった。

モウと部下たちは当時、カチンの村人たちのこの話を信じなかった。しかしいま、ビルマ軍将校が同じ質問を投げかけている。モウはこう返事した。

「われわれはみなキリスト教徒で、呪術のことは誰も何も知らない」

ビルマ軍将校もまた、多くの部下たちが川に横たわる大きな黒い蛇を見て、その後に絶命したとモ

7　シロン協定　ナガ民族評議会の一部指導者がインド政府と合意した協定。これにより停戦は実現したが、インド憲法下での解決を受け入れたため、その後の分裂につながった。

ウに語った。

恥ずべき犠牲者の告白

この英雄的偉業の悲劇的な結末について、ナガは自分自身を責めるほかない。ナガ軍の兵士たちは、ビルマ軍やインド軍に捕えられたのではない。仲間の裏切りによって、敵の手に落ちたのだ。一九六四年の停戦と、インドとの和平会談が始まって以降、醜く頭をもたげていた部族主義。その機会を利用し、インド政府は政治家や諜報部のネットワークを使って、手強いナガの団結と一体性を切り崩したのだ。部族主義のくすぶりと感情的な不安定さのうえに、分断統治がもち込まれたのである。

だが、ナガ人は、分断統治を仕掛けたインドに対して怒りをもつべきではない。むしろ、餌と釣り針、釣り糸、そして錘《おもり》まで飲み込んだ、従順でだまされやすい犠牲者である自分たち自身に対して、腹を立てるべきなのだ。われわれのつまらない部族主義による近視眼的な行動が、この悲劇を引き起こした。さらに、他の多くの悲劇がナガ人自身によってもたらされて、ナガ民族の崩壊へとつながったのである。

この件に関してナガ人は、無償で物質的援助をもたらしてくれた中国の前に、恥じてうなだれるほかない。同時にナガ人は、さまざまに助力し、ナガ兵の帰還のために命さえ捧げてくれた多くのカチン兵士たちに対しても、恥じ入らなければならない。この二つのグループに対しては、どんな謝罪の言葉も、われわれナガ民族の恥を伝えるには十分でないだろう。

ただし、すでに起こってしまったことは、もはや取り返しはつかない。故郷に帰れぬまま、いまもその屍をビルマのジャングルにさらす英雄たちのためにも、互いを許し合い、和解と統合へむけてともに努力することが、せめてもの償いであろう。彼らが残した最期の言葉が、ナガ人をその目標へと突き動かし、鼓舞することを願ってやまない。

「走れよ、みんな。俺はここでみんなを援護するよ。俺はこの場所で、ナガランドのために死のう。この場所は絶対に死守してみせるさ」

（ニルモ・ロタ伍長、ニンチュヤン村での戦闘で）

「俺の肉と骨はこんな異境の森で朽ち果てることになったけど、このショールだけはおふくろのところに持って帰ってくれないか？　そして『ヤフェリエは死ぬとき、おふくろのことを考えていた』と伝えてくれ。ナガランドがいつか独立を果たしたら、俺のおふくろと兄弟姉妹のことを忘れないでくれよ」

（ペケルクリエマ村出身のヤフェリエ上等兵、一八歳）

「みんな、俺のひどい傷を見てがっかりしないでくれ。旅路の安全を祈っているよ。故郷に着いたら、親戚や友人に俺たちのことを話してくれよ」

（ケジリエ二等兵、一六歳、タルンカ川の戦闘で受けた傷で翌日死亡）

神は、つまらない部族主義的感情によって彼らの犠牲が辱められることをお許しにはならないだろう。この恐ろしい悲劇から、美しいものが生まれることを祈ってやまない。

［追記］

病気や負傷のため、多くのナガ兵士がビルマのジャングルで置き去りにされた。その一部は亡くなったが、多くの者は幸運にも生き残り、故郷へ帰り着いた。一年後に帰ってきた者もいれば、七年もかかった者もいる。以下に記すのは、銃傷で置き去りにされた二つのグループの物語である。

瀕死から七年目の帰還――ソブノ部隊の運命

ソブノ、ソラヒエ、ロクト、ケジリエの四人が置き去りにされたのは、タルンカ川の戦闘である。ソブノはビルマ製Ｇ３の銃弾で手首を半分、吹き飛ばされていた。ソラヒエは背中を負傷し、左右の背筋がひどく裂けている。ロクトは左腿を銃弾が貫通していた。もっとも重傷だったのはケジリエで、銃弾が腎臓を破裂させ、右の臀部を吹き飛ばしていた。

部隊の仲間が上流へ逃げると、四人の負傷兵は、隠れるために体を引きずって移動した。ビルマ兵が、ナガ兵の残党狩りに来るからである。這って逃げる途中で、ケジリエが動けなくなった。

「置いていかないでくれ」

彼はソブノに助けを求めたが、ソブノ一人ではどうしようもない。敵の捜索隊が近づいている音も聞こえていた。ケジリエを置き去りにして、三人は茂みに隠れる。捜索に来たビルマ兵はすぐそばまで近づき、何度も彼らの体に足をかけそうになった。しかし幸運なことに、彼らは見つからずに一日を過ごす。夕方になると、ビルマ兵は逃げたナガ兵を追って上流へ移動していった。

その晩、彼らは茂みでそのまま眠った。翌朝、三人の傷はグロテスクに腫れあがり、ひどく喉が渇いた。一人だけ歩くことができたソブノが、水を捜しに出かける。ケジリエの状況を確かめに行くと、ハゲワシがたかっているのが遠目にもわかった。彼の耳に、仲間の最後の言葉が響く。

「ソブノ、置いていかないでくれ。いまとなっては、同じ村の出身者はお前だけなんだ」

三人は小川へ移動して、通りがかりのカチン民族の村人の助けを待つことにした。ソブノの腕は応急処置で固定されていたが、腫れ上がり、高熱が出ている。それでも彼は覚悟を決めて、仲間二人を小川まで引きずっていかねばならなかった。その晩、彼らは持っていた塩と一緒に野草を食べ、眠った。

三日目に塩が尽き、三人とも高熱に浮かされた。何度も気を失っては意識を取り戻し、そのたびにまだ自分が生きていることを確認する。五日目には傷が腐り始め、ひどい臭いがした。腐臭に誘われて野生動物が近づき、そばをうろつく。夜には、野生の象が至近距離まで近づいてきた。八日目、彼らの健康状態はますます悪化し、九日目には全員が苦い胃液を吐き始める。

このままでは、三人とも長くはもつまい――そう考えたソブノは、最後の食糧探しに出かけることを決意する。二個の手榴弾を手に、彼はタルンカ川へ出かけた。以前は三〇分だった道のりが、いまでは三時間もかかる。めまいとふらつきで、つまずいては何度も転んだ。

ようやく川岸にたどり着くと、驚いたことに小舟が川を下ってくる。ソブノは驚喜して、舟に手を振って叫ぼうとしたが、喉からはまともな言葉が出てこない。咳払いをしてから、再び大声で叫ぶ。しかし小舟に乗っている夫婦らしい二人は、彼のほうをちらっと見て、より早いスピードで漕ぎ去ろうとする。ソブノは何度も転んでは立ち上がって、小舟を追って走り、助けを求めて泣き叫んだ。

突然、小舟は一〇〇メートルほど先で止まり、戻ってきた。その夫婦は、良心と憐みに駆られたのだろう。ソブノは「カチンとナガは兄弟です」というメッセージと、二人の仲間がジャングルで死にかけていることを、身振り手振りで必死に伝えた。

親切なカチンの夫婦は、調理したご飯と魚をソブノに分けてくれた。さらに、ブリキ一缶の米と新鮮な魚、ライス・ビールがいっぱいに入った竹製容器、そしてマッチと塩。ソブノは感謝の気持ちでいっぱいになり、お辞儀をして礼を述べた。二人は返答に何かを言ったが、ソブノには理解できない。彼はビルマ通貨のチャットをいくらか支払おうとしたが、夫婦は受け取らなかった。

ご飯と魚を食べ、三〇分ぐらい休んでから、ソブノは分けてもらったものすべてを引きずって、隠れ家へと戻った。その晩、彼らは小さな火をおこし、食事を分け合って、ライス・ビールに水を加えて半分ほど飲んだ。そして、この九日間でもっとも安らかな眠りについたのである。朝、目覚めると、高かった熱は下がり、活力が戻っていた。

翌日も食事を摂って休息し、体力を取り戻した彼らは、一一日目に、村を見つけるため上流へ少しずつ移動を始める。そして、歩き始めて三日目、ようやくカチン民族の村へたどり着いた。村では最初、長老が三人を追い払おうとした。しかし、身振りで「カチンとナガは兄弟です」と伝えて助けを懇願すると、最終的に受け入れてくれた。

食事を振る舞ってから、長老は三人を畑へ連れて行って隠した。ナガ軍がカチン州を通過して以来、ビルマ軍はナガ兵を助ける村人を厳罰に処していたからである。数日間、長老は鶏肉など栄養のある食べ物を与え、骨折した部分を整骨し、傷口に地元のハーブや薬を塗ってくれた。こうした治療のおかげで、彼らの傷は一週間のうちに峠を越した。

彼らはカチン独立軍へ引き渡され、その後ソブノはカチン民族に加わってビルマ軍と戦った。ソラヒエとロクトは一九七二年にナガランドへ帰還の途についたが、ソラヒエは不運にも途中の戦闘で亡くなった。ソブノ大尉がナガランドへ帰ってきたのは、親戚や家族がすでに死んだものと諦めていた、七年後の一九七五年である。

トラと郷愁の一三カ月――ニラオ大尉の運命

ニラオ大尉がカチンの村へ置き去りにされたとき、村人たちは彼を密林の奥の巨木の下に隠した。彼は急ごしらえの小屋を作り、一三カ月間をそこで暮らすことになる。手首を半分吹き飛ばした銃弾は貫通していたが、右足首と左足には銃弾が深く撃ち込まれている。自分ではこの銃弾を取り除くこともできず、傷口が癒えるには長い時間がかかった。

少しでも動けるようになると、ニラオはすぐに罠を仕掛け、鳥を捕まえ始める。それを干し肉にして、米や塩などの必需品を分けてくれるカチンの村人への、お礼にしたのだ。彼はもともと鳥を罠にかける名人で、ナガランドの彼の家の台所は干した鳥肉でいつもいっぱいだった。

カチンの村人たちは、月に二〜三回しか訪れて来ない。それ以外、彼は森の中にひとりぼっちで、ほとんどの時間を孤独とともに過ごした。何かをしていたくて、罠で小魚も捕まえ始める。だが、干し肉もいっぱいになり、何もすることがなくなると、孤独感が押し寄せてくるのだった。

片足を引きずって何とか歩けるようになると、ニラオはよろめきながら、ときには這ってでも、隠れ家を遠く離れて、カチンの村人たちが畑から帰る姿を見に行った。遠くからその姿を眺めていると、ナガランドの妻や子ども、仲間たちのことが思い出され、眼に涙が光った。

やがて回復してくると、ニラオはシカや野性のイノシシも罠に掛け始める。彼の命を救い、食料を分けてくれるカチンの村人たちへ常に肉を供給することで、恩義に少しでも報いようとしたのである。

ジャングルに住み始めて三カ月目、隠れ家の近くで、トラが立てる物音が聞こえるようになった。決して姿を見せようとはしなかったが、しばしば唸り声が聞こえたのだ。しかし、ニラオは恐怖を感じず、むしろ慰められていた。ナガの民間伝承や伝統では、トラと人間は遠い昔、兄弟だったとされている。アニミスト（精霊信仰者）であるニラオは、兄であるそのトラが、仲間としてそばにきてくれたのだと感じていた。トラは、隠れ家の周囲を九カ月にわたってうろついた。

ある晩、彼は隠れ家の中に何者かの存在を感じて、目を覚ます。寝床に起き上がると、何かが音すら立てずに跳び出て行った。暗がりのなかで、自分は本当に何かを見たのか、それともただの錯覚だったのか。だが翌朝、大きなトラの足跡が隠れ家の中で見つかった。トラはまた、水を引くためにバショウで作ったパイプを倒していた。

数カ月後、ニラオはカチン軍の准将にこう聞かれる。

「ジャングルで一人だったとき、誰か仲間はいたかい？」

ニラオが「いました」と答えると、准将はこう言った。

「きみがジャングルに一人だと聞いたので、部下のトラ男[8]に『トラを一頭送って仲間になってやるように』と頼んでおいたんだよ」

「それは、ご配慮ありがとうございました」

ニラオもまた、あっさりそう答えた。一般には奇怪に思えることも、アニミストであり、自然界と精霊界のつながりを知っているニラオにとっては、不思議でも何でもなかったのだ。

ジャングルでの一三カ月にわたる孤独な生活の後、ニラオはカチンの部隊本営へ移動。一九七二年、中国から帰還中のベダイ大佐のグループとともに、ナガランドへ帰ることができた。ただし、彼の両足に食い込んだ銃弾は、四年後に手術で取り除かれるまで、絶えず彼を悩ませ続けたのだった。

8　トラ男(Weretiger)　トラに変身したりトラを自由に操ることができるといわれる、神秘的な存在。

帰らない伝説の将

二〇〇三年七月四日、モウ将軍は七三年の生涯を終えた。死が近づいた彼に、親戚たちは故郷のコノマ村へ戻るよう促す。だが、彼はこう言って拒否した。

「ナガランドやビルマ、東パキスタン、中国のジャングルで亡くなり、二度と村へ帰ることができなかった部下たちと、同じ運命を分かち合いたい」

また、モウの一族には石工の名人が多いにもかかわらず、自分の墓に墓碑を建てないように言い残した。ナガランドが独立を勝ち取り、部下たちの骨が異国の地からすべて持ち帰られるそのときまで、自分の墓碑はいらない——それが彼の遺言だった。コノマ村は、英雄にふさわしい讃辞で彼の遺体を歓迎することを決めていた。しかし彼は、ナガランドのはずれに位置する平野部のディマプルで亡くなり、その町の簡素な墓所に埋葬されたのである。

悲しいことにモウ将軍は、ナガの民族運動が四派[9]に分裂しているさなかに亡くなった。イステリン・イラルは、モウ将軍の葬儀で以下の詩を捧げた。

9　四派　ここではナガ民族評議会のアディノ派とメルフプ派、ナガランド民族社会主義評議会のイサク・ムイバ派とカプラン派を指す。その後もナガの民族運動は、分裂を繰り返している。

モウ将軍に捧ぐ

千もの戦場を戦い抜いた人よ
あなたは伝説から歴史へと駆け抜けた
そしていま、あなたの最期の戦いのとき
あなたの名をナガの唇に、いま一度灯しましょう
どうかこの国の記憶が、いま一度蘇りますように
あなたはこの国のためにこそ生き続けたのだから
そしてわたしたちは、記憶のなかに恥じ入る
そしてわたしたちは、悔恨のうちに恥じ入る
そしてわたしたちは、友愛を前に恥じ入るのです！

ビルマの森とそのはるか彼方にまで
あなたはその足跡を残した
そんな寂れた彼方にまで
あなたの名前は畏怖され
悔しながらの尊敬をさえ抱かせた

晩年のモウ将軍。釈放後も活動を続け、海外でもナガ問題を訴え続けた
（2000年、多良俊照氏撮影）

あなたはあなたが率いる男たちの心から
恐怖というものを追い払った
あなたの名前は、永遠にナガの歴史と結びついています

わたしたちの心は卑しいのです、将軍
わたしたちは東西を見渡し、南北を探し回ります
それでも、もうひとりのモウを見つけることはできません
あなたほどに強くナガを愛する心をもった人はいない
千もの戦場を戦い抜いた人よ
わたしたちの国を、その弱さを許してください
わたしたちの旗が、あなたのために半旗で掲げられることはありません
掲げることさえ、決して許されていないのだから
わたしたちが和解して許し合うときまで
そのときまで、この国は死者に敬意を表することすらできないのです
「よくやった、善良で誠実な僕《しもべ》よ」
どうかそれがあなたを故郷へお迎えする
最初の言葉でありますように

第11章 いわれなき報復の矛先——シャマ村の悲劇

闇を縫う密使

ペザングリエ曹長は、第六大隊司令官ザルヴィ大佐の前で直立不動を保っている。目の端には、「極秘」と書かれた手紙の束があった。

このキャンプはトペマ村の斜面に位置し、入念にカモフラージュされている。三キロほど下ると、インド軍の第一九シク連隊とJNKライフルのボツァ駐屯地。南に数キロのシヤマ村には、同じ連隊の別の駐屯地がある。シヤマ村から下ると、第二六マドラス連隊の二つの駐屯地が、チエメクマ村とセンデンユ村にあった。谷を越えたンロ川の向こうには、山頂のペケルクリエマ村に軍監視所があり、ガルワル・ライフルの二〇〇人以上のインド兵たちが駐留している。

一九七四年当時、インド・ナガランド州の総人口は約六〇万人。そこへ一〇万人ものインド軍、準軍組織、警察軍が派遣され、占領していた。ナガ軍は密林の隠れ家から徹底的にあぶり出されたため、彼らのキャンプはインド軍の駐屯地や村の近くにつくられるようになる。インド軍は、ナガ軍キャンプがまさかこれほど近くにあるとは思いもしなかったので、このキャンプは長い間、見つからずにすんでいた。

ザルヴィ大佐はテーブルから目を上げ、ペザングリエにぶっきらぼうに言った。

「休め、曹長。ここに、シクラズ駐屯地のポヴェゾ少将へ至急届けてほしい機密文書がある。日が暮れたら出発できるよう、準備しておいてくれ」

シクラズ駐屯地は三〇キロほど離れた密林の中に位置し、ンロ川とドヤン川の合流地点に近い。多くの戦いを経験したベテランのペザングリエは、ザルヴィ大佐の完全な信頼を得ていた。過去一六年間、彼はずっとンロ川の渓谷で戦い続けているのだ。地形を知り抜き、谷間をジグザグに横切る小道を熟知し、インド軍の駐屯地や警備兵をうまくかわす術も身につけている。

それでも、今回の任務の遂行は、昼間は無理だった。この地域には、半径五〇キロ以内にインド軍五個連隊が展開し、戦略的に配備されている。当時三〇〇〇人の兵力しかいないナガ軍は、ナガランド全土の村落を占領するインド軍を相手に、困難に直面していた。そして彼が運ぶ機密文書は、ナガ軍の全大隊に対するものである。そこには、トツで開かれる戦略会議への招集を含む、総司令部からの命令が含まれていた。

ペザングリエは大佐から手紙を受け取り、敬礼してその場を去った。自分の肩には何人もの同胞の命がかかっている——重い責任感が彼にのしかかる。もしも手紙が敵に押収されれば、トツへのルート上に敵の罠や奇襲が仕掛けられ、多くのナガ兵が命を落とすことになるだろう。あるいは、ナガ軍の参謀たちが一堂に会するトツの会議そのものが、襲撃されるかもしれない。

使命は重い。わずか三〇キロほどの道のりが、まるで困難と危険に満ちた東パキスタン遠征と変わらないようにさえ感じられた。だが、手紙の代わりに中国製の精密な無線機を使ったとしても、インド軍に情報を傍受される危険性は免れない。結局、この土地をよく知っている誰かが、危険を承知で夜間に駆け抜けるほか、任務を果たす方法はないのである。

ペザングリエは、メズプオとプリツを同行者に選んだ。彼らは、真夜中のジャングルでも直観的に道を探し当てられる兵士で、以前にも同様の任務を何度もこなした経験がある。

午後五時。三人は、ボツァのインド軍駐屯地のすぐ近くの、国道の峠に集合した。ブルドーザーでならされた斜面の下方を指して、ペザングリエが二人にささやく。

「あれが最初の目印だ」

小道がその目印の下を通り、目の前に広がるシロ川の谷間へ続いている。危険な断崖を避けて、ペザングリエは平らなチエメクマの尾根をルートに選んだ。日が落ちれば、谷間は十分に暗くなる。おかしなことだが、戦争と不確かな日常のなかで、夜と暗闇はいつもナガ兵士たちの味方だった。

当時すでに、ビルマ側のジャングルと人里遠い僻地を除いて、ナガ軍が隠れる場所はほとんどなくなっていた。ナガランド全体に、インド軍のパトロールと「反乱鎮圧」作戦が展開されていたのだ。こうした状況が、さまざまな降伏や一九七五年のシロン協定[1]へつながっていくことになる。逃れ得たのは、ビルマにいたＴｈ・ムイバ[2]と彼の部隊だけだった。インド軍との避けがたい衝突で、ナガ軍の人数は日に日に減っていき、次々に降伏を余儀なくされていったのである。

招かれざる邂逅

夕方六時ごろ、一羽のフクロウがホゥと鳴いた。移動を開始するときが来たのだ。ペザングリエたちは道を素早く渡り、暗闇のなかでジャングルへ滑り込んだ。

シヤマ村へ続く三叉路に近づいたとき、ペザングリエが突然立ち止まる。

「あれを聞いたか?」

「聞いたって、何を?」

ペザングリエには、シヤマ村方向の道から、ひそひそ声がたしかに聞こえたのだ。だが、仲間たちは何も聞いていないと言う。ペザングリエはM22自動小銃の安全装置をはずして、沈黙の行進を続けた。三〇メートルほど進んだところで、今度は空に一筋の光が見えた。ほんの一瞬である。彼は興奮して振り返り、仲間にささやいた。

「あれを見たか?」

「見たって、何を?」

彼らの返事は同じだった。しかし、ペザングリエは前にもまして緊張した。彼は純粋な人間であり、多くの戦いで彼の命を救ったのは神さまだと、固く信じていたからである。

三人は一時間ほど暗闇のなかを歩き続けた。計算では、そろそろ最初の目印に着くはずだ。ところが、道はだんだん険しくなっていく。すでに目印を通り過ぎてしまったと、ペザングリエは気づいた。

1　シロン協定　ナガ民族評議会の一部指導者たちがインド政府と合意した協定。これにより停戦は実現したが、うたわれた「最終的な解決のための協議」は現在にいたるまで一度も実現してはいない。またインド憲法の受け入れを容認したため、他の指導者からも批判が出て、一九八〇年の組織分裂につながった。
2　Th・ムイバ　シロン協定に反対し、一九八〇年にイサク・スウらとともにナガランド民族社会主義評議会を結成した。

彼は地形をよく知っており、道の高低でどのあたりかを感じることができる。しかし、月明かりさえない暗闇で、間違って目印を越えてしまったのだ。彼は仲間に懸念を打ち明け、二人も彼に同意した。一瞬でも懐中電灯を照らしさえすれば、自分たちがどこにいるのかすぐにわかるだろう。だが、道の両側は敵の駐屯地である。警戒中の歩哨は、どんな光にも反応してブレン軽機関銃を乱射する。ときには、蛍の光に対してさえ弾倉を空にする連中なのだ。

音を立てず、彼らは逆戻りを始めた。突然、遠く東の方向で光が一瞬またたく。おかげで、彼らは自分たちの位置を確認できた。濃い闇のなかでも、彼らの方向感覚は間違っていなかった。

ペザングリエは暗闇のなかでひざまずき、何か見えないかと目を凝らした。そのとき、斜面を転がる石の音が聞こえた。三人は緊張し、警戒に身を硬くして、さらに耳を澄ませる。じりじりとした時間が過ぎていく。しかし、ほかに何も音はしない。夜中に餌をあさる野生動物が小石を転がしたのだろうと、ペザングリエは思った。

数秒後、ペザングリエは緊張を解き、ゆっくりと立ち上がった。そして左を向いた瞬間、何か固いものにぶつかる。夜のしじまのなか、鼻が誰かの鼻をかすめ、額が誰かの額とぶつかったのだ。相手は驚いて息を止め、手を伸ばしてペザングリエの胸と腹を素早く探ってくる。彼も相手の顔を触り、手探りで鼻や頬を感じた。そのとき、間違えようもないインド兵の臭いがした。

インド兵の驚きの叫びは、ペザングリエのナガ特有の雄叫《おたけ》びにかき消された。彼は素早く一歩下がり、声のほうに向けて銃を放った。

ナガ軍とインド軍、双方の夜間作戦部隊が真正面から衝突したのである。たちまち夜の静寂は、痛みを訴える叫び声と、倒れて転げ回る音でかき乱された。その音のするほうへ向けて、弾倉を空にしたい――ペザングリエは誘惑に駆られる。だが、弾丸は一発でさえ貴重なのだ。定かでない相手に、無駄に撃つことはできない。彼は自分を抑えた。

断末魔の悲鳴を聞きながら、ペザングリエは命がけの脱出を図った。暗闇のなかで木に激突し、下の道路へ放り出される。起き上がった彼は、バッグの中に機密の手紙があるのを素早く確認した。再び走り出すと、またしても別の木にぶつかる。いまや四方を弾丸が飛び交っていて、彼はすでに切り傷や擦り傷で血を流している。腹部に刺すような痛みを感じ、指でまさぐったが、傷はない。

駐屯地の方角へ逃げようとして、ペザングリエは自分が方向感覚を失っていることに気がついた。混乱し、崖に行き着いてしまったのである。敵が銃を乱射しているので、引き返すのは問題外だ。頭を手でかばい、M22自動小銃を胸に抱えて、彼は断崖を転がり落ちる覚悟を決めた。

狂騒の谷の逃亡者

斜面を転がり落ちていく間、何か鋭いものが体のあちこちに刺さり、障害物にぶつかり、宙を舞った。そして、ついにドサッという音とともに地面にたたきつけられ、ペザングリエは頭から水たまりの泥に突っ込んだ。チエメクマやテツマ、シヤマやペケルクリエマなど、いまや駐屯地という駐屯地で銃声が鳴り響き、それが谷に反響して、耳が聞こえなくなるほどの大音響となっていく。自分が発射したM22自動小銃の、わずか弾倉半分ほどの銃弾が、敵のこれほど大きな反応を引き起こしたのだ。谷間を縫って飛ぶ弾丸のかすかな光で、逃げ道を探すことができたのは幸運だった。とげや枝で制服や皮膚をボロボロに切り裂かれながらも、ペザングリエは暗闇の逃亡を急いだ。

突然、彼は仲間のことを思い出す。パニックになり、必死で逃げている最中、仲間のことを完全に忘れていたのだ。二人は逃げ切れただろうか。それとも、銃弾で穴だらけになって、コールタール舗装の路上に横たわっているのだろうか――なるべく遠くへ逃げようと走りながらも、仲間のことが頭を離れなかった。

そのころナガ軍キャンプでは、ザルヴィ大佐がうなだれて立っていた。彼はペザングリエと二人の仲間のために、静かに祈りを捧げていたのだ。楽観的になれる状況ではなかった。

「こんなに激しい銃撃のなかを生きのびることは、おそらくできないだろう」

またザルヴィは、手紙についても危惧していた。それが敵の手に落ちればどういうことになるか、よくわかっていたからである。

だが、その心配は、少なくともその時点ではまだ杞憂だった。ペザングリエは、バッグの中の手紙がまだそこにあるのを確認していた。

三つのインド軍駐屯地からのヴェリー信号弾のおかげで、いまでは峰や谷をはっきりと見ることができる。滑り、倒れ、這いながらも、ペザングリエは安全な水田をめざしていた。夜が明けてインド軍の捜索隊に見つかる前に、たどり着かねばならない。三〇分ほどで水田にたどり着いた彼は、藁葺き小屋の床に崩れ落ちた。そのとき初めて、痛みが全身を襲う。とげに切り裂かれた傷口も、いっせいに痛み出した。ペザングリエは、刺さったとげと格闘し始める。深い眠りに落ちる前に、できるだけ取り除いておきたかったのだ。

翻った残虐な矛先

その夜、シヤマ村のガオンブラ[3](村長)ツァオと彼の甥は、談義にふけっていた。テーマは、政治的紛争と独立への闘争。それは、すべてのナガ人にとって切実な問題である。ツァオは他の多くのナガと同様、民族闘争に私財の多くをなげうっていた。ナガの大義は、常に彼の心に深く影を落としていたのだ。

彼らが語り合っているそのとき、タタタッという自動小銃の銃声が夜のしじまを破る。一九七四年七月一〇日午後一〇時ごろ。インド軍パトロール隊を銃撃した、ペザングリエの銃声である。

「これは村に近いぞ!」

3　ガオンブラ　インド連邦政府下で任命された村の責任者。ナガの村には、通常三～四人のガオンブラが任命される。一方、ナガランド連邦政府が任命した村長は「ルナ・ペユ」と呼ばれる。

ツァオの甥はそう叫び、自分の家へと急いだ。

一時間後、インド軍がツァオの家へなだれ込んできた。兵士たちが彼の腕をつかみ、外へ引きずり出す。ツァオの息子ニサリエは、年老いた父をかばったが、やはり引きずり出される。一カ月前に結婚したばかりのニサリエの新妻が、ひとり家の中に取り残され、泣いていた。

もう一人の村長ルサリエは、ドアを荒々しく叩くライフルの音で目を覚ます。飛び起きてドアを開けると、インド兵の強力な懐中電灯が顔を照らした。

「こっちを見たまま、ゆっくり外に出てこい」

ルサリエがおびえながら命令に従い、外へ出ると、懐中電灯でいきなり顔を殴りつけられた。懐中電灯のガラスが割れて、あたりに飛び散る。ルサリエはツァオとニサリエとともに、村のすぐそばのインド軍駐屯地へ乱暴に連行された。そこには、すでにほかの二人の村長と、村の牧師が連行されており、彼らの痛みに叫ぶ声が、夜の静けさを切り裂いていた。

ツァオとニサリエが拷問部屋に連れ込まれると、ライフルの銃床や銃身が振り下ろされた。二人が痛みに身をよじり、のたうって悲鳴を上げても、容赦はない。数分後には、一七歳のニサリエと六〇代の父親ツァオは床に倒れ、意識を失った。それでも拷問は続き、インド兵は殴るごとに吠えていた。

「俺たちの仲間を殺したゲリラは誰だ？　どこにいる？」

しかし、誰も何も知らなかった。村の近くで戦闘があったということ以外、村人は何が起きたのかすらわかっていなかったのである。一時間の拷問の後、部屋のドアが突然開き、チエチャマの駐屯地

市民に銃口を向けるインド軍兵士

ナガ女性を追い越していくインド軍の輸送車列

に所属する大隊の大佐が入ってきた。彼はツァオをにらみつけて訊いた。

「お前がツァオだな、そうだろう?」

ツァオが弱々しく答えるのを確認して、大佐は大きな棍棒で再び殴り始めた。父親が失神してもなお殴られ続けるのを見て、ニサリエは苦悶の叫び声をあげ、そして彼もまた意識を失った。


意識を取り戻したとき、ニサリエは、自分が逆さ吊りにされていることに気づいた。インド兵たちが四方から殴ると、彼の体は左右に揺れる。質問が絶えず浴びせかけられた。

「誰がゲリラなんだ? やつらの名前を吐け!」

しかし、ニサリエは本当に何も知らず、答えようがなかった。

駐屯地の入り口では、ニサリエの姉が半狂乱で手を振り回し、インド兵に押さえ付けられていた。

「お願いですからやめてください! 弟は死んでしまいます。彼はまだ学生で、コヒマから帰ってきたばかりなんです。弟は何も知らないのです!」

だが、彼女のアンガミ語での懇願にもかかわらず、殴打はやまなかった。

やがて、足を吊していたロープが切られて、ニサリエの体が地面に叩きつけられる。撃鉄を起こした銃や銃剣にもかかわらず、彼の姉は駐屯地の中へ駆け込んだ。頭から落ちたので、首の骨が折れたにちがいない――膝に抱いた弟の傷口や鼻、顔から血が滲み出すのを見て、彼女は泣いた。抱いている顔は、愛する弟の顔とは似ても似つかないものになっていた。拷問は午前二時に始まったが、いまはもう昼間になっている。しかし、それで終わりではなかった。

転がり続ける奇妙な果実

五〇〇人ほどのシヤマ村の村人たちは、村の広場に集められていた。男たちは銃を突きつけられて広場の斜面に並べられ、子どもと女性は引き離される。夫や父親にしがみつこうとした妻や子どもたちは、銃床やブーツで殴打された。

男たちは軍靴で地面に蹴り倒され、並んで横たえられる。そしてサッカー場ほどの広場を、転がるよう命じられた。前に後ろにと、男たちは何度も転がり続けねばならなかった。多くのナガの老人たちは、伝統的なキルトのほかには、何も着ていない。だが、地面に生えたとげやいばらを避けようとすると、太い竹の棒で背中をひどく打ちつけられた。転がるのが早すぎても遅すぎても、容赦なく竹の棒が振り下ろされる。多くの村人たちは気分が悪くなり、すぐに嘔吐し始めた。老人たちのキルトははがれ、女性や子どもたちを前に、裸をさらすことになった。

泣き叫ぶ女性と子どもたちをよそに、命令は止むことなく繰り返される。男たちが転がり続けるまま、何時間もが経過した。その後、今度は並んで前転するよう命じられる。多くの男たちが失神して倒れたが、竹の棒で殴られ、強制的に意識を取り戻させられた。

七歳の少女テプレノは、この奇妙な光景に恐怖していた。父が竹の棒で何度も殴られるのを見て、殺されてしまうと思い、泣き叫んだ。同じく七歳のティノニウも、震えながらすすり泣いている。彼の父は、以前に受けた拷問ですでに弱っていたため、みなの動きについていけず、より激しく殴られていたのだ。彼は六カ月前、父親が三メートルほどの深さの穴に監禁され、息子をその胸に抱こうとして震えているのを見たばかりだったのである。

ティノニウは当時、故郷を離れたボツァ小学校の一年生だったが、叔父に連れられて村へ帰ってきていた。ルナ・ペユ(村長)だった父が、地下活動家の情報を得ようとするインド軍に捕まり、拷問を受けていたのだ。おとなは駐屯地への立ち入りを一切許されない。そこでティノニウが父に面会を求めたのだった。

「あっちだ」

駐屯地への立ち入りを認めたインド兵は、ぞんざいに言った。ティノニウはあたりを見回し、地下へと続く穴のほうへ足を進める。トタン板の端と、その上に盛られた新しい土。穴を覗き込むとそこには、自らの排泄物の上に体を丸めて座り込む男の姿があった。顔は腫れ上がり、あざで青黒くなっている。ティノニウはその光景に恐怖を感じたが、男が彼に呼びかけた。

「ニウ?」

その瞬間、ティノニウは理解した。顔はグロテスクに変わり果てていたけれど、それが彼の父親だったのだ。

ティノニウは穴に飛び込み、父親にしがみついた。こみ上げる感情で、二人ともしばらく言葉が出ない。最初に口を開いたのはティノニウだった。

「やつらはアプオ(お父さん)に、いったい何をしたの?」

父は息子の表情に衝撃と恐怖が浮かんでいるのを感じ取り、慰めようとして言った。

「お父さんは大丈夫だよ、ニウ。心を強くもちなさい」

だが、二人がそれ以上の言葉を交わす前に、インド兵たちが面会の終了を命じる。ティノニウは、叔父のメッセージを素早く伝えた。

「アプオ、自分の話を矛盾なく貫き通しなさい、って。いま、村の長老たちが政府に働きかけて、釈放してもらえるよう、全力を尽くしてくれているそうだよ」

ティノニウは穴から這い出し、父を振り返った。

「アプオ」

それから、彼は勇気を出して言った。

「アズオ(お母さん)や姉さん、妹たちのことは心配しないで。ぼくが面倒をみるよ」

もしお父さんが非人間的な拷問で命を落とすようなことになっても、ぼくが家族への責任を引き受けます——わずか七歳の息子がそう約束する姿を見て、父は言葉を返せなかった。インド兵に門外へ連れ出された後も、ティノニウはまだ震え続けていた。

そして六カ月後のいま、父はまたしても拷問を受けている。ティノニウの脳裏には、かつての光景がまざまざとよみがえっていたのである。

恥を知るサンダル

広場ではツァオが意識を取り戻し、全身の激痛にめまいを感じていた。インド兵の一人が、彼を乱暴に椅子に座らせる。親戚を含め、村のすべての男たちが彼の前に並んでいた。

通訳をさせられていた教師のニングリエが、最初にサンダルでツァオを殴るよう命じられた。しかし、前夜からの殴打でツァオはすでにひどく傷つき、腫れ上がっている。ニングリエは、そんな村長を殴る気にはどうしてもなれなかった。そこで彼はサンダルをそっと、目の前で頭を垂れているツァオの上に置いた。

「そんなんじゃない！　こうやって殴れ！」

インド兵はそう叫ぶと、ニングリエの顔をサンダルで激しく打ちつけた。ニングリエは仕方なく、今度は強くツァオの顔をサンダルで殴る。ツァオの目から涙がこぼれ、鼻からは血が流れ出た。村人たちは順番に、ツァオの顔を殴ることを命じられた。順番に殴りながら、村人たちもまた涙を流している。多くの者が、殴り方が弱いといって打ちすえられ、再度ツァオを殴るよう命じられた。一〇〇人もの村人たちが仕方なく殴っている間、ツァオは彼らにこう声をかけ続けた。

「殴りなさい。そうしないと君が殴られてしまう。でも、殺さないでくれよ」

半数の村人が殴り終える前に、ツァオは鼻から激しく出血し、また意識を失った。

インドの文化では、サンダルで顔を殴ることは、もっとも侮辱的な行為である。ツァオがナガの民族闘争に共感していることは、インド兵の間でもよく知られていた。そのため、彼がこの侮辱的な行為の対象に選ばれたのだ。

ルサリエともう一人の村長は、すでに椅子に座ることさえできない状態だったため、この非人間的な屈辱を免れた。殴打のため、彼らの腸は肛門から外に一〇センチ以上飛び出していて、痛々しくぶら下がっていたのだ。牧師のピモウもまた、ひどい殴打のために全身が腫れ上がり、意識を失って横たわっていた。腫れのため、同じ村の仲間でさえ彼のことがわからず、よその村から連れてこられた被害者かと思ったほどだった。

未明に始まったインド軍のこの報復は、まる一日続いた。グラウンドでの拷問の後には、駐屯地周辺の木や茂みをすべて切るよう命じられた。傷ついた村人たちにとって、ダオ（山刀）で木々を切り倒すことは、非常な苦痛を伴う作業である。しかし手を休めれば、撃鉄を起こしたライフルで滅多打ちにされる。命令に従うしかなかった。その晩、すべての村人たちは痛みにうめいた。ほとんどの者は、自分たちの身に起きたことが信じられないでいた。


この事件で深く心に傷を負ったシヤマ村の子どもたちは、それから何年もの間、インド軍兵士を見るたびに恐怖に駆られ、近くの家へ逃げ込んだ。そして若い男たちは、インド軍の残酷さを胸に刻み込み、復讐を誓った。多くは、迷った末にナガ軍へ参加した。

ツァオは、傷のひどさにコヒマの病院へ運ぶことができず、ナガ軍のチエチャマ大隊本部で軍医の手当てを受けたが、数カ月後に亡くなった。恐ろしいことに、殴られたツァオの全身は、もはや人間の体とは思えないほどに痛めつけられていたという。息子のニサリエやその他の村人たちは、治療のためにコヒマ病院へ搬送された。

もう一人の村長とルサリエも入院し、直腸に器具を取り付ける修復手術を受けた。ルサリエは現在も存命だが、簡単な動作にもひどい痛みが伴う。椅子に腰掛けるたびに、痛みのため彼は、インド兵に対する呪いの言葉を口走るという。

ピモウなど他の犠牲者たちもまた、この事件の傷跡をいまもかかえている。とくに理由もないのに、彼らの体は突然風船のように、グロテスクに膨らむことがあるという。

〔追記〕

事件からずっと後の一九九八年、密林の中のナガ軍駐屯地を訪れた筆者は、ある一四歳の若い兵士を見て驚いた。彼は、自分の身の丈ほどもある自動小銃を担いでいた。出身地を聞くと、彼は答えた。

「シヤマ村の、ピモウ牧師の息子です」

兄もまた、別のナガ軍大隊にいるという。ナガランドでの戦争は、このようにして連綿と続いている。たとえ父親が復讐を遺言しなかったとしても、息子たちは、父や一族、村の復讐のため、立ち上がるのだ。この二人のほかにも、シヤマ村からはいまだにナガ軍への参加者が多く、うち数名は戦闘で命を落としている。

第12章　血塗られた安息日
——チエメクマ村の無差別攻撃

白日の愚劣な欲望

一九七四年一一月一三日、チエメクマ村は静かな日曜の午後を迎えていた。ナガランドの首都コヒマから北に四五キロほどの峰に位置するこの村にも、他のナガの村と同じようにインド軍の前哨基地が築かれ、第二六マドラス連隊の歩兵が配置されている。チエメクマ村は、ナガ軍の伝説的な将軍である北部司令官サズリエの出身地として、インド軍に目をつけられていた。

紛争に苦しむナガランドでは、村はインド軍の監視下に置かれている。それでも、この日は日曜であり、村人たちは静かに休息を楽しんでいた。多くの村人は、ちょうど午後の食事を準備している最中だった。

二七歳のテヌニウ夫人は、五人の子どもの母親だった。そのうち三人は、コヒマで勉強している。夕方にコヒマへ出発する村人がいたので、彼女は子どもたちのために、庭で採れた野菜を送ってやろうと思っていた。彼女の菜園は、インド軍の前哨基地から一〇〇メートルほどのところにある。菜園で作業していると、基地のインド軍兵士たちにじっと見られるので、彼女はいつも不安を感じていた。しかし、その日は日曜であり、すべての村人が家にいる午後である。彼女はさして不安に思わず、菜園へと向かった。

突然の呼び声が聞こえたとき、彼女はまだ子どもたちのための野菜を採り始めたばかりだった。そのままの姿勢で見上げると、基地の兵士ジャコディがすぐ近くに立っている。忙しく野菜を採っている間、何の物音も聞こえなかったので、彼女は驚くと同時に恐ろしくなった。ジャコディはにやりと笑い、こう言った。

「足下にたくさん転がっているかぼちゃをひとつ、分けてくれ」

叫び声をあげて逃げようか、それとも言われたとおりにするべきか。彼女は一瞬迷った。だが、村は目の前である。助けを呼べば、すぐに誰かが聞きつけるだろう——彼女は不安を押しとどめ、かがんで大きなかぼちゃを採り、ジャコディの伸ばした手に向かって投げた。

ジャコディはそれを空中で受けとめるやいなや、テヌニウが反応する間もなく、劣情に駆られて襲いかかってきた。テヌニウが悲鳴をあげる前に、ジャコディは彼女ののどをつかみ、地面に押し倒したのだ。

被害者は五人の子どもの母親である。続いた出来事について、ここではふれないほうが賢明であろう。どんな子どもも、暴行される母親の忌まわしい詳細を公にされたいとは思うはずがない。

レイプは恐ろしい行為である。それは家族全員に致命的な傷を残し、犠牲者本人はその傷を生涯背負い続けることになる。過去半世紀にわたるインド軍制圧下のナガランドには、そうした犠牲者が数えきれないほど存在するのである。

唇は破れて血を流し、顔と首には暴行者による醜い引っ掻き傷が残されている。テヌニウが叫びながら村へ戻ったとき、村人たちは我が目を疑った。すべての男たちが村にいたにもかかわらず、彼らのすぐそばで、村の母親の一人がレイプされたのだ。いかにブレン軽機関銃や自動小銃が常に突きつけられているとはいえ、村人たちにとって、それは絶対に許しがたいことである。テヌニウがことの詳細を打ち明けると、村人たちは立ち上がり、インド軍基地へ向かった。

女性たちが先頭に立ち、ジャコディの名前を叫んで訴える。

「おまえはいますぐに、ナガの正義の前に降伏しろ!」

叫び声が静かな日曜の午後を乱すと、子どもやよちよち歩きの幼児を含む村人のほとんどが、基地の前に集まった。門には錠がかけられている。基地内では、全インド兵が撃鉄を起こして位置についていた。

無差別攻撃

基地の指揮官はやむなく、村の女性たちに対して、基地内での犯人探しを許した。女性たちはジャコディを捕まえるやいなや、手当たりしだいの物で彼を殴り始める。すると突然、ジャコディはもんどり打って逃げ出し、警護所に駆け込んで、銃座に据えられたブレン軽機関銃を乱射し始めたのである。そして、あたかもそれが「撃て」の合図だったかのように、基地の全兵士が、フェンスの内外に集まっていた村人たちに向けて銃撃し始めたのだ。

至近距離から三発の銃弾を腹部に撃ち込まれたとき、ニセルウ夫人は自分に何が起きたのかを知ることはなかった。彼女は数メートル後方の血の海に倒れる前に、すでに絶命していたのだ。フェンスのそばに立っていたルゲリエも、股間を自動小銃の弾が直撃し、右臀部の肉を一塊削ぎ落とされて、後方に倒れ込んだ。一三歳のルソルオは基地から少し離れた丘の上に立っていたが、左腹部を弾が貫通。体は宙を舞い、下の道に叩きつけられた。だが、撃たれたことに気づかなかった彼女は、銃弾が飛び交うなかを近くの家に駆け込み、ベランダで意識を失う。彼女は七時間後に、コヒマのナガ病院で意識を取り戻した。

銃撃が始まると同時に、基地内にいた村人たちは門やフェンスに殺到。フェンスは有刺鉄線や尖った竹でできていたため、多くの村人が負傷する。阿鼻叫喚と、音を立てて飛び交う銃弾のなかを、村人たちはつまずき、転びながら走った。子どもたちは泣き、母親たちは叫び、父親たちは怒鳴りながら、みなが必死で逃げ惑ったのだ。パニックになった村人に二〇〇発もの銃弾が浴びせられたにもかかわらず、撃たれたのが三人だけだったのは、むしろ奇跡的だった。

銃撃のショックから立ち直った村の男たちは、すぐに先込め式の銃やダオ(山刀)、槍などを手に取り、基地を攻撃する準備を整えた。ブレン軽機関銃やステン短機関銃、自動小銃の恐ろしさは、十分に知っている。しかし、もはや恐れている場合ではない。村人が大量に虐殺され、基地の周辺に倒れている——彼らはそう思っていたのだ。

男たちは、一九五七年に受けた屈辱と苦しみも思い出していた。隣接するガリペマ村、シヤマ村、トペマ村とともに、村全体がボツァにある強制収容所に追いやられたのだ。一年間、村人全員が有刺鉄線に閉じ込められ、インド軍の監視下に置かれたのである。村ごとに一日ほんの数キロの米しか与えられず、彼らは近くのジャングルで食べられそうな木の葉を見つけては調理した。ナガの村人は毎日三食、心のこもった料理を食べるのが常である。しかしそれとは対極的なひどい状況で、一年間生きのびることを強いられ、多くの村人が飢餓と病気で命を落としたのだった。

また、ほんの数年前には、村のすべての成人がボツァのインド軍本部へ連行され、男性全員が女性の前で全裸にされて、ライフルの銃床や棍棒で殴打された。ルシエヴィとプカヒエは意識を失うまで殴られ続け、その傷は生涯癒えることはなかった。

拷問の理由は、ナガ軍の伝説的な闘士タデリエを村人が一晩かくまい、インド軍に報告しなかった、というものである。厳しい尋問にもかかわらず、村の男たちは誰も、タデリエをかくまったことを自白しなかった。すると、インド軍兵士たちは、その矛先を女たちに向ける。

「正直に白状しないと、性器に粉末のトウガラシ[1]を入れるぞ」

それでも、女たちは自白を拒んだが、トウガラシの粉がいよいよ彼女たちの前に持ってこられると、一人の老女ニサルがついに屈服した。

「その日の夕暮れ、タデリエが村に向かって歩いていくのを見ました」

こうした経験と、過去一九年間にわたるインド軍のいやがらせが蘇り、いまや多くの村人の冷静さは音を立てて弾けたのだった。たとえどんな結末が村全体に待ち受けていようとも、決着をつける覚悟を決めたのである。

死者が防いだ虐殺

テプソは、母が三発の銃弾を受けて倒れるのを目の当たりにした。彼はひざまずいて母を腕に抱き、泣いていた。すぐそばには、意識を取り戻してうなり、助けを求めるルゲリエが横たわっている。自身の命も危険だったが、テプソはどうしても、二人を見捨てることができなかった。幸運なことに、母と友人を助けようと彼がもがいている間、その背中を狙うインド兵はいなかった。

インド軍の銃撃は突然やみ、不気味な沈黙が日曜の午後を支配し始める。テプソはようやく立ち上がり、ほかに負傷して助けを求める者がいないか、あたりを見回した。すると、何人かの村人が銃や槍を持って戻ってくるのが見えた。もしも基地を攻撃したりしたら、インド軍による新たな虐殺が起きるにちがいない——彼は瞬時に直感し、声を張り上げた。

「戻れ！　戻ってくれ！　母さんとルゲリエが重傷なんだ。基地を攻撃したら、二人が死んでしまう！」

彼はそのときまだ、母がすでに亡くなっていることに気づいていなかったのである。

ほとんど正気を失って爆発寸前だった村人たちは、テプソの叫びを聞いて立ち止まった。彼らは、インド軍基地への攻撃で命を落とす覚悟はできていた。だが、「二人の村人が血を流して死にそうに

1　トウガラシ　ナガランドは世界でもっとも辛いトウガラシの産地であり、インド軍は拷問の際にしばしば使用した。二八七ページ参照。

なっている」というテプソの言葉が、その決心を変えさせたのだ。村人たちはしぶしぶ、家やジャングルへと戻って行った。テプソは母親を見捨てられなかったことで、確実に起こったであろう新たな虐殺から村全体を救うことになったのである。

ちょうどそのころ、センデンユ駐屯地のインド軍歩兵中隊指揮官である少佐が、援軍とともに到着した。大惨事を見た彼は、この基地の指揮官とレイプ犯のジャコディを、即座に本部へ送り返す。インド兵たちはみな銃をベッドの下などに隠し、少佐の聴取に「自分たちは村人たちに発砲していない」と誓った。しかし、駐屯地周辺に散らばる何百もの空薬莢は、それがウソであることを物語っていた。少佐は負傷した村人たちを搬送するため、自分の車を一台提供した。

翌日、ジャカマ旅団本部の将軍が村を訪れる。

「軍を告発しないでほしい」

彼は村人に対して要請し、引き替えに巨額の賠償金を提示する。だが、そのときにはすでに、警察や政治家も現場を訪れ始めていた。

ジャコディは、インド軍の軍法会議で有罪を宣告された。しかし、基地の指揮官や兵士たちに対しては、何らかの処罰が下されたのかどうか、いまもわかっていない。

残された生きる悲しみ

現場で射殺されたニセルウ夫人は、一四人の子どもの母親だった。献身的な母親であり、夫にとっ

平和を求める市民のデモを警戒するインド兵たち

ては最愛の妻だったという。彼女が埋葬されると、むなしさや虚脱感が家族を襲った。

息子のテプソは、父が母の死をいかに嘆き悲しんだかを、筆者に語った。兄弟たちが寝静まった後、父が母の名前を呼んで一晩中泣いているのを、彼は何度も聞いている。畑仕事に行っても、父は母の名をつぶやき、うろうろするばかりだったという。彼の心は、二度と元には戻らなかった。生きること、働くことへの興味が消えてしまったのだ。傷心のまま、彼は三年後に亡くなった。

ルゲリエは、痛みを伴う手術を何度も受け、肉を削ぎ取られた臀部は元に戻った。事件の前、彼は結婚と子どもを待ち望む、子どもが大好きな若者だった。しかし事件後、彼は結婚したものの、数年経っても子どもができなかった。病院で検査を受けたルゲリエは、産婦人科医の言葉に愕然とする。股間を貫通した銃弾が生殖器官を傷つけたため、父親になることはできないというのだ。現在の彼は、満たされることのない切望を胸にかかえた、失望した夫である。

仲間の一人がレイプという犯罪に手を染めたにもかかわらず、罪もない村人たちに銃撃を加えることができる兵士たちとは、いったいどんな感情を有しているのか、まったく理解することはできない。しかし、たとえそれがどんな感情であったとしても、兵士たちが撃ったのは石ころでも犬でもなく、まぎれもない人間だったのだ。誰かの父であり母であり、息子であり娘であった彼らは、その銃撃のせいで一生をだいなしにされてしまったのである。

第13章

退路なき祖国

——密林に果てた中国派遣団

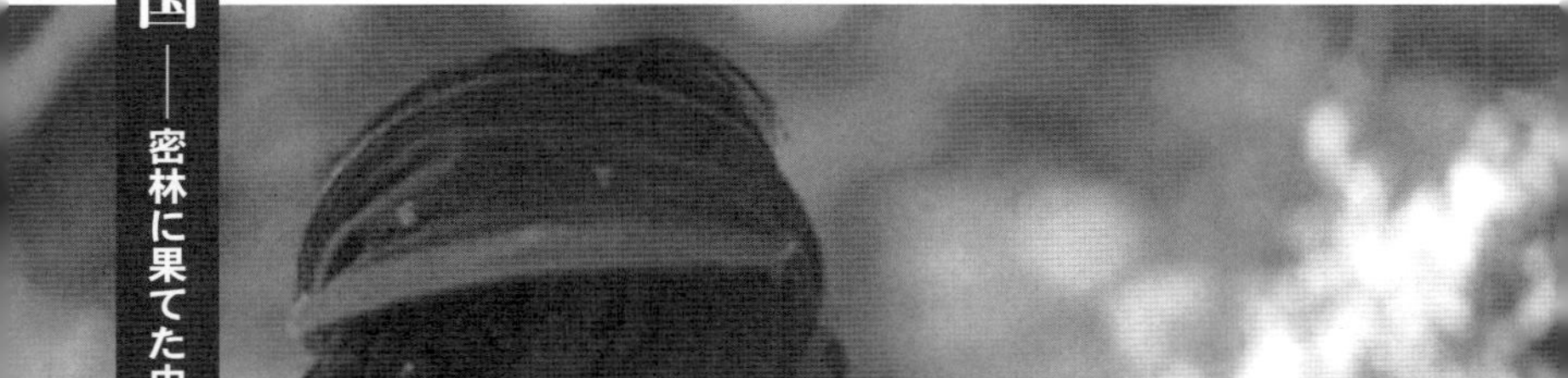

ナガ民族殲滅作戦

一九七四年一二月、ヴェダイ大佐の指揮下で始まったこの遠征計画は、中国に向けて出発したナガ軍部隊がナガランドを出られず、ビルマに到達する前に捕まったという、珍しい事例である。それは、当時のインド首相インディラ・ガンジーによる非常事態宣言と、ナガランド州の大統領直接統治、そしてそれに乗じたインド軍の全面攻勢の結果だった。

インド軍や政治家は決して明らかにしなかったが、当時のナガランド州には、ほぼ市民の人口に匹敵する数のインド軍兵士が展開していた。インド軍は司令部や基地だけでなく、各地の田畑や森の中にも駐屯し、作戦を展開していたのだ。当時、もしも夜間に上空からナガランドを見たら、まるで不規則に広がる大都市のように見えたことだろう。使われていないはずの田んぼや焼き畑にまでインド軍の臨時キャンプが設営され、ナガランド全土のいたるところに明かりが灯っていたからである。そしてインド軍駐屯地からは、ジャングルに隠れているナガ軍をあぶり出すために、戦車や迫撃砲による砲撃が行われていた。これこそがまさしく、インド軍によるナガランドへの侵略の実態である。

ナガランド州のインド軍司令官となったK・V・クリシュナ・ラオは一九七二年、ナガランド連邦政府のビセト・M・ケヒョとコヒマで会談。前年のインド・パキスタン[1]戦争の勝利で得意満面の彼は、誇らしげにこう語った。

「ナガが降伏しないのなら、全滅させるまでだ」

パキスタンに比べれば、ナガランドなど取るに足りない——彼はそう宣言したのだ。そして、その言葉どおり、インド軍は偵察隊と索敵掃討作戦でナガランド全体を圧倒し、ナガ民族闘争の鎮圧に乗り出していく。

当時のナガランド州の政治や軍の状況は、以下の事実からより明らかになるだろう。

①一九七二年八月三一日、ナガランド連邦政府とインド政府の停戦が、インド・ナガランド州知事によって破棄される。ナガランド州全体は「騒乱地域」に指定され、幅広い権限がインド軍に委譲された。外務省の管轄だったナガランド問題は、内務省に移管される。

②一九七二年一二月一日、非合法活動防止法がナガランド州に適用される。ナガ民族評議会（NNC）、ナガランド連邦政府、ナガ軍はすべて非合法組織とされ、犯罪者集団として、政治的、軍事的、法的にもっとも厳しい措置の対象となる。さらに、これらの組織を支持する市民の行為や言動もまた、犯罪として同様に処罰の対象とされた。

③一九七二年四月五日、軍特別権限法[2]が改定される。マニプル州、アッサム州に加え、当時連邦直轄領だったアルナチャル・プラデシュとミゾラム、メガラヤ州、トリプラ州、そしてナガランド州が

1　インド・パキスタン戦争　カシミール地方の領有権などをめぐって、インドとパキスタンが三度にわたって衝突した戦争。ここではバングラデシュの独立につながった第三次戦争（一九七一年）を指す。

2　軍特別権限法　下士官以上の将校が「治安維持」上の必要を認めた場合、「疑わしい」人物の尋問や家宅捜索が令状なしで認められ、また殺害しても罪に問われないことを定めた法律。インド憲法への抵触も指摘されている。

その範囲に含められる。

④第三次インド・パキスタン戦争の勝利で活気づいた膨大な数のインド兵が、ナガランドへ再配備される。アッサム・ライフルの二大隊が、ナガランドへ転属。また、ナガランド革命政府を通じて投降した元ナガ軍のセマ族兵士によって、ナガランド武装警察二大隊と国境警備隊一大隊が編成された。犯罪捜査局（CID）、秘密捜査部（SIB）[3]、民兵（VG）[4]の活動が、莫大な額の資金と武器の供給によって活発化する。インド軍とインド政府は共同作戦のために「ナガランド州における反乱組織鎮圧に関する共同指令」という秘密文書を作成し、行政、警察、軍、その他の諜報機関による、ナガ民族活動家に対する心理的・軍事的作戦が展開された。

ナガ民族運動を完全に殲滅するために仕掛けられた、こうした大規模な作戦は、一九七五年三月二五日にナガランド州に適用された大統領直接統治によって強化され、さらに四月の国家非常事態宣言へと続いていくのである。

飢える兵士への鞭と飴

圧倒的に不利な状況となり、ナガ民族運動家たちはインド・ナガ戦争の歴史をとおして初めて、絶望的に追いつめられていた。ナガ軍やナガランド連邦政府の高官たちは逮捕され、殺害されていく。ナガ軍の全旅団が、秘密裏の攻撃によって殲滅される寸前だった。

第二旅団は、ルザペマの本部が攻撃を受け、指揮官のヤニオ准将が雨のような銃弾を浴びて死亡。

新指揮官のリヴィリエ准将は、重病の治療のため故郷の村に帰ったところを犯罪捜査局に察知され、数百人ものインド兵に取り囲まれて逮捕された。

メレマ村周辺では、兵士に愛されていた大隊指揮官バル・シュヤ中佐が、インド軍の銃弾に蜂の巣にされて絶命。別の奇襲では、いつも笑みを絶やさず人びとに慕われたタタル・ホホの議長[5]ドルチャ・グウィザンツが、六二歳で永遠に沈黙する。さらに、クホビ・ジモミ大臣が議会へ出席する道中で射殺され、ナガランド連邦政府の副大統領フポングセ・サンタムもまた、敵の手に落ちた。

あらゆる場所で、ナガ民族運動の戦士たちは逃げ回っていた。どんな場所にも、数日以上滞在することはできない。ジャングルに突如として群がるインド軍兵士の数は、これまでナガ兵士たちの隠れ家となっていたジャングルの木々よりも多くなったようにさえ思えたのである。

ナガランドのほとんどすべての村は、インド軍によって包囲され、昼夜を分かたぬ厳しい外出禁止令が課された。村人とナガ軍の連絡や物資供給を妨げるためである。この結果、民族闘争開始以後初めて、ナガ軍は飢餓にさらされていた。しかも皮肉なことに、そこはビルマのジャングルではなく、

3　犯罪捜査局（CID）、秘密捜査部（SIB）　インドには、連邦政府直属から軍や警察に属するものまで、さまざまな諜報機関が多く存在する。その詳細はほとんど知られていない。
4　民兵（VG）　Village Guards　インド政府は、インドに協力するナガ人を組織化して武器を与え、民族運動対策として村で監視にあたらせた。
5　タタル・ホホ　ナガランド連邦政府の議会。日本の国会にあたる。

祖国ナガランドであり、ときにはよだれが出そうな料理の匂いが漂う村の近くなのだ。

この時期、家族の誰かがナガ軍に入っている家には、目印として赤い旗を揚げることが強制されていた。裏切ったナガ人のおかげで、インド軍と諜報部は、ジャングルで活動するナガ兵の名前をほとんどすべて突き止めていたのである。インド軍はナガランド州政府とも協力し、ナガ兵を隠れ家から誘い出して投降させるため、あらゆる手段を使った。たとえば大隊指揮官のザルヴィ大佐は、インド軍が送り込んだ兄から説得を受けた。

「投降すれば、ナガランド州警察の警部職が与えられ、タタ社[6]のトラックもくれるそうだ」

それでも、ザルヴィは兄に対して「絶対に投降しない」と固く断った。

また、ナガ軍の総司令官ヴィヤリエ・メタ将軍も、「投降すれば、ナガランド州警察の監察副長官に就かせる」との申し出を受けたが、断ったという。

このように、全ナガランドで、父や妻、兄弟たちが、ジャングルにいる家族や親せきのもとへ送り込まれ、魅力的な待遇をエサに投降がそそのかされていたのだ。

「ナガランド州における反乱組織鎮圧に関する共同指令」には、「心理的作戦」と題する一項が設けられている。

「反抗的な運動にかかわる成員たちを分割し、混乱させ、裏切りをそそのかす……」

こうした状況のなか、中国への遠征軍が組まれ、ナガランドを旅立とうとしていたのである。

不可能な作戦

一九七四年一二月、ヴェダイ大佐の指揮下一四〇名が、中国へ向けて出発した。部隊は、ナガランド連邦政府の副大統領メルプ・ケントや、財務大臣イサク・スウ、そして選び抜かれた古参兵たちによって編成され、女性部隊から選抜された八人の幹部も加わっていた。選ばれた者の多くは、以前にも中国やパキスタンへ行った経験があった。

インドの軍事作戦により、以前入手した武器の多くはすでに敵の手に渡っている。武器の補充は急務となり、またしても中国へ行く必要があった。Ｔｈ・ムイバが別部隊を率いて九月に出発していたが、状況は切迫しており、彼らの帰りを待たずに、さらなる部隊が出発することになったのだ。

予定では、セマ・チャケサン地域の境にあるンゴマ村付近から、セマ、レングマ、アオの各地域を通り、ポム地域からビルマ側へ潜入することになっていた。大部隊を分割して行軍することも検討されたものの、膨大な敵兵との銃撃戦を考えると、兵力の分散は不利である。結局、敵のどのような包囲に対してもそれを撃ち破る覚悟で、固まって行軍することが決められた。

しかし、一〇日以内に到着できる計算だったポム地域までに、彼らはまる一カ月を要することになる。さらに、多くの兵士がナガランド内で餓死したり、敵の銃弾に倒れて、たった一〇人しか中国に到達できず、それ以外はインドの牢獄へ行き着くことになろうとは、夢にも思わなかったのである。

6　タタ社　インド最大の自動車会社。

初めの数日間は、インド軍の駐屯地や巡回を注意深く迂回し、無事にセマ地域を通過した。ところが、レングマ地域のツェメニュ村付近で、彼らは待ち受ける困難の兆候に遭遇する。

コヒマ・ウォカ道路の脇に身をかがめた部隊は、間隔をあけながら、二人、三人と別れて横断していた。そのとき、ドプリエ少尉が三人の人影を見る。それは、ナガ軍の攻撃対象リストに名前のあがっている、犯罪捜査局のスパイだった。ナガ部隊の活動を確認したスパイたちは、ツェメニュの方向へ逃げ出そうとしている。ドプリエは発砲許可を求めたが、指揮官は三人の顔を確認できなかったため、とっさに許可を与えなかった。

これで、部隊の動きがインド軍に報告されるのは明らかである。周囲の気配に最大限の注意を払いながら、部隊は即座に道路を渡り、できるだけ距離をかせごうと行軍を急いだ。ツェメニュには、インド軍の強力な駐屯地があったからだ。部隊は休みなく一晩中、明け方まで歩き続けた。

アオ地域に差しかかり、部隊の行軍はより困難になっていく。インド軍は徹底的な捜索のため、ほとんどすべての旅団をジャングルに展開させていた。眺望がきく山頂から双眼鏡で見渡すと、谷間という谷間にインド軍兵士がひしめいているのが見える。ヘリコプターまでもが、山間部をジグザグに音を立てて飛んでいた。

部隊は危ういところで敵の目を逃れながら、眺望がきく地点を求めて何日間も移動し続けた。部隊の動きはすでに敵に気づかれているため、戻ることは問題外である。しかし、前進することもまた不可能に見えた。さらに最悪なのは、携行した一〇日分の食糧が尽き、すでに何日間も何も食べていないことだった。

日中はきわめて困難な地形だけを選んで歩き、夜間に渓谷や小川を通って前進する。ときには自分たちの足跡をたどって後退し、ときには脇道を這って進み、敵をやり過ごすためにうずくまって何時間も隠れたりして、彼らのこの奇妙な行軍は続いていった。

飢餓と追撃の故郷

行軍を続けるうえで、沈黙を守ることは絶対条件だった。すでに数日間、身振りだけの意思疎通で行軍していた。インド軍の野営地の鼻先数メートルをかすめる彼らにとって、完全な静寂こそが残された唯一の武器だったのである。

だが、口の沈黙を守ってはいても、緊迫したときに限って、空っぽの腹からゴロゴロという音が聞こえることがあった。腹のムシを抑えるため、彼らは植物の苗、野生の果実、根など、ありとあらゆる食べられそうなものをすべて口にした。幸運な者は、ときにカニやカブトムシを捕まえたが、火をおこすのは危険だったため、すべては生で食べねばならなかった。

飢えと寝不足、そして物理的疲労。何としても食糧を見つける必要があった。そこでナガ兵たちは、援助を期待できるアオ族の村へ行くことにした。村はすでにインド軍の占領下にあるかもしれないが、危険を冒さざるを得ない状況だったのだ。これまでにも、戒厳令や軍の大規模な展開で、村からの食糧配給が途絶えることはあった。中国や東パキスタンへの遠征中にも、飢えや空腹を経験したことはある。しかし、ナガランド内でこれほどの飢えを経験したことは、誰もなかったのである。

ニトリエ少佐、スウェンガ中尉とドプリエ少尉が、村で食糧を探す任務を命じられ、暗がりのなか、村はずれの家に近づいた。戒厳令下の夜、台所の勝手口に突然現れたナガ軍兵士に、家の主は驚いたが、ナガ兵たちを寝室に押し込み、妻が紅茶をふるまってくれる。当時、インド軍はよく抜き打ち検査と称して家に突然やってきたため、夫妻は非常におびえていた。

「村の近くにナガ軍部隊が隠れている。近隣の家から食糧を調達したい」

ニトリエ少佐が切り出すと、男の顔は急に青白くなり、震え始めた。インド軍駐屯地近くに隠れている、一四〇人ものナガ兵士のために食糧を提供する――それは、村全体の運命を考えれば、冒すことのできない危険だったのだ。突然、男は部屋を飛び出すと、大声で叫び始めた。

「泥棒だ！　泥棒だ！」

裏切ろうとするその村人を、ドプリエは容赦なく撃ち殺すこともできた。しかし、村々がひどい緊張と恐怖に包まれていることも知っている。彼らは軽機関銃の引き金に指をかけたまま、窓から飛び出し、叫び声で騒然とする村を後にした。

部隊の隠れ場所に戻り、任務の失敗を告げると、多くの兵士が涙を流した。誰もが、ようやく食べ物にありつけると期待していたのだ。翌日の夜明け、部隊は移動を再開した。

部隊の最後尾が出発を待っていると、突然、何百発もの自動小銃の銃弾が朝の静けさを破った。村にいたインド軍が三人のナガ兵の訪問を察知し、夜明けとともに捜索を展開し始めたのだ。幸運なことに、部隊のほとんどはすでに出発している。後衛を務めるドプリエは、村はずれに向けてM22自動小銃の弾倉を空にし、仲間を追って走った。

アオ地域のはずれで起きたこの出来事により、隣接するポム地域にも膨大な数の敵が陣取っていること、そしてナガ部隊の存在が全インド軍に報告されたことは、明らかだった。ナガ軍諜報部によれば、インド軍最強の連隊である第八山岳師団、クマオン連隊、マハル連隊、マドラス連隊、ラージプート連隊、マラタ軽歩兵隊、パンジャブ連隊に加えて、中央警察予備隊、アッサム・ライフル、国境警備隊、ナガランド武装警察など、多くの準軍組織[7]も展開しているという。

敵はすぐ背後に迫りつつある。飢餓に苛まれながらも、彼らは行軍を続けるしかなかった。

天上へ拓く退路

飢餓の一四日目、最初の犠牲者がでる。彼はチャケサン族の出身だった。

「友よ、みんなに幸運が訪れますように。俺の旅は、ここで終わりだ」

一九四七年から続く半世紀以上の戦いのなかで、死にゆく兵士が各部族語でつぶやく最期の言葉

7　準軍組織　インドには陸・海・空軍のほかにも、数多くの軍事組織が存在する。国内の紛争地域で活用されるのはこうした準軍組織が主であり、「治安維持」と称して数多くの人権侵害を引き起こしている。ただし当時のナガランドにはインド軍が多く投入されており、実質的に戦争状態だったことがわかる。

は、生き残った者たちの記憶をいまだに苛んでいる。誰も、何をしてやることもできず、部隊は彼を草の上に置き去りにして、行軍を続けた。その後も多くの兵士たちが、似たような言葉を残して飢餓で倒れていった。

ポム地域に差しかかると、もはや地域全体に敵の見張りや部隊がひしめいていた。完全に包囲されている事実を痛感させられ、彼らの行軍は終わりに近づいていく。包囲を突破するルートを探すため、偵察隊が送り出されたが、どの隊ももたらす報告は同じだった。

「敵に見つからずに逃げられる道は、ありません」

包囲するインド軍は、ナガ軍部隊の隠れ場所までは特定していなかったものの、この谷間のどこかにいるということは見抜いていた。

「おまえたちは完全に包囲されている。投降せよ。さもなくば全滅だ」

低空飛行するヘリコプターからは、そんな警告が繰り返し流されていた。

三日間、部隊は狭い渓谷にとどまった。放たれた軍用犬の吠え声が、しばしば近づく。見つかるのは時間の問題だったが、どの方向にも身動きできない。飢餓はすでに一七日目を迎えていた。

三日目の午後、ついに避けられないことが起きる。インド軍の数部隊による合同作戦が、彼らを奇襲したのだ。包囲され、すべての退路は断たれている。それでも彼らは、投降するよりも死ぬ覚悟を決めていた。

まるで動物が狩られるように殺され続けた、一九五五〜七四年の一九年間。大変な困難と窮乏にもかかわらず、彼らは闘争を続けてきた。多くの者にとってそれは、「家にいてください！」と泣きすがる妻や子どもたちを後に残し、父親としての本能を鉄の意思で抑え付けることをも意味していた。何度も何度も涙をこらえ、自分たちが正しいと信じる大義のために、彼らは戦い続けたのである。そして、奇跡的に死を免れたとき、彼らはいつも、自分が信じる神の手を感じていた。神さまはわれわれを決してお見捨てにはならない――包囲を突破するという絶望的な試みで、彼らはもう一度、神の手に自らをゆだねる決意を固めた。

永訣への輪舞曲

最初の一斉射撃で、メレル大尉とソングヒエ、ジャパンが倒れ、銃弾の雨で命を落とす。ナガ兵たちは、ナガ特有の戦闘の雄叫びとともに、突撃を開始。怒りで、アドレナリンが体を駆けめぐり、新たな力が湧き出してくる。開けた焼き畑を駆け抜ける以外、選択肢はなかった。狭い渓谷では、手榴弾の攻撃で全滅する恐れもあり、危険すぎるのだ。一部は上流に、他の者は下流へ向けて走り、必死で逃げ道を切り開こうとした。

畑へ逃げ込んだドプリエ少尉と部下たちは、そこで愕然とする。畑はインド兵に埋め尽くされていたのだ。いまや、インド軍は全方向から彼らに向かって突進し、まるで谷間全体が生きて動いているかのようだった。

ナガ軍とインド軍は、至近距離で互いの姿をはっきり見ながら、銃撃し合った。銃声が、モンスーンの豪雨で荒れ狂う川のような音を立てる。渓谷に機関銃と自動小銃の炸裂音がこだまし、さらに反響して、とてつもない轟音になっていた。ドプリエは、数名の仲間が倒れるのを目の端にとらえたが、それが誰なのか、もはや確認する余裕はなかった。

走りながら銃を撃っていたヴィラル二等兵は、ステン短機関銃を手からもぎ取られ、深い溝へ吹き飛ばされた。銃弾を受けた右腕はずたずたにちぎれ、ひどい痛みが体中を襲う。とっさに自分のステン短機関銃を手探りで探したが、見つからない。彼を銃撃したインド兵が、新たな弾倉を装着したステン短機関銃を構えて近づいてきた。ヴィラルは自分に向けられている銃口をにらみつける。恐れてはいなかった。奇妙なことに、彼はむしろ、五感を苛む痛みから解放される死を待ち望んでさえいたのだ。歯ぎしりしながら、ヴィラルは相手に向かって叫んだ。

「撃てよ！　撃て！」

二人の距離は、三メートルもない。インド兵は一瞬ためらった後、フルオートで引き金を引いた。銃弾がヴィラルのズボンやシャツを切り裂き、彼が大の字で横たわる地面をも穴だらけにする。だが、弾倉が空になり、煙とほこりが鎮まると、驚いたことに、ヴィラルには一発の銃弾も当たっていなかった。撃ったインド兵も、撃たれたヴィラルも、信じられない現実を前に、唖然とした沈黙のなかでお互いを見つめ合った。腕の痛みが再び押し寄せてくる。ヴィラルはもう一度、頼んだ。

「もう一度、撃ってくれ」

インド兵はベルトに手をやり、新たな弾倉を探ったが、見つからない。

「弾が尽きた」

「では、鉈で殺せ！」

ヴィラルが叫ぶと、インド兵は左右を見回して答えた。

「鉈は持っていないんだ」

そして、インド兵はおびえた瞳で走り去った。

ナガの人びとが信じ続ける神が、いま再びヴィラルを救ったのだろう。今日という日は、おまえの死ぬべき日ではない、と。

後に彼は意識不明で見つかり、軍病院で長期の治療を受けて回復した。

御手の深遠なる悪戯

下流へ向かったナガ兵は少数で、ほとんどが小山の頂上へ逃げていた。そこから敵陣の一番薄い方向を見定め、突破口を見出そうとしたのだ。しかし、山頂から見た谷間は、全体がインド兵によって埋め尽くされている。

ナガ軍の将校たちが選んだのは、数キロ先のアッサム・ライフル野営地をあえてめざすルートである。彼らには、以前にも同様の経験があった。秘訣は、敵の駐屯地を避けるのではなく、あえてそこに向かって行くことである。インド軍は、まさか獲物が自陣近くに隠れているとは考えず、期待どおり逆方向へ遠ざかる。この策略はこれまで常に成功し、インド兵が駐屯地内に戻ったときには、彼らはいつも逃げのびていた。

だが今回、この策略は裏目に出る。彼らには見えていなかったが、アッサム・ライフル野営地の真下には、巨大なインド軍旅団本営があったのである。彼らは、知らずに敵の大部隊へ向かっていたのだ。

何日も待ちわびた突破口へ向け、彼らは息を切らして突き進んだ。途中、ニトリエ少佐は素早く座り、ポケットからカミソリを取り出した。何日間もの飢餓の後、体力が限界に近づくと、筋肉がけいれんで完全にマヒしてしまう。そんなときは、筋肉に少し傷をつけると、血が巡り、けいれんが収まる。ニトリエはカミソリで、腿の下のほうに二センチほどの傷をつけた。血が流れると、足はまたいうことをきくようになった。けいれんで足が動かなくなり、前進できなくなったときは、これが最後の治療法なのだ。

ニトリエをかばってともに先を急ごうとしていたドプリエ少尉は、財務大臣イサク・スウ[8]が部隊の後方で懸命にもがいているのを見た。必死の逃亡劇では、いつも年長者が遅れるものだ。イサク・スウの鼻や口からは、汗やよだれが流れ落ち、落ちくぼんだ目には目やにが固まっている。苦しんでいる指導者に同情すると同時に、彼を助けられない自分の不甲斐無さにドプリエは打ちのめされた。

「イサクおじさんは、今回は助からないかもしれない」

しかしドプリエはこのとき、知るよしもなかった――イサク・スウがその後、少数のナガ兵とともに中国へ逃れ、さらに三〇年以上も闘争を続けるという、神の計画があったことを。そして一方で、ドプリエ自身は逮捕され、働き盛りの時期をインドの牢獄に費やすということを。

ジエセベトゥオもまた、疲弊し切ったイサク・スウに出くわした。強く頑健な肉体をもつ彼も、一七日間の飢えで体力と気力をしぼり取られていた。だが、自分たちの指導者を置き去りにするわけにはいかない。どことも知れぬ体の奥から力を奮い起し、ジエセベトゥオはイサクの腕を肩にかけ、引きずって山を登った。一〇〇メートルほどの開けた焼き畑を登っていると、反対側の斜面で、数丁のブレン軽機関銃が火を吹く。すさまじい量の銃弾が周囲の地面に着弾し、土ぼこりで視界が遮られた。にもかかわらず、まるで周囲に鉄の防御壁があるかのように、彼らは無傷で山頂までたどり着いたのである。

ジエセベトゥオは後に、著者にこう語った。

「私自身の肉体的な強靭さではありません。天からの超自然的な力が、私を上官とともに山頂へ駆け登らせたのです」

イサク・スウは、現在もナガランド民族社会主義評議会の議長として闘争を続けている。

彩られた死線

ドプリエと部隊の主力は、アッサム・ライフルの駐屯地がある山の頂上へたどり着いていた。だが

8　イサク・スウ　シロン協定に反対し、Th・ムイバとともに分裂して、一九八〇年にナガランド民族社会主義評議会（NSCN）を結成。

この先、駐屯地のすぐ下の広場を通り抜けなければ、向こう側の渓谷へは逃げ込めない。それにしても、駐屯地の広場から聞こえてくるインド軍兵士の声が、あまりに大勢に聞こえるのは気のせいだろうか——小さな駐屯地の収容人数をはるかに超える兵士たちがいるように聞こえるのである。それでも、彼らはその疑念を払いのけ、自分自身に言い聞かせた。

「これは、インド軍のいつものバカ騒ぎなのだ」

山頂にとどまり続けることは危険だ。考えている時間はない。数分で決断が下され、彼らは広場へと駆け出した。

広場を全速で突っ切っているとき、先頭のヴェダイ指揮官が手を上げ、停止を命じる。前方に、いまにも壊れそうな小屋が見えたのだ。おそらく、使われなくなった便所ではないか。いずれにせよ、この小屋から見えないところを通り抜けるのは不可能である。彼らは危険を承知で、突進した。

突然、鋭い笛の音が空気を切り裂く。便所に見えたのは、実は旅団本営の見張り小屋だったのだ。警笛は次々に呼応して吹かれ、ナガ兵たちはなす術もないまま、あっという間にインド兵に取り囲まれた。夜の静けさにガチャッという、何百丁ものライフルの遊底が銃弾を発射位置に装填する、威嚇的な音が響きわたる。山の尾根に浮かび上がるインド兵たちの姿を見上げ、ナガ兵たちは悟った。絶望的な罠にかけられてしまったのだ。

「生きたまま捕まえろ」という命令が下っていたのか。あるいは、ほかに何か理由があったのか。

なぜ即座に銃撃が始まらないのか、ナガ兵たちは理由がわからず、とまどっていた。数百人ものインド軍兵士の影が、山の尾根に連なって浮かび上がる。広場にもおびただしい数の兵士がいる。にもかかわらず、ナガ兵たちが胸をドキドキさせながら、さらに行進し続けても、インド軍は一発の銃弾も発射しないのである。

「前進を続けろ」とも「止まれ」とも、命令はない。ナガ兵たちは、そのまま行進を続けた。足は自動的に動き続けているが、体のほかの部分は恐怖でマヒしている。唯一動かせる目で知り得るのは、自分たちの存在が、もはや敵の思うがままであるという現実だった。しかし、ほとんどの者は飢えと疲労ですでに半死状態で、いまさら生死を気にしてはいない。銃の安全装置を解除し、指を引き金にかけ、インド軍の旅団指揮官が銃撃命令を下す瞬間を待ち構えながら、彼らは前進していった。

行進が続く数秒の間、まるで全世界がすべての動きを止めたかのように、不吉な沈黙が支配する。背筋が凍るような、血みどろの光景を目撃するために。そして、またしてもナガの死、ナガの血、ナガの涙で彩られようとしている、その惨劇を目撃するために——。

戦士たちのクロニクル

沈黙は、三丁の中機関銃の銃撃で不意に終わりを告げた。それを合図に、全方向のインド兵が銃撃を開始する。まるでハチの大群のように体を焦がす、集中射撃の熱。それは、幾多の戦闘をくぐり抜けたドプリエでさえも、これまで体験したことのないものだった。

この一斉射撃で、ナガの全部隊が木端微塵にされていてもおかしくはなかった。しかし、渓谷へ向かって逃げる彼らのなかで、撃たれて亡くなったのはヴィラティエとレヘトゥオだけだった。何百人ものインド兵が、見通しのよい地点から銃弾の雨を降り注がせるなかで、これは奇跡的である。部隊のほとんどが、小川のある渓谷へ逃げ込むことに成功したのだ。すると、銃撃は突然やみ、スピーカーから声が聞こえてきた。

「降伏しろ。おまえたちは一個旅団以上の兵力に完全に包囲されている」

戦いを続けるか、それとも投降して、他日を期すか。彼らは迷い、互いに目を見合わせた。すでに、脱出ルートは存在しないとわかっている。今度ばかりは、以前のような思いもかけない展開は期待できない。こちらの位置は敵に完全に筒抜けで、自分たちはあまりに無防備だ。敵は、こちらを追い出す手間すら必要ない。数個の手榴弾と数分間の集中砲火で、簡単に全滅させられる。

三〇日間、何千人ものインド兵に追われ、ナガ兵たちは神の御心を確かめるかのように、無理を重ねてきた。だが、何事にも限界はある。そしていま、自分たちはその限界の淵に達してしまった――ついに、決断が下された。

断腸の思いで彼らは武器を捨て、降伏した。生死をともにした銃を手放したとき、ひどい疲労感が彼らを襲う。渓谷から歩いて出る気力もなく、ほとんどの者は四つん這いで出てきた。

投降したナガ兵たちが広場に集められたとき、イサク・スウとヴェダイ大佐、ニトリエ少佐、プッォル従軍牧師、ジエセベトゥオ、そのほか数人は、目と鼻の先で、見つかることなく隠れていた。灌木の藪は、彼ら全員を十分に隠すほど大きくはない。上方には広場が、足元には低木が散らばる焼き畑が広がるだけで、周囲はすべて、残党狩りと死体の捜索に忙しいインド兵の往来に囲まれている。それでも、彼らはじっと隠れ続けた。インド兵たちは、一三人ものナガ部隊の残党が、彼らの活動のただなかに隠れているとは、夢にも疑わなかったのだ。

夜を待って、一三人はビルマへ向けて脱出した。その後、一人が逮捕され、二人がチンドウィン川の急流に押し流されて命を落とすが、イサク・スウを含む一〇名は、飢餓と潜行の日々を耐え抜いて、中国までたどり着くことになる。

濁流に飲み込まれた一人はヴェサプラルで、父親をインド軍に殺された若い女の子だった。彼女は父の復讐を誓って学校をやめ、ナガ軍に入り、中国への遠征に選抜された。

彼女の遺体が発見されることはなかった。死後、彼女の魂がいずこともなく旅立ち、愛する父親と再会したことを願ってやまない。

後年、少佐となったドプリエは、皮肉な運命を振り返った。若く活気あふれる兵士だった彼が敵に捕らわれた一方で、なかば死にかけていた、年老いた財務大臣イサク・スウが中国まで脱出したのだ。もっとも経験を積んだ兵士たちにしかたどることのできない、人間の限界を超えた曖昧な領域がある——古参兵たちはしばしば、仲間うちでそう語り合うという。それは、本当にあるのかもしれない。

中国派遣団一四〇名のうち、生きて捕らえられたのは六七人。一〇人が中国へたどり着き、残りの六三人は、殺されたか、行方不明になった。飢えと疲労の果てに、彼らがどこで倒れたのかは、彼らが愛したナガランドの谷間や山峡だけが知っている。大地の戦士として、あらんかぎりの努力で戦い続けて力尽きたとき、彼らが妥協できる唯一の降伏方法は、疲れ切った体を母なる大地の胸に横たえることだった。

半世紀以上続くナガランドの戦争は、いまにいたるまで、すべて夜間に行われてきた。

「ナガ人はインド人であり、ナガランドはインドである」

インドのその主張が、燦々と輝く白昼の光には耐えられないからだろう。外国人ジャーナリストがナガランドを訪れることは、厳しく制限されている。それどころか、一般のインド人市民でさえ、ナガランドを訪れるにはインナーライン（奥地境界線）[9]許可証が必要とされているのだ。

ただし、もしもインド首相が一度でもナガランドを訪れようとするなら、ヘリコプターで飛ばねばならないだろう。「彼の（統治下である）」と主張するナガランドであるにもかかわらず、そして洗練された軍の武器と数的優位にもかかわらず、ディマプルからコヒマまでわずか七四キロの道のりを、彼が車で安全に通過することは不可能に近いのだ。それは、インド軍の高級将校たち自身がよく知っていることである。

9　インナーライン（奥地境界線）　一八七三年、イギリスが山岳民族居住地の切り離しと囲い込みを目的に設定した。ナガ居住地にも適用され、インドも独立後に踏襲。ナガランド問題の隠蔽に利用した。

第14章 迷宮に落ちた兵士

——永遠を闘い続けた男の物語

出口のない部屋

メゾマ村出身のツォリリエ軍曹は、かつてレスリングの選手だった。五人兄弟の長男だった彼は、戦争勃発後の一九五六年にナガ軍へ参加。すぐに軍曹に昇格する。だが六一年に、食糧調達任務の最中、ペディフルで敵の待ち伏せ攻撃を受け、ルレ中尉とヤニプラ軍曹とともに捕虜となった。

ナガ軍基地へ案内するよう命じられた彼らは、インド軍兵士を回り道して連れ歩き、ずっと昔に放棄されたナガ軍キャンプへと導く。ナガ兵士をどこにも見つけることができなかったインド軍は、三人をピペマの旅団本部へ連行した。

ここには、インド軍でも悪名高い拷問部屋の一つがあった。捕まった多くのナガ兵たちのなかで、この拷問施設から生きて出てきた者は誰もいない。拷問部屋の壁には乾いた血が厚く重なり、血の臭いがするという噂だった。銃を奪って旅団本部から逃げ出した幸運な仲間たちの話から、拷問がどのように行われるかも知られていた。逆さに吊るされ、青黒くなるまで殴打され、ついには自分の血で窒息させられる。あるいは、裸にされ、これ以上叫ぶこともできなくなった犠牲者が、頭が爆発し、脳が天井に飛び散るのではないかと思うまで、感電させられる——。

三人は、こうした拷問を自分たちも経験するのだと覚悟していた。そして、まだ若かった彼らは、互いに誓いをたてた。まず、叫んだり許しを請うなど、拷問者たちを満足させるようなことはしない。また、ナガ軍キャンプや仲間の情報などを決して漏らさない。さらに、少しでも逃げるチャンスがあれば、三人一緒に決行する。これは、もし一人だけが逃げれば、残された者は間違いなく死ぬまで拷問を受けることになるからである。こうして、彼らは旅団本部に入った。

驚いたことに、それぞれ別々の部屋に閉じ込められた三人を最初に待っていたのは、拷問ではなく、十分な食事だった。四日間、尋問すらないのである。この拷問施設についての仲間たちの話は、誇張されていたのではないか。三人は、そんなふうにさえ思い始めた。

しかし、彼らのささやかな希望はすぐに打ち砕かれる。インド兵たちは、彼らから多くの情報を引き出したかったのだ。最初に与えられた十分な食事は、長期間にわたって拷問を続けるためのものだったのである。

五日目の朝、彼らは突然、窓のない大きな部屋に連れ込まれた。そして、裸にされ、尋問すらされないまま、銃床とラティ（棍棒）による殴打が始まる。最初の連打が終わる前にはすでに、唇は裂け、歯は折れていた。それでも三人は、思わず出るうめき声のほかは、叫び声を押し殺し続けた。その後、初めての質問が浴びせられる。

「おまえたちの駐屯地はどこだ？」

「モウ将軍はどこにいる？」

「おまえたちの大隊には何人の兵士がいる？」

「どこの村が食糧を供給しているんだ？」

延々と続く尋問に対して、彼らは「知らない」と答え続けた。実際、多くの質問に対する答えを、彼らは知らなかったのだ。

拷問は四日間続いた。あるときは逆さに吊され、あるときは感電させせられ、またあるときは大きな丸太が彼らの裸体の上に転がされる。拷問の多くは、ライ少佐とガルワル連隊の大尉によって行われ、黒い布で顔を覆った通訳が使われた。

痛みに転げ回り、自らの血で窒息しそうになり、何本もの肋骨が折れて、体中が痛み、腫れ上がる。それでも、彼らはいかなる情報も漏らさず、また許しを請うようなことも拒否し続けた。用を足すため外に連れて行かれたとき、ルレ中尉は二回ほど逃亡の機会を見つけたが、仲間との誓いのため、実行しなかった。

拷問の初日と二日目に、彼らは話し合っていた。

「わずかでもチャンスがあれば、三人で力づくでも脱走しよう」

拷問の後遺症による障害を一生背負い、自力で働くこともできず生きていくくらいなら、脱走を試みて死ぬほうがましだ——彼らはそう合意していた。しかし、自殺的なまでの彼らの決意は、三日目にはほぼ実行不可能となる。彼らは、横たわった場所から起き上がって移動することさえできなくなっていたのである。すでに三人とも前歯を失い、唇は腫れあがって、仲間同士での意思疎通もむずかしくなっていた。しかも、彼らは文字どおり、三日間にわたって自分の血を飲まされていたのだ。

壊された戦士

拷問の四日目。新たに、より凶悪な拷問方法が用意された。三日間の拷問ですでになかば死にかけていたルレ中尉は、運ばれてきた物を見て戦慄した。拷問者が運んできたのは、一皿のラジャ・ミルチャだったのだ。

ラジャ・ミルチャとは、インドの言葉でキング・チリ(トウガラシの王様)を意味する。ナガランドの丘陵地に育つ、この親指ほどのトウガラシは非常に辛く、たった一つで鍋のカレーが食べられないほどになってしまう。それがいま、皿いっぱいに運び込まれ、尋問者たちが目の前ですりつぶし始めたのだ。トウガラシをペースト状にすりつぶしながら、拷問者たち自身がくしゃみを繰り返していた(このキング・チリは、世界でもっとも辛いトウガラシの一種と認定されている)[1]。

トウガラシのペーストが、包皮をむいた性器と、股間の柔らかい皮膚に塗りつけられた。ラジャ・ミルチャは、皮膚の厚い腕などに少し塗っただけでも、石けんと水で洗い流さないかぎり、焼けるような刺激が何時間も続く。この強力なトウガラシが、足と腕を背後で固く縛られてなす術なく床に横たわる彼らに対して、塗りつけられたのである。

叫びを抑えることは、できなかった。もっとも敏感な陰部をトウガラシに焼かれた彼らは、狂ったように吠え、叫んだ。彼らが叫ぶ数分間のうちに、性器は手首や腕の太さにまで膨れ上がる。この拷問は、ライフルの銃床による殴打や感電よりも、はるかに苦しいものだった。彼らの叫び声は、旅団

1　二〇〇七年にギネスブックで「世界一辛いトウガラシ」と認定された。それまで世界一とされてきたハバネロの二倍ほどの辛さとされる。

本部の下に位置する村にまで響き渡ったという。

それでも二人の仲間は拷問を耐え抜いたが、ツォリリエ軍曹の頭の中では、何かが弾け飛んだ。その日の夕方から、彼はつじつまの合わないことを話したり、訳のわからないことをつぶやき始める。

一週間後、ツォリリエの弟コウがようやく面会を許されたとき、兄はすでに精神的に錯乱していた。服を着てはいるものの、シャツやズボンは血だらけで、体全体が腫れあがっている。顔もひどく腫れているが、拷問によるひどい流血のせいで青白い。頭を垂れて、彼は部屋の隅に座り込んでいた。

「ツォリリエ？」

コウが呼びかけると、彼は頭を上げ、恐怖におびえた顔で言った。

「コウ、どうしてここに来たんだ？ ここではひどく殴られるって、聞かなかったのかい？ 俺を見ろよ。やつらは俺を壊してしまった。もう立ち上がることもできない。やつらがおまえを殴る前に、早くここから逃げ出せよ」

コウは悟った。悲しいことに、彼の兄はもう、何者をも恐れない精力的な戦士ではなくなっている。兄の眼には正真正銘の恐怖と怯えが宿り、「早く逃げろ」と促すのだった。

目に涙を浮かべ、信じられない現実に頭を振りながら、コウは兄の体を油でマッサージし、持ってきたスープを飲ませた。兄はまだ、肉体的には生きている。しかし、精神的には死んでしまったのだ。

精神的な障害を理由に、コウは兄の保釈を請願したものの、顧みられはしなかった。ツォリリエのような政治囚には、少なくとも七年の禁固刑が課せられるのである。

迷宮の守り人

その後、兄がどこへ連れて行かれたのか、コウに知らされることはなかった。六カ月後、アッサムのテズプル刑務所に収監されているナガ兵捕虜のニビフから、手紙が届く。手紙は、同情的な看守によってこっそり持ち出されたもので、こう書かれていた。

「あなたのお兄さんは精神的に錯乱していて、日に日に悪くなっています。何らかの法的な措置を講じて、すぐに刑務所から釈放させなければなりません」

コウはその晩、眠れなかった。彼の家は、銀行に預金があるような裕福な家ではない。お金を借りられるような裕福な親戚もいなかった。戦争中の困難な時期であり、どの家庭も自分たちの子どもを食べさせるだけで精一杯なのだ。田んぼを売ることはできるが、買い手がいない。手元にあるのは、彼と妻が一生懸命働いて、子どもたちを食べさせるために蓄えた米だけだ。米を売るのはたやすい。だがその後、どうやって子どもたちを養っていけばいいのだろうか。コウは、実兄への責任と、子どもたちへの義務の板ばさみになって苦しんでいた。

メゾマ村の夜が明けるころ、コウは決心する。家族のために一カ月分の蓄えを残して、彼は米を売り、兄の釈放請求を助けてくれる弁護士を探すため、コヒマへ向かった。

インドの官僚的形式主義と引き延ばしに一カ月を費やした後、コウはついに、テズプル刑務所から兄を救い出すことに成功する。ところが、決定は完全な釈放ではなく移動命令だと聞かされて、彼はぞっとした。拷問のすえに狂気へと追い込んだナガ兵に対して、インド政府が認めたのは、テズプル刑務所からディマプル中央刑務所への移動だけだったのである。移動後、ツォリリエはさらに三年間の服役を強いられる。ようやく釈放されたのは、一九六四年九月六日だった。

「大隊本部へ行き、任務に戻らなければ」

釈放されて帰宅した日、ツォリリエはそう主張した。精神的に錯乱し、おかしなことをつぶやいていても、自身の頭のなかでは、彼はいまだに兵士なのだ。それが、狂気の世界に滑り落ちる前の最後の記憶であり、自分が誰なのかさえぼやけてしまった現在も、その記憶はいまだに彼にこびりついていたのである。

弟コウの家にいた数日間、ツォリリエの魂は落ち着くことがなかった。村の中にこうして滞在することは、彼にとっても弟の家族にとっても危険すぎる——それが彼の意見だったのだ。彼は兵士だったところ（他のすべてのナガ兵士もそうであるように）、村には一晩以上滞在しなかった。裏切り者に密告される危険が常にあり、兵士だけでなく、インドの「敵対者」をかくまった家族もまたしばしば投獄されたからである。

ある日、ツォリリエは姿を消した。コウと親戚は、一日中彼を探し回った。錯乱したときの彼は、恐怖に怯えることもあれば、以前の自分を取り戻して深い怒りに取りつかれることもあった。

「自由のための戦いは、絶対に放棄できない」

「自分は生きているかぎり、絶対に降伏しない」

しばしばそう口走るツォリリエが、怒りにまかせて罪のない村人を殺害するのではないか。コウと親族は、それをとても心配していた。

しかし、ツォリリエはその晩戻ってきて、すでにジャングルにキャンプを設営したことを彼らに告げた。自分の存在がコウの家族や村に危険を及ぼすため、そちらに移るという。熟考のすえコウは、意志に反して家に引き留めるよりも、行かせることを選んだ。

鐘と口笛の記憶

コウは毛布や鍋、皿などの生活必需品をそろえて、ジャングルのツォリリエのキャンプを訪れた。キャンプは非常に上手く作られ、小川近くのいい位置に隠されている。兄は、兵士としての感覚をいまだに失っていなかったのだ。その後、ツォリリエはジャングルに寝起きし、米がなくなったときだけ家へ帰ってきた。そんなときも、かつてナガ軍兵士だったときと同じように、彼は決まって夜の闇にまぎれて現れた。

鳥を狙ってジャングルへ踏み込んだ子どもたちが、ツォリリエの隠れ家を発見してしまうことがよくあった。彼はそんなとき、子どもたちにこう言い聞かせたという。

「この隠れ家を、インド軍に報告してはいけないよ」

ジャングルの中で口笛を吹くことに、ツォリリエは猛烈に反対した。もう一つのおかしな性癖は、鐘の音を嫌うことだった。誰かが口笛を吹くと猛烈に怒り、鐘の音を聞くと手で耳を塞いだ。

口笛や鐘は、あらゆる軍駐屯地で共通して使われる。兵士の間で警告や呼び出しなどに口笛が吹かれ、また時報として一時間ごとに鐘が鳴らされる。ピペマの旅団本部でひどい拷問を受け、正気と狂気の間をさまよっているときに、これらの音が彼の精神に傷を与えたのだろうか。真実は誰にもわからない。

一九六四年に釈放されてから九四年までの三〇年間、誠実で任務に忠実な迷宮の兵士として、彼はジャングルの隠れ家に住み続けた。メジペマの町で育った子どもたちの多くは、ツォリリエのキャンプを一度は訪れた経験がある。彼のキャンプはいつも塵一つなく掃除され、周囲の落ち葉もきれいに掃かれていた。

親戚や友人はたびたびツォリリエに、降伏して家へ帰ってくるよう勧めたが、「降伏」という言葉を彼はひどく嫌った。その言葉を聞くと怒りを爆発させ、「絶対に降伏しない」と宣言するのだ。この三〇年間、彼が何度キャンプの位置を変えたのか、誰にもわからない。しかし、晴れの日も雨の日も、彼は迷宮の兵士としての任務を果たし、食糧がなくなったときにだけ家に帰ってきた。

一九九五年、ツォリリエはついにジャングルを出て、町に住み着く。彼に同情した人が、自宅の車寄せを住居兼「キャンプ」として提供したのである。「ジャングルで暮らすには年をとりすぎた」。彼は町に移る理由をそう語った。そのとき、彼はすでに六九歳。背中は無残に曲がり、眼は遠くを見つめているようだった。それでも彼は、村の家に帰ることだけは拒否した。彼によれば、それは降伏のしるしだったのである。

迷宮に落ちたのは誰か

筆者は一九九八年六月一〇日、コウにインタビューし、ツォリリエに話を聞く許可を求めた。しかしコウは、即座に承諾することにためらいを見せた。

「ツォリリエはインド・ナガ戦争の話をすると、ときどき暴力的に怒ることがある」

コウはそう警告した。また、そうやって怒ったとき、ツォリリエはしばしばこう叫ぶのだという。

「われわれはまた立ち上がらなければならない！　再び闘わねばならない！」

コウの懸念はもっともだが、筆者が紡ぐ物語もまた、ツォリリエのインタビューなしには完成しない。私は彼と直接話せるよう、コウに頼み込んだ。

三日後の一三日、私は彼の「キャンプ」となっている家の車寄せに近づいた。

他の民族運動の戦士たちに捧げるのと同じように、ツォリリエにも正当な尊敬の念を示したい。また、四二年間の困苦にも降伏しなかったベテラン兵士の波長に合わせて、話をしなければならない。

私は、ツォリリエのナガ兵士としての長い奉仕に敬意を表し、その妥協しない態度を尊敬すると伝えた。遠くを見るようなまなざしで私を見つめてから、彼は口を開いた。

「そうだ、息子よ。とても長かった。闘争は長年続いている。しかし、われわれは絶対にあきらめてはならないのだ」

彼の気持ちを探るため、私はもう一度聞いた。

「おじさん、闘争は実に長く続いてきました。われわれは最後に勝つことができるのでしょうか？」

彼は兵士として立ち上がり、怒りを爆発させて叫んだ。

「勝てないわけが、どこにあるんだ！　この戦争で、罪を犯したのはわれわれではない。われわれが彼らの土地を侵略したのではない。彼らがわれわれの土地を侵略したんだ！」

怒りに震えながら、彼は続けた。

「正しい側が、必ず勝利するのだ！　われわれは、また立ち上がらねばならない。われわれは、再び闘わねばならない。われわれは、あきらめてはならないのだ！」

この興奮した答えに、私は深い感動を覚えていた。正気であると自認する私たちは「代償が高くついたから」と真実に背を向け、そこから立ち去ろうとさえしている。にもかかわらず、この狂人は事実をきわめて明晰に指摘し、「絶対にあきらめない」と誓っているのだ。

疲れきったツォリリエは再び座り、続けた。

「息子よ、私はキャンプの場所をまた変えようと思っている。ここには敵兵が多すぎる」

彼のキャンプは、メジペマのアッサム・ライフル旅団本部へ続く大通りに面していた。

「私は第四大隊(彼がかつて所属していた大隊)全体の指揮を預けられたのだ」

そして、ゲリラ戦士としてさまよい続けた山々を指差して言った。

「あそこに本部を移そうと思っている」

世界にとって、彼は狂人かもしれない。だが、少なくとも私にとって、彼はいまも戦士である。いまだに降伏していない、ナガ軍第四大隊の忠実な兵士なのである。感謝を述べてその場を立ち去ると

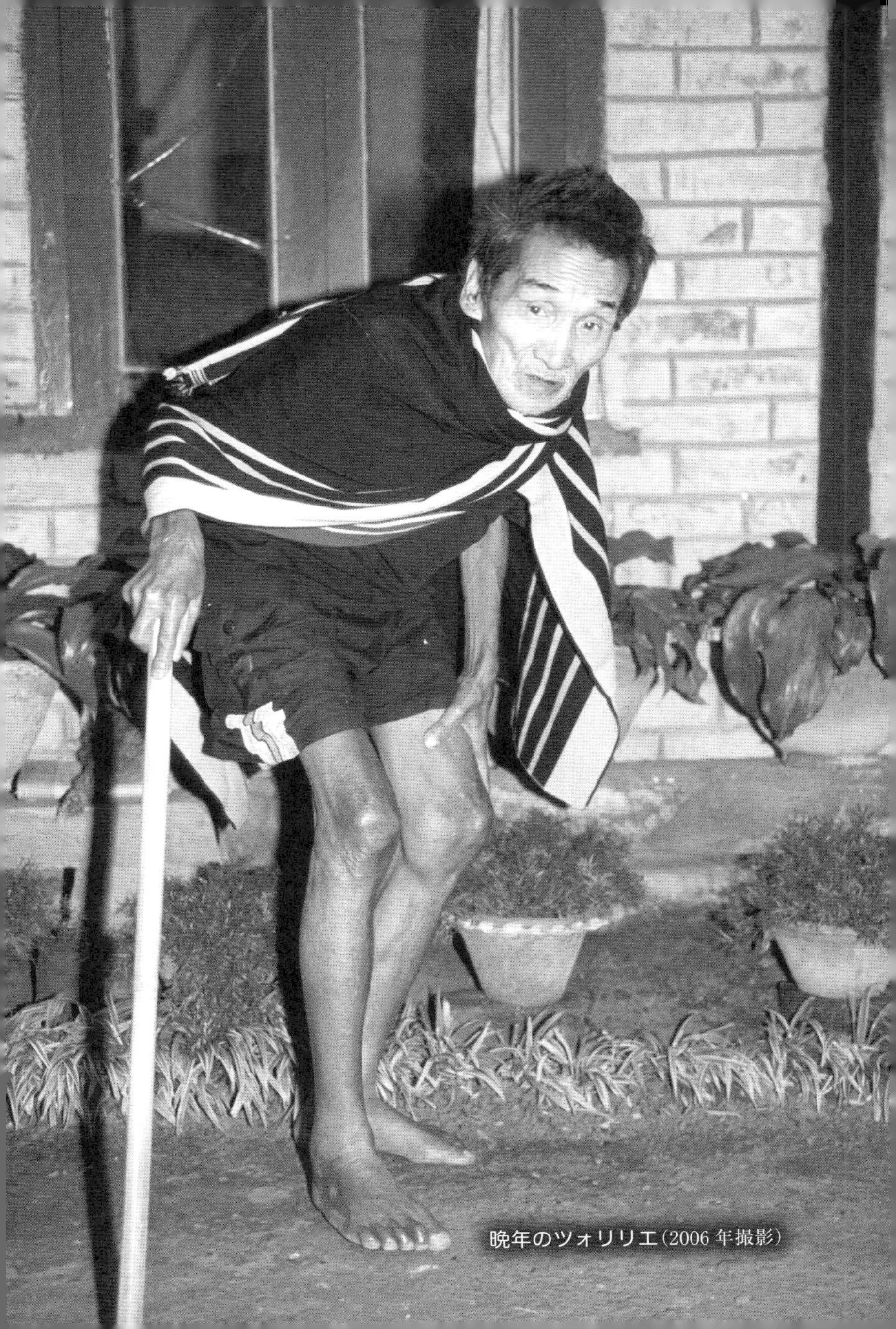

晩年のツォリリエ(2006 年撮影)

き、私はこう思いを巡らせていた。

拷問によって狂気に追いやられた兵士たちが、いまだに降伏を拒否しているのだ。正気を保っている者たちが、どうして闘争をあきらめられるだろうか。

年をとり、生涯にわたるジャングルでの困苦で体は曲がっているが、いまだに降伏を拒否して闘争を続ける人びと――メヘイピン大佐、メノクリエリエ将軍、そして他の多くの老兵たちを、私は思い出していた。そしてまた、ジャングルで出会った数多くのナガ軍少年兵・少女兵たちを思った。年長者の足跡を受け継ぐ、新しい世代の兵士たちである。彼らは、ナガランドが自由を勝ち取るまで戦い続けることだろう。歩きながら、心の奥深くで私はそう確信していた。

第15章

希望へとつなぐ墓標《しるべ》

——死と再生のマティクル村

偉大な村の悲運

マティクル村は、テッ渓谷のすばらしい景観を望む小さな山頂に位置していた。テッ渓谷はマニプル州境をかすめ、ビルマへと続く。そしてテッ川が、この渓谷をまるで蛇のように流れていた。村の背後にはマハリクポ山脈の山々が、村を守る歩哨のようにそびえている。緑のじゅうたんのようにどこまでも続く松やチークの森林が、山脈の頂上からビルマへと広がっていた。

一九六〇年九月六日。この運命的な日、マティクル村はわずか一五軒の家屋が山頂に集まり、穀物倉がそのまわりを取り囲む小さな村だった。

かつてのマティクル村は、ビルマ国境沿いの峰にまで広がる三〇〇軒以上の大きな村で、「後衛の村」を意味する「ノンコゴ」と呼ばれるほど有名だった。ビルマ側からテッ渓谷へ侵入する外国勢を食い止める、偉大な戦士たちの村だったのである。

しかし不運が重なり、この巨大で勇敢な村は戦闘と疫病で衰退していく。生き残った村人たちも、村を放棄せざるを得なくなった。そして、モコヅカの斜面に再定住した村人たちを、今度はマラリアが襲う。彼らは谷を下り、テッ川の川岸に住居を構えた。

ようやく人口が増えて七〇軒ほどになったころ、悲劇的にもまた別の疫病が流行り、人口を激減させる。残された村人の数は、わずか六〇~七〇人だった。彼らは三たび村を放棄し、山を登って、現在の場所に定住したのである。眺めがよいその場所からは、彼らの幸福と不幸の思い出が残された、以前に村のあった場所をすべて一望することができた。

踏みにじられる萌芽

残された村人たちは、生活を一からやり直そうと決意していた。ターと呼ばれる力強い指導者が村長となり、同時に聖職者としても人びとを導いていく。背が高く色白の彼は、豊かな知恵と決断力を兼ね備えていた。村人たちはこのリーダーのもとに結束。悲劇に耐えて、身を寄せ合った。村を再建するという彼らの決意は、家の大きさにも表れていた。数は少ないものの、非常に大きな家を建てたのだ。ターの家はとくに大きく、敷地も広かった。また、慣習と伝統を伝え続けようと、過去の偉大な物語を少年少女に伝えるためのモルン（集会所）を二棟、建設する。

子どもたちのなかには、両親を疫病で失った孤児も数人いたが、彼らが疎外感を感じることは決してなかった。ともに悲劇を乗り越えた、かつての偉大な村の最後の生き残りたちは、いまや一つの大きな家族のようだったのである。

いにしえより、彼らの「塩の泉」は質の良さで有名だった。村では何世代にもわたって塩を精製し、活発に交易していた。以前は各家族が「塩の泉」の私有権をもっていたが、いまでは共同体が全体で権利を分かち合っている。塩の精製には村人が総出で取り組み、ジャングルの中で何日も一緒にキャンプして作業にあたった。ジャングルには大きな小屋が建てられ、村人全員がともに働き、ともに食事をとる。母親たちは、とっておきの鶏と子豚をさばき、ジャングルでの楽しい食卓のために料理する。子どもたちにとって、それは何よりの楽しみだった。

全員で作った塩を売れば、農作業に必要な道具はすべて手に入れられる。かつての偉大な村の後継者として、彼らは広大な田畑を所有していた。米やその他の穀物に不足する心配はない。またテツ川では、六〜七キロもの大きな魚が釣れることもある。収獲期には、村人が全員で魚釣りの旅に出かけた。村には二丁の銃があり、狩りをする男たちが交代で使った。当時はイノシシやシカ、オオジカ、クマやサルが、何百頭も山谷をうろついていたのだ。仕留めた獲物は、共同体で分配された。

こうしてマティクル村の村人たちは、良好で心地よい生活を取り戻していった。生き残った男性は一三人しかいなかったものの、人口も徐々に増え始めていく。長老たちは、若者たちが順に父親、母親になっていくことを楽しみにしていた。

しかし、彼らの喜びや希望は突然、粉々に踏みにじられることになる。しかもそれは、彼らの知識とも、村の平和なのどかさともかけ離れた、ある政治的な事件によって引き起こされるのである。

一九五六年にナガランドで戦争が勃発して以来、マティクル村の村人たちは独立闘争に積極的にかかわっていた。ウェプロとノチュツ、ヌトクが、ナガ軍やナガランド連邦政府に加わり、女性ではウェニヒルが周辺地域の女性議長になっていた。また、食べ物がとても豊富だったため、ナガの独立闘争に多くの食糧を供給した。とくに、戦時下で貴重な塩が、この村から兵士や市民へと供給された。ポチュリ地域のナガ軍大隊は、この小さくとも豊かな村を避難所としていた。

ところが、彼らのまったくあずかり知らぬ場所である、インドやロンドンで起きた政治的な事件が、この素朴で働き者の村人たちに忍び寄り、またしても死と悲劇をもたらそうとしていたのである。

ロンドンとデリーの余波

ナガの指導者ピゾは、インドの捜査網を逃れ、東パキスタンへとたどり着いていた。一九六〇年六月一六日、さらにロンドンへ逃れた彼は、わずか四〇日ほどで『ナガ民族の運命——世界への訴え』という本をまとめる。七月二六日には、BBC(英国放送協会)や外国人ジャーナリストにむけて、記者会見を開く予定だった。戦争が勃発して以後初めて、ピゾは各国の報道機関の前で演説し、ナガの問題を外の世界に訴えようとしていたのである。

インド軍による凶悪な残虐行為が、世界にさらされることになる——この動きを憂慮したインド政府は、七月二五日にダコタ軍用輸送機をディマプルへ急派。ナガ人民会議(NPC)の全代表を召集する。ナガ人民会議はナガ民族評議会(NNC)から分裂し、インド憲法を受け入れて「州」の地位を獲得しようとしていたグループである。インド政府の計画は、ナガランドに州の地位を早急に認めることで、ピゾの努力と事実の暴露を無効にしようというものだった。

七月二六日、ピゾがロンドンで記者会見を行ったその同じ日に、インド政府はナガ人民会議の代表と会見。翌二七日に、ナガランド州の成立を認める「一六カ条合意」の署名を世界に宣言する。

一連のあわただしい出来事の結果、ピゾやナガの民族主義者たちの主張は追いやられ、無視されていく。四日後の三一日、ピゾは一六カ条合意について、公式かつ正当な立場からこう否定した。

「一九人の(ナガ側)署名者たちは、ナガの人びとからいかなる権限も与えられていない」

しかし、ピゾの否定にもかかわらず、この裏切り行為はナガ民族の大義と訴えを深刻に損なうことになる。一六カ条合意は、いわゆる「インド国ナガランド州」という傀儡《かいらい》政権をとおして、その後現在にいたるまで、ナガ民族をインドの支配下へと追い込んでいくのである。

インドに操作されたこの裏切り行為への抗議として、ナガランド連邦政府は、ポチュリ地域ポル村付近のアッサム・ライフルのトゥダ駐屯地に対する攻撃を、ナガ軍に命じる。攻撃は、ズヘト少将指揮下の東部地区第一旅団によって行われ、一三日間におよんだ。追いつめられた駐屯地を支援するため、インドは空軍を投入。ジェット戦闘機による地上掃射が繰り返し行われた。

一方で、救援物資や弾薬を投下しようとしたインド軍のダコタ軍用輸送機が、ナガ軍によって撃墜される。機長の航空中尉A・S・シンハ以下、九人のインド空軍兵が捕虜となった。

これを契機に、インド軍はポチュリ地域で猛攻撃を展開。ポル村周辺の多くの村が、灰となる。九月一日には、ポル村の六人の村人たちが拷問によって死亡。二日後、イェシ村の三人、モケ村の二人の村人が、殴打されて亡くなった。ラルリ村では、リンサンが酷い拷問の後、生き埋めにされた。

捕虜となった九人の空軍兵を捜して、インド軍は復讐の怒りで荒れ狂っていた。この九人は後に、誰ひとり拷問されることもなく、赤十字を通じて釈放されることになる。だが、このインド軍の狂気が、九月六日にマティクル村へと及んだのである。

マティクル村は、ダコタ軍用輸送機が墜落した地点に近かったわけではない。しかし不幸なことに、トゥダ駐屯地を攻撃したナガ軍兵士に食糧を供給していたフツ村に、地形がよく似ていたのである。

マティクル村もフッ村も小さな岩山の頂上に位置し、村の下にはテツ川やティズ川が広い谷間を流れていた。トゥダ駐屯地攻撃に対する報復のため、フッ村を捜索していたインド軍は、カンジャン山脈を降りてくる途中で、マティクル村をフッ村と見間違えたにちがいない。高い斜面からは、両方の村はよく似て見えたのである。

誤った狂気の矛先

一九六〇年九月六日、フッ村と取り違えたまま、マティクル村への報復攻撃が始まる。午前一〇時ごろ、何百人ものインド兵たちが、この一五軒ほどの小さな村へ降りてきた。村を三重に包囲し、兵士たちは叫びながら村に押し入る。ライフルの銃床やブーツで小突いたり蹴ったりしながら、老若男女をつかみ、突き飛ばし、引きずって村の中心に集めた。

「お前たちが食糧を与えたナガ軍兵士たちはどこだ? 隠した銃はどこだ?」

銃床や太い柱で殴りつけながら、尋問が始まる。

「私たちは何も知りません」

片言のヒンディー語で村の老人が許しを請えば請うほど、彼らは殴られた。懇願のために組み合わせた両手は、木の棒が打ち下ろされて砕けた。たちまち、すべての成人男性はあばら骨を折られ、体中を骨折して横たわる。ポンゴイは殴打で背中を骨折したため、妻が彼をインド兵の輪の中から引っぱり出した。乾きを訴える夫のために、竹のコップで運んだ水は、彼女の手とともに棒で殴られ、すべて地面にこぼれ落ちた。

この暴行が続く間、女性と子どもは全員、一列に並ばされていた。一部の子どもたちは、父親が殴打されるのを見て叫び、泣いた。他の子どもは恐怖に震え、何も言えずに立ち尽くした。

暴行は、中断することなく何時間も続いた。足や背中を折られた者は気絶して倒れ、まだ意識のある者たちは耳を引っぱられて、蛙跳びを強要された。この罰の間、よろめいた者は兵士たちからさらに酷い暴行を受けた。

午前一一時に始まった拷問は、午後三時ごろまで続いた。その後、女性と子どもたちは、突きつけられたライフルで脅かされながら、ジャングルへ連行される。別れの直前、当時七歳だったジフオトは、父親のメジツォに呼び止められた。彼はそのときのことを、いまでも鮮明に覚えている。

父はもはや座ることさえできなかったため、ジフオトはひざまずいて父の最期の言葉を聞いた。父は顔も体もすべて殴られて、血にまみれている。父の顔面に斧の柄が、むごたらしく何度も振り下ろされるのを、すでにジフオトは目にしていた。顔にはおびただしい血が固まり、鼻と口は腫れあがっている。それでも父は、最期の力を振りしぼって息子を抱き寄せ、こう言った。

「息子よ、父さんはもうだめかもしれないが、おまえは強くならないといけないよ。兄弟喧嘩をしないで、お母さんを愛しなさい。お母さんが、おまえたちみんなの面倒をみてくれるよ」

しかし、父がそれ以上何かを言う前に、インド兵がやってきてジフオトを怒鳴りつけた。

「早くジャングルへ行け！」

ジフオトは後に、生存者からある話を聞いた。当時、彼の父親や他の男たちは、絶望的な状況下で、逆襲の機会を相談していたのだという。

「殴り殺される前に、敵の銃や棍棒を奪って、命がけの反撃にでよう」

しかし彼らは、子どもたちのことを思って、その決死の行動を思いとどまったのだった。マティクルは孤立した村であり、成人男性が死に絶えてしまえば、子どもと女性だけで生きのびることはできないだろう。そのため、彼らは怒りを抑え、反撃をあきらめたのである。そして、最後に首を切り落とされる直前まで、暴行に耐え続けたのだった。

ジフオトがジャングルへ追い立てられていたそのとき、骨折して気絶していたウェプロという若者は、一人のインド人兵士に揺すり起こされた。

「女や子どもたちと一緒に、早く逃げろ」

インド兵のなかにも、人間の感情をもち合わせた者がいて、確実だった死から自分を救ってくれた──彼は後に、そう述懐した。

殉道者たちの咆哮

ジャングルに追い立てられてまもなく、女性と子どもたちは村での銃声を聞く。その直後、彼らの村が燃えあがるのが見えた。

インド兵の残酷な手に残された九人の男たちは、ターの家に連れ込まれていた。家に入ると、殴打はやみ、男たちはまるで屠殺される子羊のように、床に座らされた。インド兵たちがダオ(山刀)を手にするのを見て、ターはすぐに気づいた——自分たちは斬首されるのだ。彼はインド兵に逆らって立ち上がり、仲間に向かって叫んだ。

「これは人間が生まれもつ権利の問題だ。私は絶対に降伏しない！ 私はナガ民族の将来の世代のために、命を犠牲にする覚悟はできている！」

しかし彼がそれ以上何かを言う前に、扉の一番近くに座っていたポゴロの首が、切り落とされた。さらにもう一人の首が胴体から切り落とされるのを見て、ケクウェズが扉を打ち破り、外へ飛び出す。痛めつけられた体だったが、彼は取り押さえようとする兵士たち数人を殴り倒し、ジャングルへ逃げ込んだ。数百発もの銃弾に追われ、仲間の叫び声が耳に響くのを感じながら、彼は逃げた。

戦争中に人が死ぬとき、必ず誰かひとりが生きのびて、その物語を後世に語り伝える——ナガの人びとは、そう信じている。この運命的な日、ケクウェズは、首を切り落とされた仲間たちの物語を語り伝えるために、たった一人の生き残りに選ばれたのである。不幸なことに、その使命を終えて数日後、彼もまた暴行による負傷のため亡くなった。

ジャングルで震え、泣きながら一晩を過ごした女性と子どもたちは、翌朝の太陽が昇ってもまだ怯えていて、村に戻ることができなかった。母親たちは夫の運命を確認したかったが、子どもたちを残して村へ戻るわけにはいかない。結局、彼らは村をあとにして逃げていった。しかしルタルとクウェツルは、それぞれ別々に村へ戻った。ルタルは夫を探すため、クウェツルは息子を探すためである。ルタルは、夫のティトゥが村はずれで血の海に倒れているのを見つけた。彼もまたケクウェズのように、怪我にもかかわらず逃げようとしたにちがいない。両腕には、何カ所も深い傷を負っている。腹部は深く切り裂かれ、腸がひどくはみ出している。首にも二つの傷を負い、のどの部分だけがかろうじてつながっていた。それでも、信じられないことに、彼はまだ生きていたのだ。水をほしがった彼は、一杯の水を飲んでから、妻に語った。

「子どもたちに、『愛しているよ』と伝えてくれ」

そして彼は、最期の力を振りしぼり、ナガの伝統的な遠吠えをあげてから、妻の膝で息絶えた。ナガの伝統と慣習では、戦争で今際《いまわ》の際《きわ》にあげる遠吠えは、敵に対する抵抗の叫びを意味する。たとえ死んでも、敵には降伏していないという事実の象徴なのである。

牧師だったザシトゥオも、母クウェツルの膝で息絶えた。彼はのどを深く裂かれていたため、何も語ることができなかった。腕にも深い傷があり、背中には銃弾の痕が残っている。彼にできたのは、水を求める身振りだけで、水を飲むとすぐに亡くなった。

インド軍が戻ってくるかもしれないという恐怖から、二人の女性はその場所に長くいることはできなかった。彼女たちは遺体に土をかけ、声を殺して祈りを捧げた後、そこを離れた。その後、再び村に戻ったインド兵たちは、その墓を掘り起こし、斬首した遺体をすべて灰になるまで焼いたという。これは、駆けつけたナガ軍の兵士たちによって目撃された。

生き残りへのディアスポラ

虐殺の生存者である母親と子どもたちもまた、野生の果実と水だけで生きのびねばならないという、悪夢のような飢餓と困難を経験する。ジャングルに隠れ続けた長い年月。インド軍の報復を恐れるいくつかの村に拒否され、追い出された日々。こうした物語は、それだけで一冊の本になるだろう。彼らは何度も、インド軍の追跡を間一髪でかわした。インド軍は、自身が犯した卑劣な虐殺の目撃者を消し去るため、生き残った村人たちの後を執拗に追い続けていたのである。

二年半もの間、気の毒な生存者たちは、各地を転々と逃げ回った。マティクル村から始まった逃亡劇は、ポチュダ、クロウェミ、ロサミ、レポリ、モレン、ズプ、ワシェロ、テワティ、ジェッサミ、メルリを経て、一九六三年にようやくマティクル村へ戻って終わる。

長い離散と大移動の間に、彼らは国境を越えてビルマ側へ入り、サティのナガ軍キャンプに身を寄せていたことがある。『ロンドン・オブザーバー』紙のガヴィン・ヤング記者が、一九六一年後半にこのキャンプを訪れ、彼らに出会っていた。著書『ナガ――知られざる戦争』[1]の三〇ページには、そのときの様子が書き記されている。それによると、マティクル村の生存者はたった三〇人で、男性の同行者は三人だけだったという。またこの本には、医務官の近くに立つ、ボロボロの服を着た女性たちの写真が掲載されている。

現在、ポチュリ学生連合は、マティクル村での虐殺を追悼して、九月六日を『喪に服する日(ブラック・デイ)』[2]としている。首を切り落とされた、あるいは斬殺された村人たちの名前は、ター、ポゴロ、メジツォ、ポンゴイ、ザシトゥオ、エイェツ、ケズクウェロ、ティトゥ、そしてケクウェズである。ケクウェズは暴行の傷で数日後に亡くなったが、目撃談を後世に伝えることになった。

マティクルに昇る太陽

マティクル村が一九六三年に再建されたときの集合写真では、七人の母親、四人の男性、二一人の子どもと四人の乳幼児しか確認できない。

筆者はこの村を二〇〇二年の追悼記念日、九月六日に訪問した。人口は四〇〇人を超え、家は七五軒。大学卒業者も四名輩出し、そのうち二人が村の学校の面倒をみていて、一〇〇人以上の子どもたちが生徒として登録している。さらに、数人の若い男女の大学生がいた。大学卒業者の一人はナガランド州公務員[3]である。

ナガランドの風景を切り裂いた半世紀以上の戦争で、死に絶えることを拒否した村があるとすれば、マティクルこそがその村である。悲劇的な過去の焼け跡と断末魔の苦しみから、マティクルは再

1 Young, Gavin, *The Nagas: an unknown war*, London, 1962, P. 30.
2 ブラック・デイ　黒のハンカチをポケットに入れるか頭にかけ、亡くなった人の冥福を家で祈る。
3 ナガランド州公務員　現金収入が得られる職業の少ないナガランドにおいて、州公務員は大学卒業者が一番にめざすエリート職である。

び立ち上がり、ナガランドに存在する何千もの村の一つとして再生した。現在では、子どもたちが遊び、親たちが叱る、生気にあふれた村へと戻っている。その回復の魂は、村を破壊しようとした残虐な手に降伏することを拒否した。歴史の残酷さと時代の荒波に逆らい、マティクル村は、ナガ民族の魂と愛国心の象徴として立ち続けている。

晴れた日の朝、マティクル村の丘に陽が昇るのを見るたびに、全能なる神に祈らずにはいられない。私たちの愛するナガランドにもまた、いつかマティクルのように、半世紀以上の戦いの焼け跡から立ち上がり、アジアや世界のなかで正当な地位を認められる日がくることを。マティクル村と勇敢な戦士たちの物語は、その目的のためにこそ捧げられたのだ。

［注記］

この物語は、筆者が二〇〇二年に訪れて聞き取った、生存者たちの証言から再構成したものである。事件から四二年目の九月六日、この村では追悼のため、悲劇が再現して演じられていた。再現劇を可能なかぎり現実的なものにするため、急ごしらえの茅葺き屋根の小屋には火が放たれた。演者の何人かは、実際に虐殺を目撃した人たちである。すべての演者は物語を再現しながら、本物の涙を流していた。その日集まった何百人もの観衆のなかで、涙を流さない者はいなかっただろう。そして、筆者もまたその一人であったことを、ここに恥じることなく告白する。

マティクル村再建時の村民集合写真

訳者解説

アジアでもっとも長く続く独立運動

本書は、Kaka.D.Iralu(カカ・D・イラル)の"*Nagaland and India: The Blood and the Tears,* the second edition(『ナガランドとインド——血と涙の歴史』)の抄訳である。原書は英語で四二三ページの大著であり、紙幅の関係で抄訳とせざるを得なかった。原書の3~5章(著者が独立運動家や村人たちへの聞き取りから書き下ろした章)をほぼ全訳し、1~2章の歴史的経緯、6章の著者の主張、資料などは割愛した。そこで、以下でナガ問題の歴史的経緯を簡単に解説しながら、本書の意義や翻訳では触れられなかった点について補いたい。

ナガの人びとは狩猟と焼畑を基盤とした生産形態と生活様式を保ち、一九世紀後半のイギリスによる植民地化までは隣接するアホム王国と婚姻関係や交易関係をもちつつ、村落共同体に基づいた独自の政治制度を維持してきた。居住地は現在のインド・ナガランド州とマニプル州北部を中心に、近隣州(アッサム州、アルナチャル・プラデシュ州)、さらにビルマのザガイン管区に広がる。

ナガの独立運動については、一九六〇年代のインド政府との停戦と和平交渉の開始を皮切りに、政治的な交渉に携わった一部のインド人行政官の視点から、独立運動の様相やナガランドに関する書籍が出版され始める。その後、一九八〇年代に入るとナガ人の学生や知識人層が人権団体を結成し、軍や治安維持部隊による人権侵害を告発していく。しかし、ナガ独立運動、とくにその初期部分に関して知ることのできる資料は、インド政府の情報統制のため、質量ともに非常に限定されている。

著者カカ・D・イラルは、ナガの村々で平凡な生活を送っていた村人たちがどのような被害に遭い、またどのように独立運動に参加していったかについて膨大な聞き取りを行い、村人の視点を反映させて初期の運動や人びとへの弾圧の様子を描いた。ナガ独立運動に関する書籍のなかで、民衆の視点を中心に据えたものは、本書がおそらく最初であろう。残念ながら、後述する理由で一九八〇年代以降の独立運動の様子は本書では触れられていないが、アジアでもっとも長く続く独立運動の一つの歴史を知るための貴重な著作である。

なお、ナガ独立運動に関しては、いまだにインド政府側の多くの資料が公開されておらず、政策についての評価が定まらない部分や、インド軍とナガ軍の戦闘による死傷者数や民間人への被害の実態など、事実関係を確認できない部分が多い。本稿ではおもに原書の1、2、6章の記述を基にし、インド人行政官や研究者による二次資料で補った。今後、正確な歴史の検証のため、インド政府による情報公開と、一次資料に基づいた分析が望まれる。[1]

1　ネルー政権期の対ナガ政策を分析した論文に、せん彩鳳「ナガ民族自決運動とネルー政権(一九四七–五六)」(『南アジア研究』第一九号、八一～一〇五ページ)がある。

ナガ独立運動の契機

ナガの人びとがインドの支配下に置かれるきっかけをつくったのは、イギリスによる植民地支配である。イギリスは一九世紀よりナガ丘陵の西側に隣接するアッサム平野を植民地化し、茶園の開拓をおもな目的として統治を進めていった。一八三〇年代からは、しばしば平野部に襲撃をかける山岳地帯のナガ民族への対策として、ナガ居住地域への軍事侵攻を試みる。その後、ナガの人びとによる激しい抵抗のため、いったんは不介入政策をとるものの、一八六〇年代より再び支配を拡大していく。一八七四年にナガ丘陵地帯はアッサム州に組み込まれるが、指定地域法[2]にもとづいて間接統治の形態をとった。なお、すべてのナガ居住地域に支配が及んだわけではない。

ナガの人びとはこうした英領インドによる支配や隣接するアッサム州との接触を通じて、村落や部族ごとであった「われわれ」意識から、「ナガ」という単位での大きなまとまりの意識を形成していったとみられる。一九一八年には教育を受けた一部のナガの人びとの間で、ナガ・クラブという組織が結成された。そして、インド独立を視野に入れた法改正のためにイギリス政府が任命した視察団であるサイモン委員会が一九二九年にナガ地域を訪れた際、ナガ・クラブは政治的な自己決定を望むという趣旨の覚書を提出する。これが、ナガの人びとが独立への意思を明らかにし始めた最初の契機といっていいだろう。

より政治的な転機は、第二次世界大戦とその後のインド独立への具体的な動きのなかであらわれる。ナガ丘陵地帯は一九四四年、インパール作戦における日本軍の侵攻を経験する。その際、日本軍は土地に詳しい山岳民族の協力を得るため、日本語の教育や学校の設立などの宣撫工作を行った。イギリス占領下にあったナガ丘陵地帯の人びとの多くがイギリス軍に協力する一方で、日本軍に協力する者もいた。後に民族運動の父と呼ばれるA・Z・ピゾも、その一人である。第二次世界大戦前ビルマに滞在していた彼は、「日本軍がナガランドを独立した主権国家であると認める約束をしたため、協力の要請に応じた」と後に述べている。

日本軍敗退後、ナガ地域復興のため、一九四五年にナガ丘陵県部族評議会が設立された。ナガ地域復興のため、植民地行政官の手助けもあって成立したこの組織は、翌年二月に各部族の代表者の集まりでナガ民族評議会（NNC）と名前を変えたころから、性格を変化させる。インド内の自治をめざす穏健な組織から、強力なカリスマ性をもつピゾが加わったことにより、独立を要求する方向へと動いていったのである。一九四七年二月には正式に独立を要求し、七月にはピゾと数名がインド独立運動の指導者ガンジーと会談した。

ガンジーは、「個人的に、私はあなたがたナガもインドに所属していると思う。しかし、あなたがたが違うというなら、誰にもそれを強制することはできない」と語った。また、「インドがナガを強制的に併合することはないのか」という問いかけに対しては、こう答えた。

「私の命のあるかぎり、私はナガ丘陵に行きましょう。そして、ナガ人を一人でも撃つ前に私を撃

2　英領インドのおもに先住民族地域を通常の法行政体制から除外し、分離する法律。一八七四年制定。

ちなさいというでしょう」

ガンジーが暗殺されていなければ、実際にそうしたであろうとナガ人は信じている、と著者は述べている。[3]

一九四七年八月一四日、インド独立の一日前にナガ民族評議会は独立を宣言する。だが、国連やイギリス、インド政府は、黙殺した。これに対して、インド独立後も、ナガ民族評議会による独立認定のための運動や働きかけは続く。一九五一年には住民投票を行い、六〇〇〇人を超える投票者のうち、九九%が独立を支持した。翌年の第一回総選挙の際には、「ナガはインド憲法とは関係ないから、選挙に参加しない」と宣言し、ボイコットを呼びかけ、ナガ丘陵県において選挙は成立しなかった。同時に、納税拒否などの非協力不服従運動を展開していく。一部の行政上の村長は辞任し、政府系の教育機関でも辞任したナガ出身の教員がいた。ナガ独立運動の初期、こうした民主的・非暴力的な運動の試みがあったことは、いまではほとんど忘れられがちだが、重要な事実である。

こうしたナガ地域での住民を組織した運動のほか、ピゾやナガ民族評議会の代表はインド初代首相ジャワハルラール・ネルーといくたびか会談した。しかし、ネルーは「独立はナガの崩壊につながる」「ナガが独立を与えられることはない」と述べ、取り合おうとはしなかった。住民投票の結果を受けてナガ民族評議会と会談したネルーの反応について、著者はこう描写している。

「ネルーは怒りを爆発させて机をたたき、『たとえ天が落ちてインドがバラバラになろうとも、ナガの独立が認められることはない』と言った」[4]

ネルーのこの当時の対ナガ政策は、ビルマとの関係やインドの北東部政策全体を含めて考えるべきであり、一部の言葉を捉えて判断するのは公平ではない、と訳者は考える。ただし、著者をはじめ、ナガの人びとがガンジーに対して好印象をもち、運動も当初はガンジー主義を踏襲した一方で、ネルーが侵攻を始めた張本人として記憶されていることは確かである。

ネルーは一九五三年三月、ビルマ首相であるウ・ヌとともにナガ地域を初めて訪問した。当初はネルーの来訪を歓迎した人びとは、政治的自決権を求める文書の提出やスピーチを禁じるインド政府の姿勢に失望し、その場に集まった約一万五〇〇〇人が退場する。その後、アッサム州政府によるナガ民族評議会の取り締まりは厳しくなり、無差別な逮捕や村人の家屋への踏み込みを行い始めた。こうして、ナガ民族評議会指導下での非暴力的な運動の継続が困難になり、武装闘争への道を歩むことになる。

侵攻と闘争の始まり

第2章に詳述されているように、一九五四年からアッサム警察やアッサム・ライフル部隊など治安維持部隊や軍による独立運動家や民間人への拷問や暗殺が始まった。一九五六年にはナガ民族評議会

---

3 Iralu, Kaka D.（2003）*Nagaland and India: The Blood and the Tears*, the second ed., Nagaland, p. 55.
4 ibid., pp. 63–64.

のキャンプが襲撃され、活動家の遺体が街中にさらされるという事件も起きた。取り締まりが強まるなか、ナガ民族評議会の活動家たちは地下に潜らざるを得なくなり、同時に武装闘争路線への声が高まっていく。そして、ナガ民族評議会は一九五六年三月二二日にナガランド連邦政府の樹立を宣言し、ナガ防衛隊(Naga Safe Guards)を結成して反撃を始めた。さらに、六月には第2章に描かれているような全面的な戦いに突入していく。

これに先立ち、「地下活動家」の取り締まりと称して、村の焼き打ちが始まっていた。第1章のロングファ村の村人の集団殺害、第3章冒頭のセツ村の焼き打ちなどが、ナガランド各地で起きたのである。著者によれば、現在ナガランド州に編成されている地域には当時、約八六〇の村が存在していたが、そのうち六四五が穀物倉まで含めて焼き尽くされたという。[5] 村人たちはさらなる攻撃を恐れてジャングルに逃れ、飢餓や寒さに苦しめられ、多くの老人や子どもが亡くなった。

こうした攻撃は、村人たちの生活を破壊しただけではない。古くから受け継がれてきた丸太の太鼓、村の木製ゲート、モルンの大きな寝床など、ナガ文化の象徴も焼き尽くされていった。文字をもたないナガの人びとにとって、村の歴史は巨岩や大木に刻まれるものであり、それらの破壊は一つの文明の破壊に等しい、と著者は記している。

翌年の一九五七年、ジャングルに隠れていたナガの人びとに、「抵抗すれば危害を加えない」という恩赦の通達が出る。ところが、一冬の飢えをしのいで生きのびた村人たちを待っていたのは、既存の村をいくつか集めて軍の管理下に置く「集団村」という名の強制収容所だった。インド政府や軍には、村人たちを管理下に置くことによってナガ民族運動のゲリラ兵士たちへの食糧供給を断つという思惑があったのである。

著者によれば、インド側のナガ丘陵地帯の当時の人口四〇万人のうち、二〇万人が強制収容所に収容されたという。[6] 実際、強制的な移住や収容所での食糧不足による飢えと病で、多くの人びとが犠牲となった。著者は、ナガ民族評議会は五〇年以上におよぶインド・ナガ戦争で二〇万人が亡くなり、そのうち実に七〇%は一九五四〜六四年に亡くなったと報告している。[7] これが正しければ、一四万人がこの一〇年間年に亡くなったことになる。

この数字は、一九六一年の国勢調査当時のナガ丘陵・チュエンサン地区(一九六三年にナガランド州に昇格)の人口が約三七万人であったことを考えると、人口の三〜四人に一人が亡くなったことになる。実に膨大な数であり、にわかには信じがたい。この点に関してはインド側の公式統計も発表されておらず、検証は非常にむずかしい。とはいえ、原書の七八〜一四四ページの詳細なリストやナガ民族評議会による訴えを読めば、著者の主張は決して根拠のないものではない。また、焼き払われた村の数や、その後の集団村への強制収容にあたっての犠牲者を考え合わせれば、少なく見積もっても数万人単位が犠牲となった可能性は否定できない。

5 ibid., pp. 81.
6 ibid., pp. 115.
7 ibid., pp. 101.

さらに、第4章や第12章の記述のように、女性へのレイプや性的いやがらせも数多く起きた。これほどあからさまで大っぴらな残虐行為は紛争初期に限られるかもしれないが、現在もインド軍や治安維持部隊が数多く駐屯するナガランドでは、レイプや性的いやがらせが日常的に起きている。

この時期、ナガ人への攻撃や政治的・市民的自由の侵害を正当化するため、アッサム治安維持法(一九五三年)、アッサム妨害地域法(一九五八年)、軍特別権限法(一九五八年)、ナガランド治安維持法(一九六二年)などが次々と制定された。なかでも軍特別権限法は、下士官以上の将校がナガランドで人を殺害しても罪に問われないうえ、令状なしの逮捕・捜索を可能にした悪法である。

ナガランド州の成立と停戦協定、和平会談

武力弾圧の一方で、ナガランドに州として自治権を与えることにより解決を試みる方法もとられた。ナガ民族評議会とインド政府との間の武力紛争が本格化するなか、ナガランド・バプティスト教会の主導下でナガ人民会議(NPC)が創設され、独立とは異なる政治的解決が提案される。

ナガ人民会議のリーダーたちは当初、インド政府とナガランド連邦政府の橋渡しをめざしていたが、インド連邦の枠内でナガの人びとの居住地域を一つの政治的単位として構成するという自治要求を打ち出したことにより、異なる政治的解決をめざす独自の組織へと転換していく。ネルーはこの要求を基本的に承諾し、一九六〇年にナガランド州という独立州をつくる一六カ条協定に署名した。この動きに対して、ナガ民族評議会の指導者や数少ないナガの研究者、人権活動家はナガ人民会議を「裏

切りもの」として批判し、ナガランド州政府を「インド側の傀儡政権」と見なした。

ナガ人民会議の指導者たちの活動は、平和裏に紛争を解決する真摯な試みという側面をもっていたのかもしれない。しかし、一方でナガ民族評議会を弾圧し、他方で穏健派に自治権を与えて懐柔しようとするインド政府の方法は、ナガの人びとの政治的要求の本質を理解せず、むしろ紛争の長期化につながったといわざるを得ない。こうした対応は、後のパンジャブ紛争（パンジャブ地域のシク教徒が独立国カリスタンを求め、武力紛争に発展）や他の北東部の紛争（ミゾ独立運動、アッサム独立運動、ボド自治州要求など、インド北東部には多くの民族紛争があり、その多くは未解決）への対応でも繰り返し使われた手法で、紛争の解決よりも複雑化や長期化を招いている。

その後、ナガランド州の成立によっても紛争が解決しないことに危機感を覚えたナガランド・バプティスト会議の主導により、平和運動家のジャヤプラカシュ・ナラヤン、アッサム州首相のB・P・チャリハ、ピゾの渡英を助けたイギリス人牧師マイケル・スコットからなる平和使節団が結成され、インド政府も彼らの仲介を受け入れた。平和使節団の仲介で、一九六四年八月一五日、ナガ民族評議会とインド政府は停戦協定を締結する。そして、インド政府とナガランド連邦政府の間で政治的解決をめざした和平会談が実施された。だが、両者の主張は平行線をたどる。インド政府側はインド憲法の枠内での解決を主張し、ナガランド連邦政府は主権の移譲をよしとしなかった。また、ナガランド連邦政府は住民投票を要求したが、インド政府は同意しなかった。

インド政府との話し合いに失望したナガランド連邦政府は、新たな戦闘に備えるため、ナガ軍を再結成し、中華人民共和国に兵士を送り、訓練と武器や弾薬の供給を受けた。その過程は第8章〜10章に詳しい。これらは、すぐれた戦記であると同時に、当時のナガ軍側から中華人民共和国への接触を知る点で貴重な歴史的記録である。

シロン協定と民族内での分裂

中国からの武器供与を知ったインド政府は、ナガランド連邦政府とナガ軍に対する姿勢を硬化させていく。その様子は第11章に詳しく述べられている。当時のナガランドがいかに多くの軍や治安維持部隊によって制圧され、ナガランド連邦政府やナガ軍が追い詰められていったかが、よくわかるだろう。こうしたなかで一九七五年一一月一一日、インド憲法下での解決を受け入れるシロン協定に、ピゾの弟であるケビヤレイを中心とするナガランド連邦政府のリーダー数名が署名した。

このシロン協定をめぐって、ナガ民族評議会内部で分裂が起きる。長年独立を求めて闘ってきた活動家たちは少なからず、シロン協定に不満をもっていた。ただし、この当時はモウやチノセリなど多くの将軍や指導者が捕まっており、彼らの釈放のためにもやむを得なかったと思われる。シロン協定の評価に関してナガ民族評議会内部に異なる見方があることは、こうしたナガランドの状況を知って初めて理解できるのではないだろうか。ピゾはシロン協定に関して公に立場を表明しなかったが、中国もしくはビルマ側にいたTh・ムイバやイサク・チシ・スウを中心にナガランド民族社会主義評議会(NSCN)が結成され、紛争は長期化する。

ナガランド民族社会主義評議会は一九八八年、ビルマ側出身のカプラン派とイサク・ムイバ派に分かれる。分裂した派閥同士の争い、さらには両派を支持する人びとをも巻き込んだナガ民族同士の争いが、ナガの人びとの生活を蝕んでいった。本書が一九八〇年代以降のナガランドの状況について触れていない理由は、民族同士の対立への言及が著者の身の危険につながるためである。

インド政府との停戦と市民による和解への努力

一九七〇年代後半から八〇年代前半には、人権団体や女性団体、学生団体などナガの人びとの間で、国際的な人権機関やインド国内の理解ある市民の協力を得て、民族の権利や人権侵害を訴えたり、民族内の分裂をつなごうとする活動も生まれる。人権のためのナガ民族運動（NPMHR）やナガ母親協会が、その代表的な組織である。これらの組織は現在も、インドの他の地域の市民社会と緊密な協力関係を築き、国外のアジアの先住民族組織や市民団体とも連携している。さらに、異なる部族間で連絡を保つためにナガ・ホホ（ナガ会議）が結成され、部族間の融和を図る努力をしている。二〇〇〇年には、こうした市民団体が中心となって「良心の旅（Journey of Conscience）」を結成し、インド各地で平和的なデモ行進と対話を主導した。

これに先立つ一九九七年には、武装組織の最大勢力であるナガランド民族社会主義評議会（イサク・ムイバ派）がインド政府との停戦に合意し、最終的な政治的解決に向けた和平会談が始まった。半世紀におよぶ紛争に終止符が打たれるかと思われたが、残念ながら近隣州の反発もあり、停戦合意から一四年を数える今日になっても、実質的な進展はみられていない。ナガの民族組織同士の対立も継続している。一方で二〇〇八年には、ナガ民族組織間の和解を進めるナガ和解フォーラムが結成され、「共通の希望の旅(Journey of Common Hope)」と名付けられた対話が始まった。人びとの間には、和解プロセスへの期待が高まっている。

永続的な解決のために

ナガの人びとが独立への意思を示してすでに六〇年以上、一九五六年に全面的な戦いが始まってから五五年が経過する。一九五〇年代に始まるインド政府による軍事侵攻と虐殺の歴史を認め、謝罪を含めた和解がなされないかぎり、ナガ問題の永続的な解決はないだろう。おそらくナガの人びとのどの家族も、何らかの形でインド・ナガ紛争による犠牲者を出している。この負の歴史が清算されなければ、インド政府がどのような「政治的解決」を提案しても、それを受け入れられない人びとによって武力闘争は続くのではないだろうか。著者は、繰り返し述べている。

「ナガ人はインド人ではなく、ナガランドはインドではない。この単純な真実を認めず、ナガランドにインドの統治を押しつけるため、五〇年以上にわたる戦闘で多くの人の血と涙が流れた」

このために失われた命は、ナガ人だけではない。数千人にものぼるインド兵も含まれている。著者は、「こうしたインド兵も、インド政府による政治的な虚偽を維持するための犠牲者である」と指摘する。インド政府による不正を追及しつつも、インド兵の犠牲者をも悼む公正なまなざしが、本書が一部のインド軍将校からも評価された理由だろう。インド人の間にこうした認識が広まることが、インド・ナガ紛争の解決の第一歩である。

現在のナガランドを取り巻く政治情勢を見ると、インド・ビルマとの紛争と、ナガ内部の対立を解消するためには、幾多の困難が待ち受けている。著者をはじめ、平和と正義を希求するナガの人びとの願いが少しでも状況を前進させていくと信じたい。同時に、日本をはじめ、インド国外でもナガランドの現状を知り、それを変えるために行動する人が一人でも多くなることを願ってやまない。

木村真希子

〈参考文献〉

Gundevia, Y. D. (1975) *War and Peace in Nagaland*, Palit and Palit: New Delhi.
Haksar, Nandita and Luithui, Luingam (1984) *Nagaland File*, Lancer International: New Delhi.
Nibedon, Nirmal (1983) *Nagaland: the Night of the Guerillas*, Lancers: New Delhi.
Ramunny, Murkot (1988) *The World of Nagas*, Northern Book Centre: New Delhi.
Singh, Chandrika (1981) *Political Evolution of Nagaland*, Lancers: New Delhi.

悪夢を歴史へと紡いだ男——あとがきに代えて

「以上が私からの話です。興味をもって聞いてくれて、どうもありがとう——」

二〇〇三年一一月、東京・新宿のとある仏教施設。ナガ民族がたどった苦境の一端を語り終えたその男は、一〇〇キロを超える巨躯の肩を震わせて、柄にもなく涙を拭った。怒りか、悲しみか。それとも、日本に共感者を得た喜びなのか。逃げるように会場を後にした彼は、紫煙を深々と吸い込み、そして初対面の私にいきなりウイスキーのポケット瓶を突き出した。

「飲むかい? 俺はこれなしじゃいられないんだよ」

カカ・D・イラル。直情径行で、感傷的。ときに横暴だが、まるで子どものように無邪気にも見える。正しいと信じることには口角泡を飛ばす一方で、しかし他人の意見に真摯に傾ける耳をももち合わせている。誰もが恐れてなし得なかった本書の執筆を含めて、破天荒を地でいく男。そんな彼の生きざまを垣間見続けて、はや八年が経とうとしている。

一九五六年。祖国が戦火に焼き尽くされたこの年に生を受けた彼にとって、本書の執筆は運命だったのかもしれない。生まれてすぐ、母親とともにジャングルをさまよい、生後八カ月で政治囚として収監される。少年時代は、医師だった祖父とともに血なまぐさい光景を脳裏に焼き付けた。折しもナガランドは、彼の成長とともに、まさに血と涙に染まっていく。そしていつしか、彼は自身を政治問題から遠ざけ、文学や神学の道へと没頭した。

「当時の私は、とにかく政治には巻き込まれたくなかったんだ」

それは、絶望的な状況に生きることを強いられたナガの若者たち共通の現実逃避だったのかもしれない。連日のように街中に横たわる虐殺遺体。路上で拷問を受ける人びとの姿。その一方で、彼は材木を商って一稼ぎさえし、結婚して三児をもうける。しかし、何かが彼の中で悲鳴を上げ続けていた。

ある日、街中で少年が自動小銃に撃たれた。泣き叫ぶ声。凍り付く街角。駆け寄った彼のシャツを、少年の血が真っ赤に染めていく。

「どんな世界を私は子どもたちに残そうとしているのか。もう目と耳をふさぐことはできなかった」

半世紀以上におよぶ紛争の真実。インドの弾圧下で、決して語ることを許されなかった人びとの物語。彼は村々を訪ね歩き、それらをひとつひとつ掘り起こして本書にまとめる。それは歴史の闇に光を当てる作業であり、ナガの悲しみや苦しみ、怒りをつぶさに追体験する旅だった。

「夢に出てくるんだ。気が狂いそうな作業だったよ」

引き受けてくれる出版社は、どこにもなかった。大国インドがひた隠す歴史の「真実を暴きすぎている」。しかし自費出版の初版五〇〇〇部は、口コミで評判が広がり、わずか二年で完売する。驚いたことに、インド軍将校からも謝辞が届いた。

「われわれインド軍兵士は、いったい何のためにナガランドで血を流さねばならないのか?」

半世紀もの時間の彼方へ追いやられたその素朴な疑問への明快な答えは、インド政府の欺瞞とともに本書で明らかにされている。

「インド軍兵士もまた、政治家や権力者による愚かな政策の犠牲者なのだ」

一方で彼は、ナガ内部の派閥抗争に巻き込まれ、誘拐されて暗殺寸前にまで追い詰められた。常に命の危険に怯える生活が、彼の心と家庭を蝕んでいく。ナガの地酒ズト（ライスビール）では飽きたらず、禁制のウイスキーやラムにも手が伸びる。第三版の刊行を待つことなく、妻と二人の娘は安全を求めてノルウェーへと去った。講演の依頼は海外からも届き、彼の筆による新聞のコラムを心待ちにする読者も多い。しかし、著名になり、人びとの期待が高まる一方で、彼自身の恐怖と孤独はつのり続ける。そして気がつけば、収入すら心許ない孤高のジャーナリストである。

それでも彼は、いまも自身に問い続けている。ナガとして、人として、父祖の歴史をどう受けとめるべきなのか。人として、父として、いまをどう生き抜くべきなのか。

それは、ナガランドだけの問題ではない。国や地域を越えた、本質的な生きざまへの問いかけでもある。ひとたび彼の地を、そしてアジアの多くの人びとを戦禍へ追いやった過去をもちつつ、同時代を生きる私たちこそが負わねばならない課題が、そこには投げかけられているのではないだろうか。

一人の男の悶絶するような仕事である本書をとおして、私たちが見えないふりをしてきた歴史の実像を少しでも共有していただければ、訳者の一人としてこの上ない喜びである。

本書に通底する、陰惨さをユーモアで紡ぐ表現や、好戦的にさえ読める主張などに、眉をひそめた読者も多いかもしれない。そこには、背景抜きでは理解しづらい彼ら独自の価値観とともに、長年の戦争状態が作り出す殺伐とした現実が投影されている。驚くほど詳細に語られる軍事用語も、多くのナガ人男性にとってはごく一般的な知識にすぎない。戦争しか知らない人びとの皮膚感を、平和しか知らない私たちが推し量るのは、むずかしい。こうしたすれ違いにもまた、世界から隠され、顧みられることのなかった紛争地だからこその実相がにじみ出ていると感じていただければ幸いである。

一方で、本書ではほとんど触れられてはいないが、精霊信仰によって培われた彼らの伝統文化や生活規範には、私たちが刮目すべき思想や哲学が散りばめられている。そこには、明らかな行き詰まりを見せる現代社会の限界を読み解く、多くのヒントが隠されているのではないか。一九世紀にアンガミ族の村を訪ねたイギリス軍将校は、ナガの社会システムを目の当たりにしてこう書き残している。

「――存在を想像することさえ困難なほどの、もっとも純粋な民主主義というものが、ここには確かに存在する――」(Verrier Elwin, The Nagas in the Nineteenth Century, Oxford University Press, 1969, p. 525)

しかしこうした叡智もまた、インドによる隠蔽政策で調査や研究もままならないまま、壮大な木造建築や文化財とともに姿を消しつつあるのが、この戦争の実態であることを付け加えておきたい。

きまって午前〇時過ぎ、国際電話がかかってくる。発信元には、インドの国番号。

「言わせてくれ！　俺は今度こそ、酒をやめたよ！」

その決意は信じよう。しかし結果は信じまい。だからといって、決して懲りることのないこの愛すべき才能を、私たちのいったい誰が一笑に付すことができるだろうか。

彼らの祖国ナガランドにはいまも、固有の国番号は与えられていない。独立宣言から六〇年以上を経てなお、彼らの国旗がニューヨークの国連本部にはためくこともない。銃口にさらされ続ける彼らの生活は、いまもなお何ら変わってはいないのだ。

そして訪れる歴史の結末を前に、私たちもまた傍観者たりえないのである。

二〇一一年八月一四日(六四回目のナガランド独立記念日に)

南風島　渉

*本書の出版にあたり、明治学院大学国際平和研究所と、先住民族の権利を支援する国連NGO市民外交センターより、出版助成をいただいた。ここに記して謝意を表したい。

もっとナガランドを知るために

【書籍】

坂本由美子『ナガランドを探しに』社会評論社、一九九五年
高木俊朗『インパール』文春文庫、一九七五年
多良俊照『入門ナガランド――インド北東部と先住民を知るために』社会評論社、一九九八年
南風島渉「ナガランド――国家・国境の意味を探る旅」見えないアジアを歩く編集委員会編著『見えないアジアを歩く』三一書房、二〇〇八年

【ドキュメンタリー映像】

ゴパール・メノン監督『ナガ物語――沈黙のかげで』二〇〇三年
ナガ・ピース・ネットワーク『Urra Uvie !――ナガランド・我らが大地』二〇〇七年

【ウェブサイト】

カカ・D・イラル http://nagas.sytes.net/ ~ kaka/
ナガ・ピース・ネットワーク（NPN）http://nagas.sytes.net/ ~ npn/

＊ドキュメンタリー映像の入手方法は、ナガ・ピース・ネットワークにお問い合わせください。

1962	ビルマでネ・ウィンによるクーデター
1963	インド・ナガランド州が成立
1964	ナガ軍が組織され、武装抵抗運動が本格化 東パキスタンへの第三次遠征(本書 7 章) ナガランド連邦政府、インド政府と停戦合意
1965	第二次インド・パキスタン戦争
1967	中国への第二次遠征部隊出発(本書 8 章)
1968	セマ族を中心にナガランド革命政府樹立
1969	中国への第二次遠征部隊帰還(本書 10 章)
1971	第三次インド・パキスタン戦争、バングラデシュ独立
1972	インド政府、ナガランド連邦政府との停戦を破棄 ナガ民族評議会、ナガランド連邦政府、ナガ軍が非合法組織に指定される
1974	シヤマ村の虐殺(本書 11 章)、チエメクマ村の無差別攻撃(12 章)、中国遠征部隊の失敗(13 章)
1975	インド政府、ナガランド州を大統領直接統治とし、国家非常事態宣言を発令 ナガ民族評議会の一部がインドとシロン協定に合意。停戦発効
1980	シロン協定を不服とする人びとがナガランド民族社会主義評議会(NSCN)を結成、武装闘争継続
1988	ナガランド民族社会主義評議会、イサク・ムイバ派とカプラン派に分裂 ビルマで民主化要求が高まるも、クーデター
1989	A・Z・ピゾ、イギリスで客死
1990	ビルマでアウンサン・スーチー率いる国民民主連盟が選挙で圧勝。軍部は政権委譲を拒否
1997	ナガランド民族社会主義評議会イサク・ムイバ派、インドと停戦合意
2000	ナガランド民族社会主義評議会カプラン派、インドと停戦合意
2002	ナガランド民族社会主義評議会イサク・ムイバ派代表がニューデリーを訪れ、インド・バジパイ首相と対談
2010	民族運動組織の 3 派閥が相互和解に調印
2011	インド政府、ナガランドへの外国人入域制限を一部緩和

■ナガランド略年表■

1832	イギリス、初めてナガランドに侵入
1836	アメリカン・バプティストがキリスト教の布教を開始
1873	イギリス、ナガランドに対して奥地境界線規定(Inner Line Regulation)を設定
1874	ナガの三つの村がイギリス領に併合される
1879	イギリスとナガが衝突。コノマ村でイギリス人行政官殺害 ナガ戦士がコヒマ包囲
1886	ビルマ、イギリス領に併合される
1929	イギリス政府がサイモン委員会をナガランドに派遣。ナガは独立を訴える
1937	イギリスによるインド・ビルマ分割統治開始
1944	日本軍がインパール作戦でナガランドに侵入。その後、敗退
1945	ナガ丘陵県部族評議会設立。翌年、ナガ民族評議会(NNC)と改称。自治権を要求
1947	8月14日、ナガランドが独立を宣言。翌日、インドが独立 第一次インド・パキスタン戦争
1948	ビルマが独立
1951	ナガランドで住民投票。99%が独立を支持
1952	インドで初の総選挙。ナガはこれをボイコット
1953	インド・ネルー首相とビルマのウ・ヌ首相がコヒマで会談
1956	インド、ナガランドへの軍事侵攻を本格化。ナガは組織的な武装闘争を開始 村の囲い込み(集団村)戦略によって、村人に多くの被害がでる ロングファ村の虐殺(本書1章)、コヒマ攻撃(2章)、セツ村の虐殺(3章)
1957	ウングマ村の強姦事件(本書4章)、ズラケ村の奇襲(5章)、ククウィ村の攻撃(6章)
1958	軍特別権限法(Armed Forces Special Powers Act)成立
1959	中国、チベットを制圧
1960	A・Z・ピゾ、イギリスへ亡命 インドとナガ人民会議(NPC)、16カ条合意に調印 マティクル村の虐殺事件(本書15章)
1962	中印戦争勃発

【著者紹介】

カカ・ディエヘコリエ・イラル(Kaka Dierhekolie Iralu)

ジャーナリスト、作家。1956年、ナガランド・コヒマ生まれ、在住。インド・オスマニア大学にて修士(哲学)。1987年以来、おもにナガ民族の問題に関する執筆や講演活動などを、インド内外を問わず続けている。著書に "How Then Shall We Live? : Reflections on the political, economic and religious implications of Naga nationhood" (N.V. Press, Nagaland, 2000)など

【訳者紹介】

木村真希子(きむら・まきこ)

大学非常勤講師。ジャワハルラール・ネルー大学にてPh.D取得(社会学)。専門は社会学(エスニシティ論)、南アジア地域研究。先住民族の権利を支援する国連NGOである市民外交センター副代表。主論文「反移民暴動における民衆のエージェンシー——近隣コミュニティにおける集合的暴力」『国際政治』149号(2007年)など。

南風島渉(はえじま・わたる)

報道写真記者。通信社写真部を経て、1995年からフリー。おもにアジアの紛争地や人権問題などを取材。著書『いつかロロサエの森で——東ティモール・ゼロからの出発』(コモンズ、2000年)、訳書『暗黒のアチェ——インドネシア軍による人権侵害』(インドネシア民主化支援ネットワーク発行、コモンズ発売、2000年)、共著『見えないアジアを歩く』(三一書房、2008年)など。

血と涙のナガランド
語ることを許されなかった民族の物語

二〇一一年九月三〇日　初版発行

著　者　カカ・D・イラル
訳　者　木村真希子・南風島渉
写　真　南風島　渉

発行者　大江正章
発行所　コモンズ
東京都新宿区下落合一―五―一〇―一〇〇二
TEL〇三（五三八六）六九七二
FAX〇三（五三八六）六九四五
振替　〇〇一一〇―五―四〇〇一二〇
info@commonsonline.co.jp
http://www.commonsonline.co.jp/

印刷・東京創文社／製本・東京美術紙工
乱丁・落丁はお取り替えいたします。
ISBN 978-4-86187-083-5 C 1022

＊好評の既刊書

中国遠征路
マリカ川
中華人民共和国
カチン州
ミッチーナ
雲南省
レド公路
昆明
シャン州